MÉMOIRES CONTEMPORAINS.

MÉMOIRES
DE MADAME LA DUCHESSE
D'ABRANTÈS.

TOME TREIZIÈME.

PARIS. — IMPRIMERIE DE LACHEVARDIERE,
RUE DU COLOMBIER, N° 30.

MÉMOIRES

DE MADAME LA DUCHESSE

D'ABRANTÈS

OU

SOUVENIRS HISTORIQUES

SUR

NAPOLEON,

LA RÉVOLUTION,

**LE DIRECTOIRE, LE CONSULAT, L'EMPIRE
ET LA RESTAURATION.**

TOME TREIZIÈME.

A PARIS,

CHEZ MAME-DELAUNAY, LIBRAIRE,

RUE GUÉNÉGAUD, N° 25.

MDCCCXXXIV.

MÉMOIRES

DE MADAME LA DUCHESSE

D'ABRANTÈS.

CHAPITRE PREMIER.

Réflexions sur la destinée de Napoléon. — L'union *morganatique*. — L'Autriche. — Le père et la fille. — Lettre du marquis d'Alorna. — Le Portugal-Volcan. — Le beurre frais. — La laine des moutons. — *Le sébastianiste* : ce n'est pas le général Sébastiani. — La prophétie. — Napoléon et le Maure de Ceuta. — Le noir du japon. — Léonidas et les trois cents hommes faisant l'armée de défense. — Le gouverneur *patriarche*. — Murat et le jeune Polonais. — Admirable dévouement. — Le baron de Strogonoff. — Le jeune Russe prisonnier. — Castanos. — Les épreuves. — Admirable caractère. — Les guérillas et leur tribunal. — Epreuves du sommeil et de la potence. — Le général Franceschi. — Le *Capucino*. — Le prisonnier. — Le mari mort d'amour. — La veuve morte d'amour. — L'excommunication. — L'enfant et le couteau. — *C'est pour tuer un Français!...* — Victoire d'Espagne. — Le maréchal Suchet et le maréchal Ney. — Le chevalier Suchet, frère du général. — Le bulletin de Tarragone. — Le café brûlant.

— Burgos. — Bal chez le général Solignac. — La Chartreuse. — Junot, Soult et Ney. — Départ pour Astorga. — L'assassin de Valladolid. — L'assassin de Lisbonne. — Junot est sauvé du poignard de l'un et de la balle de l'autre.

Il est dans la vie de Napoléon des époques tellement étonnantes de fatalité malheureuse, qu'il est presque impossible de ne pas croire à cette influence extraordinaire de l'étoile d'un homme sur sa destinée. Car enfin il faut accorder au génie de cet homme un coup d'œil assez habile pour juger son sort dans ce qu'il pourrait être; et cependant que de fois, dans les années qui ont précédé notre malheur plus que le sien peut-être, a-t-il constamment voulu suivre une route étrangère à tout ce qui pouvait le sauver, et jonchée des écueils qui devaient au contraire le perdre! Je ne parle pas ici de cette guerre de la péninsule: la trop malheureuse preuve de sa mauvaise influence était déjà reconnue à l'époque où nous sommes arrivés. Mais il était une autre preuve que l'empereur ne pouvait repousser, parce qu'elle était acquise par avance : c'était l'alliance étrangère qu'il voulait contracter. Ses résultats funestes n'étaient que trop prédits à la France, et pourtant rien ne put l'arrêter.

Ce fut à Burgos que je reçus la première nouvelle de cette étrange union. Les lettres qui m'en parlaient et dont l'une était d'un ami qui devait connaître tous les rouages qui avaient fait mouvoir en cette occasion la volonté de l'empereur, me la présentaient comme un évènement des plus heureux. L'autre, plus raisonnable et surtout plus clairvoyant, et m'arrivant d'ailleurs par une occasion sûre, me parla du mal que pourrait exercer ce mariage avec une princesse d'Autriche sur la destinée de Napoléon; car Napoléon était bien empereur des Français, mais il était aussi le *général Bonaparte* vainqueur dans plus de vingt batailles rangées des armées autrichiennes, ayant fait fuir la famille impériale deux fois de son royal séjour. Ces offenses-là sont indélébiles dans leurs taches. Elles ne s'effacent jamais... Puis il y avait, dans cette sorte de sacrifice fait par un père, quelque peu d'un odieux égoïsme qui faisait présager que plus tard la voix de cette même fille priant pour son fils et son mari ne serait pas plus écoutée que priant pour elle-même... Il était visible que l'Autriche mutilée et encore sanglante de toutes ses défaites, voulait que ce mariage, qui n'était, comme le disait fort bien un homme méchant mais bien spirituel, pas même *morganatique*, servît *d'appareil au moins momentané* à ses blessures. Napoléon ne vit rien.

Il crut consolider par là ses alliances du Nord déjà bien assurées du côté de la Russie, et poursuivre plus en paix ses funestes opérations de la Péninsule. Une fois entré dans ces fausses routes, on pouvait prévoir que tout devenait péril désormais à côté de la gloire.

En parlant de *prévoir*, il vient de me tomber sous la main diverses pièces intéressantes, en mettant en ordre mes documens pour ces deux volumes-ci. Mais comme dans des Mémoires il est toujours temps de revenir, je vais les transcrire maintenant.

L'une est une lettre du marquis d'Alorna, l'un des grands de Portugal, dont l'esprit et les rares moyens eussent été pour sa patrie d'une immense ressource, s'il n'avait eu dans ses perceptions une étrangeté qu'il prétendait être une seconde vue, et que pour moi je ne sais en vérité comment nommer, mais que dans mon scepticisme je ne puis cependant totalement refuser de croire au moins comme une de ces choses que nous voyons chaque jour, et que notre superbe et bien humble entendement confesse ne pas pouvoir comprendre.

Le marquis d'Alorna était le père de ce jeune enfant qui périt d'une manière si malheureuse à Villaviciosa à la suite d'une prédiction. Cette lettre du marquis d'Alorna, que j'ai en original sous les yeux, est fort extraordinaire. Le marquis avait de l'esprit, des moyens remarquables, une grande religion, mais une profonde superstition. Voici ce qu'il écrivait au colonel Cailhé de Geisne, lieutenant-colonel au service de Portugal, en 1807. La date est à remarquer. C'est du colonel lui-même que je tiens cette lettre.

18 novembre 1807, à Villavisiosa.

« Mon cher Cailhé,

» Vous me parlez dans votre dernière lettre
» de la perte du Portugal, comme si un volcan
» était prêt à éclater et à bouleverser la nature
» de ce pays; mais, même si cela devait être, *je*
» *n'émigrerais pas*. Au surplus je crois que le mot
» *perte* a une autre signification. Je ne l'atteins
» pas, car je me suis fait le principe d'avoir la
» vue basse en politique. Nous avons fermé nos
» ports aux Anglais; Dieu en soit loué. Nous
» mangerons du beurre frais tiré du lait de nos
» vaches; la laine de nos moutons nous couvrira
» du moins, sans avoir besoin de voyager comme
» auparavant sur mer[1]. Croyez-vous que les

[1] Il ne faut pas s'étonner des légères fautes qui se trou-

» Français achèteront nos fabriques pour le brû-
» ler, comme ont fait les Anglais?... Non, non. Si
» nous devenons non seulement alliés de la France,
» mais fédérés avec elle, soyez assuré qu'elle
» pensera à nous comme l'Angleterre le fit à
» Utrecht et dernièrement. Et puis quel mal
» peut-il y avoir à ce que nous nous rappro-
» chions des Français? Si nous avions embrassé
» leur cause pour la succession d'Espagne, au
» commencement du 18e siècle, nous serions
» maintenant et plus longs et plus larges. Mais
» laissons les considérations et allons aux faits. Je
» veux vous conter quelque chose de très plai-
» sant. Vous savez qu'il y a toujours eu des sébas-
» tianistes [1] en Portugal? eh bien, à présent
» il y en a plus que jamais, et le nombre en est
» devenu très grand, c'est même à la mode
» d'être sébastianiste. On a *débusqué* des vieux
» papiers de prophéties de *Bandarra*, du Noir
» du Japon, du Maure de Ceuta, etc., etc. Ce sont

vent dans cette lettre, à l'époque surtout où elle fut écrite ; les hommes de l'âge du marquis d'Alorna savaient peu le français à Lisbonne. La jeune génération le parle bien, mais chez leurs pères il était étonnant et rare d'en trouver qui le parlassent comme M. d'Alorna.

[1] Qu'on n'aille pas croire que c'est le général S..., le pauvre homme ne s'avise pas d'être aussi important. Après sa mort, je ne dis pas...

»des espèces de Nostradamus, où l'on trouve
» tout plein de choses étonnantes, parce qu'elles
» nomment les personnes par leurs noms, et
» qu'elles se vérifient. Cependant presque toutes
» les prophéties finissent par des obscurités, et
» prêtent aux interprétations. Mais voici une
» singulière et drôle de prophétie; il y est dit *Que*
» *Napoléon sortant de Corse, est descendant et re-*
» *présentant de Sébastion. Il sera donc le chef du*
» *cinquième empire ; il fera sortir du port de Lis-*
» *bonne une expédition composée de Portugais et des*
» *aigles du Nord vers l'Asie, qui sera conquise et*
» CATHOLISÉE; *après quoi, le retour de l'âge d'or.*

» Napoléon est donc d'origine portugaise et
» non pas française. Si l'Europe civilisée trouve
» dans ses fantaisies un petit goût barbare, elle
» n'a pas tort. Au reste, le barbarisme n'est pas
» si mauvais à certains égards. Adieu, mon cher
» Cailhé. Je me trouve sur les frontières, com-
» mandant UNE ARMÉE de six cents fantassins et
» cinq cents chevaux! Tout le reste m'a été arraché
» pour garnir les côtes. Au reste, Léonidas n'a-
» vait que trois cents hommes ; par conséquent
» j'aurais tort si je disais que je ne veux pas me
» battre faute d'armée. Aussi je ne dis pas cela ;
» mais je crois que je ne me battrai pas faute
» d'ennemis. Des proclamations furent faites der-

» nièrement : nos ennemis sont les Anglais ; nos
» amis, les Français et les Espagnols. Or, comme
» les insulaires ne viendront pas par terre, je
» me trouve ici comme un patriarche. Je ne serais
» pas fâché, par exemple, d'aller à Lisbonne et
» d'être chargé de la défense du port. Mais, comme
» je suis exilé, il n'y faut pas penser. Nous
» avons dix vaisseaux de ligne russes. Adieu, en-
» core ; mille choses à mon cher cousin et ami
» Fuentes [1].

» Le marquis d'ALORNA [2]. »

Cette lettre est bien étrange depuis la première ligne jusqu'à la dernière. Il faut songer que c'est un des hommes les plus importans du Portugal par sa naissance, sa position et son esprit, qui l'a écrite, et à part ce qu'il dit du Nostradamus, ce qui pourtant est aussi fort extraordinaire, son opinion sur l'état intérieur du Portugal est un fait important à consigner. Il n'était pas le seul qui pensât ainsi ; et, en effet,

---

[1] Le comte Armand de Fuentes, dont j'ai souvent parlé dans les précédens volumes, ainsi que de son frère.

[2] Cette lettre est entre les mains de celui à qui elle fut écrite, le commandeur Cailhé de Geisnes, demeurant actuellement à Paris.

le marquis d'Alorna n'émigra pas lorsque le prince quitta Lisbonne.

La dernière ligne de sa lettre fait tourner ma pensée vers cet homme qui fut en partie cause des malheurs qui, depuis 1808, arrivèrent à Junot : c'est l'amiral Siniavin ; et cette pensée amène à son tour le souvenir d'une des actions les plus remarquablement belles dont un homme puisse se glorifier. J'aurais dû la placer dans le précédent volume ; mais, comme je l'ai toujours dit, on peut revenir facilement, s'il est défendu d'anticiper sur le temps...

Lorsque Murat était à Madrid, il eut besoin d'envoyer des dépêches à Junot ; mais elles étaient importantes, et déjà toutes les routes qui conduisaient à Lisbonne étaient couvertes par les guérillas, et surtout les troupes commandées par les hommes les plus importans de l'Espagne dans sa révolution, et qui composaient alors l'armée de Castanos. Murat parla de son embarras au baron de Strogonoff, ambassadeur de Russie à la cour d'Espagne, et qui était demeuré à Madrid. On sait que la Russie était, à cette époque, *l'amie* plus encore que l'alliée de la France... M. le baron de Strogonoff dit au grand-duc de Berg que rien n'était plus facile à exécuter que ce qu'il voulait faire.

— L'amiral Siniavin est dans le port de Lisbonne, dit l'ambassadeur, donnez-moi le plus intelligent de vos lanciers polonais ; je lui mets un uniforme russe ; je le charge de dépêches pour l'amiral... vous lui donnerez les vôtres verbalement, et tout sera bien quand il serait pris vingt fois d'ici à Lisbonne, car l'armée insurgée est trop désireuse d'obtenir notre neutralité pour commencer elle-même par fournir un motif de rupture.

Murat fut ravi de ce moyen, qui, au fait, était bien ingénieux. Il demanda au chef des Polonais, qui, je crois, était Krasinski lui-même, de lui procurer un jeune homme intelligent et brave. La chose était commune parmi les lanciers polonais, mais ici il fallait plus qu'une chose ordinaire... Deux jours après le chef amena chez le grand-duc de Berg un jeune homme de son corps dont il répondait sur sa tête : il s'appelait *Leckinski, et n'avait que dix-huit ans.*

Le grand-duc de Berg fut ému en voyant un si jeune homme demander, pour ainsi dire, à braver un péril certain, car, s'il était connu, son sort était arrêté d'avance, c'était la mort. Murat, qui la bravait sans pâlir, ne put s'empêcher d'observer au jeune Leckinski le péril qu'il allait courir... Le jeune Polonais sourit.

— Que votre altesse impériale me donne ses ordres, répondit-il respectueusement, et je lui rendrai bon compte de la mission dont elle veut bien m'honorer... Je la remercie de m'avoir choisi parmi mes camarades... car tous auraient brigué cette faveur.

Le grand-duc augura bien de la résolution sans forfanterie du jeune homme. Il lui donna ses instructions. Le baron de Strogonoff fit ses dépêches pour l'amiral Siniavin ; le jeune Polonais fut habillé à la russe, puis il partit et prit la route du Portugal.

Cette route était, comme je l'ai dit, couverte de troupes espagnoles. Les deux premières journées se firent assez paisiblement ; mais le troisième jour, vers l'après-midi, Leckinski se vit entouré par une troupe d'Espagnols qui, l'ayant terrassé et désarmé, l'entraîna devant le général qui commandait les troupes qui se trouvaient là : heureusement pour le brave et aventureux jeune homme que c'était Castanos lui-même.

Cependant quel que fût le chef qui devait l'interroger, Leckinski comprit qu'il était perdu s'il était reconnu pour Français ; en conséquence sa détermination fut prise, à l'heure même, de ne pas prononcer un mot en français, et de ne parler que le russe ou l'allemand, qu'il possédait également bien. Les vociférations que poussaient avec rage ceux qui le traînaient devant Castanos lui révélaient son sort par avance; et puis l'horrible assassinat du général Réné, qui périt au milieu des tortures en allant précisément joindre Junot, venait d'avoir lieu depuis seulement quelques semaines, et suffisait pour glacer la pensée, car la mort elle seule peut ne pas effrayer un grand cœur; mais la recevoir à la suite d'un raffinement de torture, c'est plus que la force humaine ne peut en supporter.

— Qui êtes-vous? demanda Castanos au jeune Polonais.

Et cette question, il la lui adressa en français qu'il parlait parfaitement, ayant été, comme on le sait, élevé à Sorrèze¹.

Leckinski regarda l'interrogateur, fit un signe, et répondit en allemand :

— Je n'ai pas entendu.

Castanos comprenait et parlait l'allemand; mais il ne voulut pas figurer plus long-temps proba-

¹ Ce fut ce qui causa le malheur de Marescot. Il avait été à Sorrèze avec le général Castanos; et le général Dupont, qui savait cette circonstance, en voulut profiter pour obtenir de meilleures conditions, et la bonté de *Marescot* lui fit faire une démarche que le *grand-officier de l'empire* devait rejeter.

blement dans cette affaire, et il appela un des officiers de son état-major, qui continua l'enquête... Le jeune Polonais répondit alternativement en russe et en allemand, mais jamais il ne se laissa même aller à une seule intonation française. Cependant il pouvait se troubler, car, dans une chambre assez petite, il était entouré, pressé par une foule avide de son sang, on peut dire ce mot, et qui attendait avec une impatience féroce qu'il fût reconnu coupable, c'est-à-dire Français, pour se jeter sur lui et le massacrer.

Mais l'effervescence s'accrut au point de ne pouvoir plus être maîtrisée par le général lui-même, par un incident qui vint jeter sur le malheureux jeune homme un réseau dont rien ne paraissait pouvoir le tirer... Un aide-de-camp de Castanos, homme *fanatiquement* patriote comme il y en a eu tant dans la guerre d'Espagne, et qui, dès le moment où Leckinski avait été arrêté, s'était prononcé contre lui en disant qu'il était un espion français, accourut dans la salle où se faisait l'interrogatoire, tenant par le bras un paysan vêtu de la veste brune et coiffé du chapeau à haute forme surmonté de la plume rouge... L'officier fend la foule, et plaçant le paysan devant le Polonais :

— Regarde bien cet homme, lui dit-il, et dis

ensuite s'il est vrai que ce soit un Allemand... un Russe. — C'est un espion, je le jurerais sur mon salut, poursuivit-il en frappant du pied.

Pendant ce temps, le paysan regardait attentivement le jeune Polonais... Mais l'examen ne fut pas long; à peine eut-il jeté sur lui quelques regards, que son œil noir s'alluma et lança des étincelles de haine.

— Es un Francès... es un Francès! s'écria-t-il en frappant ses mains l'une contre l'autre.

Et il raconta que, quelques semaines avant, il avait été à Madrid pour conduire de la paille coupée, ayant été requis dans son village, ainsi que tous les habitans, pour porter des fourrages dans les casernes de Madrid et des environs, et je reconnais cet homme, poursuivit le paysan, pour être celui qui a reçu mon fourrage, et m'en a donné un reçu. J'ai été près de lui pendant une heure, et je le reconnais. Quand nous l'avons arrêté, j'ai dit à mes camarades: Cet homme est l'officier français à qui j'ai livré mon fourrage.

C'était vrai.

Castanos vit probablement la vérité; mais il était un noble et généreux adversaire, et ce n'était pas par les massacres qu'il voulait cimenter l'édifice de la liberté espagnole, qui se serait élevé beau et durable, si des hommes tels que lui et la Romana, Palafox et quelques autres, eussent dirigé ce grand vaisseau qui s'en allait à la dérive... Il voyait bien que cet homme pouvait n'être pas Russe ; mais il redoutait les excès auxquels on se livrerait s'il était reconnu pour Français... Puis il y avait le doute et surtout l'apparence... Il proposa de lui laisser continuer sa route, car Leckinski persistait à soutenir qu'il était Russe, et ne comprenait pas une parole de français... Mais au premier mot qu'il fit entendre, mille voix menaçantes s'élevèrent aussitôt, et le nom de traître fut murmuré à son oreille... Il n'y avait pas moyen de songer à la clémence. L'homme devient féroce quand il craint pour lui-même.

— Mais voulez-vous donc vous exposer à une rupture avec la Russie, dont nous demandons la neutralité même avec instance ?

— Non, répondirent les officiers, mais laissez-nous éprouver cet homme.

Leckinski entendait tout, car il savait l'espagnol. Il fut emmené et jeté dans une chambre qui ressemblait à un cachot du temps le plus affreux de l'inquisition.

Au moment où les Espagnols l'avaient arrêté, le jeune homme n'avait pas mangé depuis la veille au soir, et lorsque la porte de son cachot se referma sur lui, il y avait dix-huit heures qu'il n'avait pris de nourriture; il faut y ajouter la fatigue, l'angoisse, l'anxiété de sa cruelle position, et l'on comprendra que le malheureux se laissa omber presque évanoui sur le grabat qui était à terre dans un des coins de sa prison... Le soleil n'était pas encore couché, il le voyait par la petite lucarne percée dans le haut du mur, et sa lumière, si brillante dans cette belle Estramadoure, réjouit encore quelque temps les regards du pauvre prisonnier... Mais bientôt il se retira, le ciel devint plus sombre... la nuit vint tout envelopper, et Leckinski se retrouva entièrement seul vis-à-vis sa terrible position, et il la jugeait ce qu'elle était, presque sans espoir... Sans doute il était brave; mais mourir à dix-huit-ans!... c'est bien jeune... Il lutta pendant quelque temps contre les visions qui se succédaient comme une fantasmagorie devant lui; puis la jeunesse et la fatigue cédèrent au sommeil, et peu de temps après il fut enseveli dans un sommeil si profond, qu'il était presque l'image de la mort.

Il dormait depuis deux heures environ, lorsque la porte de son cachot s'ouvrit lentement, et quelqu'un y entra en marchant avec précaution; on mettait une main devant la lumière de la lampe pour en cacher la flamme... puis on se pencha doucement sur le lit du prisonnier... alors la main qui interceptait la lumière se retira tout-à-coup, elle alla frapper l'épaule de Leckinski, et une voix argentine, sonore et douce, une voix de femme lui dit :

— Voulez-vous souper?...

Le jeune Polonais, réveillé en sursaut par l'éclat de la lumière, le contact de la main, et les paroles de la jeune femme, se lève sur son séant, et, les yeux à peine ouverts, dit EN ALLEMAND :

— Que me veut-on?...

— Qu'on donne sur-le-champ à manger à cet homme, dit Castaños en apprenant le résultat de cette première épreuve... et puis, qu'on fasse seller son cheval, et qu'il poursuive sa route. Il n'est pas Français... Comment aurait-il été maître de lui à ce point? c'est impossible.

Mais Castaños n'était pas seul. On donna bien à manger à Leckinski, mais son cheval ne fut pas sellé, et il demeura dans son cachot jusqu'au matin. Alors on le conduisit dans un lieu où il pouvait voir les cadavres mutilés de dix Français qui avaient été horriblement massacrés par les paysans de Truxillo; là, pendant toute une journée on lui fit redouter la mort et une horrible mort. Sans cesse entouré de piéges... écouté par des oreilles avides de saisir un son, regardé par des yeux perçans qui voulaient recueillir un mouvement, le noble et courageux jeune homme avait donné sa parole *de ne point faillir*, et non seulement il la voulut tenir, mais il voulut aussi remplir sa mission, et jamais un seul geste, un seul accent ne purent le faire soupçonner... Enfin, au bout de plusieurs heures des plus cruelles épreuves, il fut reconduit dans sa prison, et put réfléchir dans un terrible loisir au danger de sa position.

— Messieurs, dit le général Castaños, je sens, comme vous, toute l'importance d'empêcher les communications entre les différens chefs d'armée français qui sont en Espagne; mais ici, dans la position où se trouve cet officier, nous ne pouvons le traiter comme espion sur la simple assurance d'un de nos hommes; cet homme peut se tromper... une ressemblance peut l'abuser, et alors nous serions *meurtriers*; ce ne doit pas être notre rôle, messieurs.

L'officier qui avait été choisi par le paysan pour recevoir sa déclaration était de ces hommes passionnés qui s'identifient avec la position qu'ils ont provoquée. Ainsi donc, il avait posé la question de cette manière, que cet homme devait être un *espion français*; dès lors il prenait lui, l'attitude d'un personnage important; et, même pour la vie d'un homme, il n'aurait certes pas échangé cette position : et puis, après tout, disait-il, quand il serait Russe!... eh bien! ces Russes sont hérétiques et les alliés des Français!...

Leckinski, rentré dans sa prison, la revit presque avec joie; le malheureux n'avait eu pendant près de douze heures que des gibets devant les yeux... des cadavres hideux et sanglans!... et ces objets sinistres lui étaient montrés par des hommes au regard de démon, à la physionomie infernale. Ses idées étaient comme sous la puissance d'un charme venu de l'enfer... il croyait voir se projeter sur les murs crevassés de son cachot les ombres fantastiques des victimes qu'il venait de voir accrochées aux arbres de la route!... Ce fut entouré de ces prestiges lugubres qu'il s'endormit et même d'un sommeil profond, car la nature et la jeunesse avaient besoin de réparer en raison de ce qu'elles avaient souffert. Puis, encore une fois, au milieu de son sommeil, de ce repos de mort qui affaissait tous ses membres, la porte s'ouvrit doucement... on approcha de sa couche, et une voix, toujours la même voix douce, prononça à demi-voix :

— Levez-vous et venez... on veut vous sauver... votre cheval est prêt!...

Et le courageux jeune homme, réveillé par ces paroles... *on veut vous sauver !... venez* ... répondit toujours en allemand :

— Que me veut-on ?

Castaños, en apprenant cette nouvelle tentative et son résultat, dit que le jeune Russe était *un noble jeune homme...* il l'avait deviné, lui !...

Mais son opinion ne put influencer en rien cette commission qui voulait trouver le jeune homme coupable... qui ne le pouvait pas, et qui était toute rugissante de fureur de son impuissance devant cet innocent qu'elle voulait trouver criminel... Il y a dans la passion de l'esprit de parti, et de l'esprit de parti tel qu'on le sent en Espagne, une fièvre à redoublement qui trouble la raison... Ces hommes ainsi aux prises avec cette volonté qu'ils ne pouvaient satisfaire, n'étaient plus des hommes... c'étaient les mêmes juges qui avaient fait scier Réné... mettre le colonel Pavetti dans un four... et mourir Franceschi de douleur, comme devant souffrir *plus douloureusement*, parce qu'il aimait avec amour et même avec délire dans sa patrie. Et cependant c'est une grande et belle nation que la nation espagnole... oui, sans doute.. mais une fois ses passions éveillées, précisément parce que cette nature d'hommes est taillée sur un patron à grandes proportions, tout ce qui se meut dans ce vaste cadre est gigantesque comme lui ; et l'amour de la patrie, celui de ses rois, étaient deux affections premières pour l'Espagnol, et son devoir de leur vouer un culte dans un temps où tous deux étaient attaqués et envahis.

Leckinski, bien persuadé de la légitimité de leur conduite, savait aussi combien il leur importait de connaître le sort qu'on réservait à l'armée espagnole que Junot avait sous ses ordres... Sa position recevait par là un nouveau danger qu'il pouvait mesurer dans toute son étendue. Il le vit, et ne pâlit pas devant ce danger, bien qu'il fût seul alors ; mais il se raffermit encore dans la résolution de ne pas faillir, car maintenant pour lui il y allait de la mort ou de la vie.

La nuit qu'il passa fut cruelle. Le matin, à peine le soleil était-il levé, que quatre hommes, dont faisait partie celui qui prétendait l'avoir vu à Madrid, vinrent le prendre pour le conduire devant une sorte de tribunal composé de plusieurs officiers de l'état-major de Castaños. Pendant le court trajet qu'ils avaient à faire, ils lui adressaient les plus terribles menaces... mais, fidèle à sa résolution, il ne paraissait rien entendre.

Arrivé devant ses juges, il parut comprendre

ce qu'il voyait plutôt par l'appareil qu'on y avait mis que par ce qu'on disait autour de lui... et il demanda, toujours en allemand, où était son interprète?... On le fit venir, et l'interrogatoire commença.

Il eut d'abord pour objet son voyage de Madrid à Lisbonne; il répondit en montrant les dépêches de l'ambassadeur de Russie à l'amiral Siniavin, et son passeport. Il est certain que, sans la rencontre malheureuse du paysan, qui déclarait l'avoir vu à Madrid, ces preuves étaient plus que suffisantes... mais l'assertion que cet homme qui soutenait son dire avec une fermeté extraordinaire, et cependant naturelle, puisqu'il avait raison, jetait un jour sur le jeune Polonais qui le faisait envisager, par ces hommes passionnés, comme espion, et dès lors sa situation devenait alarmante. Cependant il soutint toujours également *ses dire*, et ne se coupa dans aucune réponse.

—Demandez, lui dit enfin le président de la commission, s'il aime les Espagnols puisqu'il n'est pas Français?

L'interprète transmit la question.

—Oui, sans doute, répondit Leckinski, j'aime la nation espagnole, et je l'estime pour son beau caractère. Je voudrais que nos deux nations fussent amies.

— Mon colonel, dit l'interprète au président, le prisonnier dit qu'il nous hait parce que nous faisons la guerre comme de vrais bandits; il nous méprise, et son regret, a-t-il ajouté, est de ne pas pouvoir réunir la nation dans un seul homme pour terminer cette odieuse guerre d'un seul coup...

Et tandis qu'il parlait, tous les yeux de ceux qui composaient le tribunal suivaient attentivement la moindre expression de la physionomie du prisonnier, pour juger de l'effet que produirait sur lui l'infidélité de son interprète. Mais Leckinski, en venant au tribunal, s'attendait à quelque épreuve, et il s'était fortifié encore dans sa résolution de déjouer toutes les attaques.

S'ils me tuent, se disait-il, ils tueront un homme non seulement innocent, mais innocent par l'apparence, et ils auront tout l'odieux de ma mort.

Dans le fait réel, il n'était pas coupable; car il n'était pas espion... il traversait ainsi l'Estramadoure, mais ne cherchait à rien surprendre.

— Messieurs, dit le général Castaños, qui avait assisté à cette épreuve, tentée malgré lui, mais dont il ne faisait pas partie, il me semble que ce jeune homme ne peut être soupçonné. Le paysan se sera trompé... que la liberté soit rendue au prisonnier, et qu'il poursuive sa route. En rendant compte de ce qui lui est arrivé, il voudra bien songer au péril continuel de notre position : il fait excuser la rigueur que nous sommes forcés d'employer... On rendit à Leckinski ses armes, ses dépêches, on lui donna un *laisser-passer*, et le noble jeune homme sortit ainsi victorieux de l'épreuve la plus forte, bien sûrement, qu'on puisse présenter à une âme humaine[1]. Pour en sortir ainsi triomphant, il faut être plus qu'un homme... Il arriva à Lisbonne... remplit sa mission, et voulait encore retourner à Madrid, mais Junot ne le voulut pas permettre... C'est une belle et vaillante nation que les Polonais... quel immense parti l'empereur Napoléon pouvait tirer de son intime alliance, comme nation, comme puissance, au lieu de les ajouter comme troupes auxiliaires à ses nombreuses phalanges!.. Mais il faut se taire avant de prononcer sur le plus ou moins de raison de ce qu'a fait Napoléon. Les mystères du génie de cet homme sont immenses, et pour qu'il n'ait pas relevé le dé que la fortune

[1] M. Leckinski est en France en ce moment.

avait jeté devant lui, c'est que les combinaisons de son jeu ne le lui commandaient pas.

Puisque j'ai prononcé le nom du général Franceschi, je vais raconter son histoire :

Le général Franceschi avait épousé la fille du général Mathieu-Dumas, et l'aimait avec délire ; elle le lui rendait de tout l'amour de son cœur, et ils étaient heureux du bonheur des anges, quand la guerre d'Espagne commença... Le général Franceschi fut pris par la bande du *Capucino*, et enfermé dans le vieil Alhambra... Son échange fut long-temps sollicité par le roi lui-même, dont il était aide-de-camp, mais toujours infructueusement. Le pauvre captif dessinait admirablement, et, pour tromper les longues heures de la prison, il dessinait sur les antiques murailles... On voyait le *Capucino* avec la robe de son ordre et coiffé du schakos de hussard du général Franceschi... Le captif avait saisi son geôlier dans toutes ses positions et dans tous ses costumes burlesques... Ce misérable n'était son ennemi auparavant que comme son adversaire... il le devint *comme homme*, et dès lors tout espoir d'échange fut interdit [1]... Le pauvre

---

[1] Le général Franceschi fut malade dangereusement, au point d'intéresser le général anglais sir Arthur Wellesley (lord

Franceschi était malade... En apprenant qu'il ne reverrait la France qu'à la fin de la guerre, il devint plus mal... puis plus mal encore... et au bout de quelques semaines il mourut...

Ce n'est pas lui qu'il faut plaindre!... il recevait la liberté par la mort... mais sa femme! sa pauvre femme!... qui chaque jour, trompée par son père et par sa sœur[1], et croyant voir arriver son mari, écoutait le bruit de la rue pour y distinguer celui d'un fouet de poste, le roulement d'une voiture!... Et, pour remplacer ces momens espérés par une âme passionnée d'amour, que lui arriva-t-il? un cadavre embaumé... Pauvre jeune femme! comme elle fut malheureuse!... nous avons toutes vu son désespoir... Elle demeura pendant des mois entiers, passant les nuits sans dormir, sans entrer dans un lit, échauffant son sang en se privant de nourriture... ayant trop

---

Wellington). On sollicita son échange de la Junte, elle refusa. Il ne voulut pas quitter dix-sept officiers français, prisonniers comme lui, et il fut jeté avec eux dans la citadelle de Carthagène, où il mourut, dans les bras de M. Bernard, son aide-de-camp, au moment où sa femme allait le trouver dans sa prison... Le général Franceschi était un homme remarquable sous tous les rapports.

[1] L'autre fille de Mathieu-Dumas était madame de Saint-Didier. Son mari était préfet du palais.

de vertu pour se donner la mort, et n'ayant pas le courage de vivre... ne voulant pas se tuer et voulant mourir!... Si jeune encore, et déjà si malheureuse!... Hélas! une si frêle structure ne pouvait long-temps résister à une telle souffrance!... Et le jour du malheur vint aussi pour le père, et le jour du malheur sans espoir... Elle se repentit alors, mais trop tard, car elle sentit qu'elle était aimée, et que ce qu'elle souffrait, elle allait le faire souffrir.

J'étais encore à Burgos lorsque la nouvelle du sénatus-consulte organique, qui sanctionnait la réunion *définitive* des États romains à la France, parvint en Espagne... Je voyais alors assez souvent deux ou trois Espagnols de distinction, dont l'un était, je crois, le frère ou le cousin du marquis de Villacampo, et l'autre, un chanoine de la cathédrale, hommes des plus instruits, parlant plusieurs langues, et notamment le français, avec une grande facilité. Ils étaient bons Espagnols, mais ils gémissaient sur les maux de leur patrie, et comprenaient très bien que l'Espagne gouvernée par de sages lois et un souverain comme l'empereur, par exemple, ils redevenaient encore les hommes du temps de Charles-Quint et d'Isabelle, sauf la modification des temps... Ils n'avaient aucune superstition, aucun fanatisme, ils étaient enfin *monarchiens* ¹; mais ils connaissaient leurs compatriotes. Et le jour où la nouvelle de ce *sénatus-consulte organique* fut annoncée en Espagne, ils vinrent chez Junot, et lui demandèrent si elle était vraie... Nous avions reçu le *Moniteur*, et elle n'était que trop véritable. Rome et les États romains formaient deux départemens, et toute puissance temporelle était détruite sous l'empire français. Du reste, le pape avait le choix de sa résidence, et *pouvait conserver* un palais à Rome et à Paris.

Il est difficile de rendre l'effet de cette nouvelle. A peine y fut-elle connue, que des milliers de copies de la bulle d'excommunication y furent également répandues... Le moindre enfant, celui même en bas âge, pouvant à peine parler, balbutiait contre nous d'horribles invectives... Qui n'a pas vu de près ce contre-coup terrible, ne peut avoir une idée juste de ce que l'empereur fit alors comme faute. Je ne sais quelle était celle qu'il avait à reprocher au pape. Je ne me chargerai pas de cette enquête; mais quelle qu'elle fût, elle n'est pas en raison suffisante pour ex-

---

¹ On appelait MONARCHIENS à l'assemblée constituante ceux qui étaient pour le roi et la constitution de 91. C'est l'abbé Raynal qui s'est le premier servi du mot *monarchiste*, et il a été consacré depuis.

cuser ce qui fut fait ensuite. L'Espagne n'a été le tombeau de quatre cent mille Français que par cette funeste faute de la prise de possession de la ville de Rome, et surtout de la captivité du pape. Ce n'est pas celle de Ferdinand VII, et 1823 l'a suffisamment prouvé, c'est l'*excommunication* lancée sur la tête de Napoléon, et portant sur chacune de celles de ses soldats.

J'étais quelques mois après à Salamanque, dans la jolie maison du marquis de La Scala. Sa femme de charge avait une petite fille de deux ans et demi à peu près, jolie comme les anges, et que j'aimais beaucoup... elle avait aussi une grande affection pour moi, ou plutôt pour mes bonbons, et surtout pour mes *ellemas*[1] d'Elvas... Elle venait souvent auprès de moi tandis que je travaillais à ma layette dans le jardin de la maison, et là elle babillait tout à son aise. Un jour elle s'approcha de moi et grimpa sur mes genoux. Comme j'étais enceinte de mon fils Alfred, et assez avancée dans ma grossesse, je la remis à terre. Mais l'enfant m'aimait, et jetant ses petits bras autour de mon cou, elle ne voulut pas me quitter. Je laissai alors mon ouvrage et la remis sur mes ge-

---

[1] Grosses prunes confites... c'est la plus délicieuse confiture sèche que l'on puisse manger. La prune est très grosse, longue et d'un très beau vert.

noux... En causant avec elle et en riant, je jouais aussi avec les mille et une choses que les enfans espagnols ont après eux... Tout-à-coup je tirai de sa petite poche une chaîne d'argent, à laquelle était suspendu un couteau (le cuchillo)... Une telle arme dans la main d'un enfant si jeune me parut une imprudence, et je voulus le lui ôter... mais la petite se jeta sur mes mains, en s'écriant avec une expression remarquable à tout âge, mais surtout au sien :

Dexa lo[1]!... *dexa lo!... esse por matar un Francès!*

La pauvre enfant ne savait pas ce qu'elle disait seulement, mais elle répétait là ce qu'elle entendait dire toute la journée à son père, à son oncle, et à tous ceux qui habitaient Salamanque ; le mouvement de sa petite main surtout était inconcevable en me disant :

— *Esse por matar un Francès!*

Ce fut peu après que parvint également en Espagne la nouvelle aussi bien importante qui annonçait que l'Amérique espagnole du Sud formait un gouvernement fédératif, sous le nom de *confédération américaine de Venezuela*... c'étaient les provinces de *Barinas, Caracas,*

---

[1] Laisse-le ! laisse-le ! c'est pour tuer un Français !

Truxillo, *Margarita*, *Cumana*, etc., etc... De semblables révolutions devaient bientôt suivre et montrer le Nouveau-Monde aussi inquiétant, pour la conquête de l'Espagne, que pouvait l'être la mère-patrie; car l'Espagne, sans ses possessions d'Amérique, n'est qu'un grand corps décharné dont les os tiennent à peine entre eux... Sans doute, il peut se raffermir et redevenir ce qu'il était avant la découverte des ses fleuves d'or et de ses montagnes de pierreries... mais alors l'Espagne avait les Maures et des rois comme Alphonse X et Ferdinand d'Aragon...

Cependant nous remportions de grandes victoires en Espagne, c'est-à-dire que, selon le *Moniteur*, nous prenions des villes et des provinces... nous les prenions bien, en effet; mais qu'est-ce que cela voulait dire? rien du tout pour la conquête de l'Espagne, et la suite a prouvé ce que je dis... Nous prenions des villes, c'est vrai... mais une fois maîtres de ces villes, nous ne pouvions nous promener au-delà des murs sans courir le risque d'être pris par les guérillas, ainsi que je le raconterai tout à l'heure pour moi. L'Espagne pouvait être *conquise*, mais *jamais soumise*, comme je l'écrivais à une de mes amies, après la prise d'Astorga.

Voici néanmoins une petite anecdote qui

montre à quel point l'empereur portait sa volonté *conquérante* de l'Espagne, et surtout combien il voulait qu'on le sût en France.

Il avait fait dire au général Suchet qu'il voulait que toutes les places de l'Aragon et de la Catalogne fussent soumises et rangées à l'obéissance du roi Joseph dans un délai assez court. Il faut ici rendre justice à la mémoire du maréchal Suchet, sa conduite en Espagne fut des plus remarquables. Il est vrai de dire aussi que lui seul fut en mesure de faire de pareille besogne, parce que lui seul fut en face de places fortes et de troupes réglées... La guerre des guérillas et des provinces insurgées était une tout autre guerre...

L'empereur avait donc spécifié que plusieurs villes surtout devaient être prises : c'étaient Lérida, Mequinenza, Tortose, mais surtout Taragonne.

— Le bâton de maréchal est dans Taragonne, avait dit l'empereur...

Lérida fut pris d'abord... Cette place, fameuse par le siége de M. le Prince, fut emportée après un siége de quinze jours de tranchée ouverte. Trois semaines avant le général Suchet avait défait le général O'Donnell[1], et s'était ainsi frayé le

[1] Il était au service d'Espagne.

chemin de la place; puis tombèrent Tortose, Mequinenza, Sagonte et enfin Taragonne... En apprenant sa reddition, l'empereur fut tellement content qu'il donna l'ordre de faire faire un article sur le général Suchet et la prise de Taragonne, et de le faire insérer dans le *Journal des Débats*; l'article, en effet, fut mis dans le journal, et surprit même les amis du général Suchet: il avait été écrit par Étienne *et par ordre*. Le frère du maréchal lut cet article le matin en déjeûnant, et l'on pense s'il en fut heureux... car tous ceux qui, comme moi, connaissaient les deux frères, savent combien ils s'aimaient et combien ils étaient unis [1]. Cet article lui fit donc une grande joie; puis en le relisant, il y vit une louange qui était sans doute méritée, mais il y avait presque des comparaisons, sur de grandes renommées anciennes et modernes, qui pouvaient prêter à de la malignité. Il monta en cabriolet et s'en fut chez Fouché pour connaître l'auteur de l'article: ce fut là qu'il apprit d'où venait la louange

[1] J'ai ouï dire que dans les deux ou trois dernières années de sa vie, le maréchal n'était plus le même pour son frère. Cela m'étonne après ce que je sais du dévouement de l'un et de l'attachement reconnaissant du maréchal pour son frère. Il faut que pour cela il y ait eu une influence étrangère et malveillante.

dont *l'excès l'avait effrayé*, et qu'alors il en fut tout-à-fait heureux... Il dînait chez le ministre des finances ; là il reçut un accueil franc et amical et un compliment dénué de fausseté, car le duc de Gaëte était un homme que la gloire de la patrie touchait au cœur. Plusieurs amis l'entourèrent et lui serrèrent la main en le félicitant... Mais parmi les convives était un homme dont la gloire cependant ne redoutait celle de personne, et qui pourtant ne pouvait s'habituer à entendre louer un fait militaire de quelque renom ; son front était soucieux, et il paraissait même fortement agité... Après le dîner, au moment où l'on repassait au salon, le maréchal Ney s'approcha de M. Suchet, et lui dit avec un ton d'aigreur très remarquable :

— Je vous fais mon compliment, monsieur... voilà une belle affaire, mais encore un plus bel article... en vérité on est heureux d'avoir un frère qui fasse *mousser* à ce point ce que son aîné fait de bien.

— Monsieur le maréchal, je vous jure que je suis parfaitement *innocent* de ce dont *vous m'accusez*. Je me sers de ces expressions, parce que je suis certain que mon frère me désavouerait fort s'il savait que je l'eusse fait...

Le maréchal Ney leva les épaules, et sourit avec amertume.

— Ce n'est pas vous?... Comment donc un étranger ferait-il pareille chose sans un intérêt direct?... allons donc!...

M. Suchet s'approcha du maréchal et lui dit à demi-voix :

— Monsieur le maréchal, j'ai été comme vous surpris de l'éloge de la conduite de mon frère... j'ai voulu en connaître l'auteur, et savez-vous bien quel il est?

Le maréchal regarda M. Suchet avec un air de doute interrogateur.

— C'est l'empereur!

Le maréchal fit un mouvement si violent qu'il pensa jeter à terre sa tasse de café.

L'empereur! s'écria-t-il... ce n'est pas possible!...

— J'ai l'honneur de vous l'affirmer, monsieur le maréchal.

Le maréchal Ney jeta sur M. Suchet un regard de colère comme s'il était coupable de la bienveillance de l'empereur, et il s'en alla en avalant sa tasse de café, sans même souffler dessus, au risque de se brûler la langue, et de ne pouvoir renouveler la parole énergique qui lui était échappée.

Je trouve que cette colère, presque envieuse, dans un homme aussi remarquable que le maréchal Ney, est un texte bien fort pour développer à nos yeux une partie des mystères qui nous paraissent obscurs dans les malheurs de l'empereur et ceux de la patrie.

J'ai déjà dit, je crois, que nous avions trouvé le général Solignac à Burgos, qui venait y prendre le commandement de la 2ᵉ division du 8ᵉ corps... Quoiqu'il n'aimât pas beaucoup plus Junot à cette époque qu'il ne l'aima plus tard, parce que alors, comme dans un autre temps, Junot ne put faire revenir l'empereur sur la prévention qu'il avait contre lui, il voulut me fêter, et il me donna un bal dans la maison qu'il occupait à Burgos. Ce bal est un des souvenirs les plus étouffans que j'aie conservés dans ma pensée. On était entassé dans trois petites chambres où l'on se voyait à peine, et puis, au milieu de cette vapeur presque fétide qui vous enveloppait et vous prenait à la gorge, on voyait s'agiter des officiers faisant danser des *senoritas* qui s'en acquittaient Dieu sait comment. Et puis enfin, pour compléter le divertissement, venait une *dona prudentia* qui dansait le boléro, le fandango, je ne sais quoi, avec des bas et des souliers sales, et cela dans un pays où la plus pauvre fille est chaussée comme une pairesse d'Angleterre: c'était une chance... Mais ses *mines*, ses grâces étaient encore bien autrement burlesques... Malgré la joie qu'elle me causa d'abord, en la voyant ainsi se démener dans sa parure terne et fanée, je ne pus tenir dans ce lieu méphytique, et je me retirai avant minuit.

Le lendemain de ce bal, nous eûmes, je ne sais pourquoi, un *Te Deum* chanté dans la magnifique cathédrale de Burgos. Je m'y rendis seule, parce que Junot y était dans toute sa pompe militaire. J'étais habillée à l'espagnole ; j'aimais cet habit et je le portais souvent. Comme je parlais l'espagnol, j'étais ainsi rapprochée des femmes que je rencontrais, et cela établissait une sorte de rapport qui ne pouvait être qu'heureux dans ses résultats, d'autant que ces mêmes rapports n'étaient établis par moi que dans le but de leur faire du bien. C'est ainsi que je sauvai la vie à trois jeunes paysans qui avaient été condamnés à être fusillés, parce qu'ils avaient défendu leur père attaqué dans son lit par onze soldats qui l'avaient déjà blessé au front. Le vieillard avait quatre-vingt-deux ans !... En voyant couler le sang de leur père, les fils, qui travaillaient dans un champ qui était derrière la chaumière (c'était dans le village qui tient à ce qu'on appelle la *Cartuga*, la Chartreuse), et qui avaient encore à la main les instrumens aratoires dont ils se servaient, frappèrent les soldats et en tuèrent deux. Avaient-ils tort?... non... aussi pris-je leur défense avec une telle chaleur que Junot les fit gracier... Non pas qu'il s'en rapportât à moi pour savoir si les coupables méritaient ou non punition; mais parce que, à force de le supplier de faire revoir l'affaire, il envoya sur les lieux et parvint à connaître la vérité... A quelque temps de là, nous quittâmes Burgos et nous fûmes à Valladolid, Junot ayant ordre d'établir là le quartier-général du 8ᵉ corps. Le général Reignier et le 2ᵉ corps étaient vers le Tage, et le maréchal Ney avec le 6ᵉ corps était à Salamanque. Le général Kellermann, comte de Valmy, était alors gouverneur de Valladolid et de tout le royaume de Léon, ainsi que des Asturies et d'une partie de l'Estramadure espagnole. Je fus reçue à merveille par lui... J'allai descendre au palais de Charles-Quint situé sur la place, en face de Saint-Paul, jadis le séjour inquisitorial... Le palais est beau, et le général Kellermann l'avait fort bien fait arranger. Il n'avait pas conservé toute sa magnificence du séjour de l'empereur, mais, tel qu'il était, il était encore fort beau, surtout pour celle qui, comme moi, venait d'habiter une prison comme Burgos... Aussi, bien que je fusse fort souffrante, je jouis pleinement de me retrouver, pour la première fois depuis mon départ de Paris, dans un lieu qui me rendait mes habitudes familières.

Ce fut à Valladolid que pour la première fois j'eus le spectacle vraiment curieux de ce que pouvait produire la vanité blessée, et, plus que tout, la volonté de garder et d'exercer une autorité que l'empereur déléguait à ses généraux et qu'ils ne voulaient tenir que de lui.

Junot avait reçu de Paris une lettre du prince de Neufchâtel, dans laquelle il lui disait que l'empereur, ayant donné l'ordre au général Suchet de pousser vigoureusement les siéges de toutes les villes de la Catalogne et de l'Aragon, Sa Majesté désirait également que les villes de l'ouest qui résistaient encore tombassent en même temps ; qu'en conséquence, Junot devait prendre Astorga le plus tôt possible...

En recevant cette lettre Junot fut joyeux et les ordres furent donnés au colonel Valazé[1] et au général Boyer, chef d'état-major, pour que tout fût prêt et le plus promptement possible... Il allait partir pour Astorga, lorsqu'il reçut des

[1] Il n'était encore que chef de bataillon du génie. C'est lui qui est aujourd'hui le général Valazé.

ordres de Madrid qui lui disaient d'aller à Salamanque remplacer le maréchal Ney, qui à son tour allait je ne sais où... En lisant cet ordre je vis Junot plus en colère que je ne l'ai vu, je crois, pendant les quatorze années de notre union. Il se levait, s'asseyait, froissait le papier dans ses mains, le jetait à terre, accompagnant le tout de paroles très énergiques... En le voyant dans cet état, je fus à lui, et lui prenant les mains :

— Pourquoi cette agitation? lui dis-je... comment peux-tu être ému un moment par ces ordres qui semblent contradictoires, et qui, au fait, ne le sont pas ?... Car tu ne peux les suivre tous deux; écris au maréchal Ney, tu verras ce qu'il te répondra... Sa conduite doit marcher avec la tienne et la tienne avec la sienne.

Junot me baisa les mains plus de dix fois, et s'en fut écrire à Ney. Comme Valladolid est près de Salamanque, il eut la réponse en deux jours... Elle était fort *tranchée* dans sa couleur, et n'avait pas la moindre nuance de cette docilité dans la vie militaire qu'il est si urgent de mettre en pratique.

Ney disait à Junot qu'il avait des ordres du major-général de *l'armée française*, du prince de Neufchâtel, que les ordres ne lui disaient certes pas de se replier sur Valladolid, qu'il voyait que lui aussi était dans le bon principe d'aller selon les ordres de Berthier, et que lui et l'empereur étaient *leurs seuls chefs...*

En conséquence de cette résolution *de son camarade*, Junot se résolut à aller faire le siége d'Astorga. Et voilà comment marchaient en Espagne les généraux que l'empereur mettait sous les ordres les uns des autres... On en verra bien d'autres lorsque Masséna y sera venu...

Junot quitta Valladolid le 14 avril pour se rendre à Astorga [1], où il arriva le 17. Comme il passait sur le pont de Léon, une balle vint tomber à quelques pas de son cheval, entre lui et son premier aide-de-camp... Le coup de fusil avait été tiré du haut de la colline, à droite du chemin. Deux officiers gravirent aussitôt jusqu'au sommet; mais une fois là, on ne vit personne; On fit faire des perquisitions, mais on ne put rien découvrir... Si le jour eût été avancé, et que l'assassin vît plus clair, Junot était perdu, car il l'avait bien visé...

Junot arriva devant Astorga le 17 avril; il établit son quartier-général à *Castrillo*. Les ouvrages de tranchée continuèrent pendant deux jours,

---

[1] Astorga (Asturica-Augusta) c'était une place très forte avant l'artillerie. Ce fut à Astorga que l'empereur s'arrêta de 1808 à 1809, lorsqu'il était à la poursuite de Moore.

puis le 20 Junot fit commencer le feu à 5 heures du matin ; le soir, à 7 heures, la brèche était ouverte. Le lendemain 21, Junot commande l'assaut à 5 heures du soir ; la brèche est emportée par le bataillon d'élite, aux ordres de M. de Lagrave, aide-de-camp du duc, brave et excellent homme, aussi bon, loyal, que vaillant et homme d'habileté dans sa profession. Junot l'aimait beaucoup, et je le conçois. C'est une bonne fortune pour un général en chef que d'avoir un officier comme M. de Lagrave dans son état-major.

Le 22 avril, à 4 heures du matin, la ville demanda à capituler, et à une heure après midi, la garnison, forte de 3,500 hommes, défila devant le duc et fut dirigée sur la France. Voici la lettre que je reçus de Junot, après qu'il fut entré dans la ville :

« Astorga, le 23 avril 1810.

» Quoique je sois dans Astorga depuis vingt-qua-
» tre heures, ma chère Laure, je n'ai pas encore
» pu t'écrire, tant j'ai eu d'occupations. C'est une
» belle affaire que cette prise, et je peux t'assurer

¹ Comme je l'ai déjà dit, ne pouvant à chaque citation mettre un *fac simile*, je déposerai les pièces originales chez mon éditeur, où l'on pourra les voir lors du dernier volume.

» que mes généraux et tous mes officiers n'ont eu
» peur que pour moi, et qu'ils se sont brillam-
» ment conduits. Quant à moi, je compte sur
» ma fortune, et j'ai réussi. Je t'envoie le rap-
» port de Lagrave, si tu peux le lire ; il te paraîtra
» intéressant. Plus de 3,500 hommes ont défilé
» devant moi, bien habillés et bien armés, pres-
» que propres. Ce sont les plus beaux soldats
» espagnols que j'aie vus. J'ai perdu 160 hommes
» et 400 blessés. Lagrave s'est couvert de gloire.
» Je resterai deux ou trois jours à Astorga, pour
» donner tous les ordres nécessaires pour les
» cantonnemens de l'armée ; ensuite je retourne-
» rai à Valladolid.

» Astorga est aussi tranquille que Valladolid
» pour le moins, à bien peu de chose près, mes
» soldats n'ayant pas pris une piastre. Les habi-
» tans sont tout étonnés de cette discipline, et les
» soldats aussi ; mais j'y tiens la main.

» Valazé a reçu deux balles à la tête ; mais il se
» porte bien, et j'espère qu'elles lui vaudront
» une épaulette de plus. Il sort déjà.

» On m'avait arrangé près de la batterie de
» brèche des créneaux en sacs à terre, pour voir
» la brèche. Je regardais avec ma lunette, lors-
» qu'une balle est venue dans le même créneau
» et m'a effleuré l'œil. Deux lignes plus à gauche

» et j'étais tué ou borgne... mais je n'ai rien, ce
» qui est bien différent, etc., etc.

» Le duc d'Abrantès. »

Pour en finir avec Astorga, je dirai que le jour où la première colonne des prisonniers arriva à Valladolid, M. Magnien m'engagea à monter en calèche et à aller les voir défiler. Il faisait beau, et le commencement de notre promenade fut assez bien ; mais la fin devint un peu lugubre. J'entendais depuis quelques momens des coups de fusils à peu de distance, et que les collines assez rapprochées de la route en cet endroit me renvoyaient distinctement.

— Qu'est-ce que cela ? demandai-je à M. Magnien.

Il n'en savait rien, et s'adressa à un chef de bataillon, qui commandait le convoi des prisonniers.

— Oh ! ce n'est rien, répondit-il négligemment ;... il y a quelques uns de ces coquins-là qui font semblant d'avoir mal au pied et qui prétendent ne plus pouvoir marcher... J'ai donné ordre qu'on mît tout en règle. Parbleu oui, mal au pied !... Si on les écoutait, tous seraient boiteux, et ils reprendraient leurs bonnes jambes pour rejoindre don Julian, quand nous aurions passé le détour de la route !

Je crus avoir d'abord mal compris; mais le chef de bataillon me dit très clairement *qu'on fusillait* ceux qui *ne pouvaient pas marcher*, afin qu'ils ne rejoignissent pas les guérillas.

Dans ce même moment, je tournais l'angle de la route, et je vis tomber deux hommes... Le coup me frappa pour ainsi dire au cœur... Je pâlis et me sentis presque mourir.

— Retournons, retournons, dis-je à Magnien; mon Dieu, quelle horreur!...

— Et croyez-vous donc, madame, dit alors le chef de bataillon, que nos prisonniers soient mieux traités à bord des pontons de Cadix!... mon frère y est mort, lui, le malheureux!...

Et dans sa voix, dans son regard lancé avec haine sur les captifs qui passaient devant nous, il y avait anathème de mort!

Oh! dis-je alors en levant les mains au ciel, tous malheureux, nous le sommes tous également.

Ce qui arriva à Junot le jour de son départ de Valladolid, me rappelle une aventure semblable qui arriva à Lisbonne... Les aides-de-camp du duc avaient plusieurs fois repoussé un homme qui voulait s'introduire auprès de lui, sous des prétextes tout-à-fait frivoles, et qui devaient mettre en méfiance de lui, dans un pays et dans un moment où tous les poignards se dressaient contre un cœur français. Enfin un soir, cet homme fut arrêté par M. Hersant, chef de bataillon, et aide-de-camp de Junot, au moment où il cherchait à s'introduire furtivement dans les appartemens intérieurs. Il fut fouillé, et l'on trouva sur lui un poignard et un couteau... il ne nia même pas son intention, croyant que la présence des Anglais pouvait le sauver; mais il faut leur rendre la justice qui leur est due, ils ne cherchèrent même pas à intervenir dans cette affaire, si ce n'est pour presser la punition du coupable.

— Eh bien! dit Junot, c'est donc à moi de le juger... va-t'en, dit-il à l'assassin... éloigne-toi, et que ton sang ne retombe pas sur moi... Qu'on lui donne vingt piastres, ajouta-t-il... et tu pourras dire à tes compatriotes que j'en promets CENT à celui qui te remplacera.

— Mais c'était encourager le crime, m'écriai-je lorsque l'on me raconta cette histoire à La Rochelle.

Junot sourit.

— Tu vois bien qu'ils ne sont pas revenus... Jamais je ne leur ai fait de mal aux Portugais, et ils étaient déjà bien assez ingrats comme cela sans y ajouter l'horreur du nom de meurtrier... Il ne faut jamais se défier de son innocence.

Il avait raison.

CHAPITRE II.

Evasion miraculeuse de six cents Français prisonniers. — Conduite admirable de M. *le chevalier de Faurax*. — Ils échappent aux tortures des pontons espagnols. — Réunion à la France de la Hollande et de l'Italie. — Nous sommes le premier peuple de l'univers.—Bernadotte roi de Suède. —Prise d'Astorga par Junot. — Fêtes à Paris. — Chagrins qu'éprouve Marie-Louise de quitter Vienne. — Berthier la trouve en larmes.—Elle regrette ses parens, ses dessins, ses tapis, ses oiseaux et son chien. — Résolution subite de Berthier. — Arrivée de Marie-Louise. — Rencontre à Compiègne. — Saint-Cloud. — Enthousiasme du peuple aux Tuileries. — Journées de délices. — Le cabinet. — Les tapis, les dessins, les oiseaux et le chien sont ici. — Es-tu contente, Louise? — C'est Berthier qui en a le mérite. — Embrasse-la, mon vieil ami. — Et voilà cet homme qu'on a abandonné! — Fêtes à Valladolid. — La marquise d'Arabecca. — Elle aime à rire, elle aime à boire. — Elle me prête son piano. — Je trouve des cigaritas sur les cordes de basse. — Elle aime à rire, elle aime à boire.

Il arriva vers cette époque un évènement vraiment admirable, et dont notre nation doit être fière à jamais. Six cents prisonniers français attachés, pour ainsi dire, sur un ponton dans la baie de Cadix, formèrent le hardi projet de se sauver, et le mirent à exécution. Il s'agissait cependant de traverser deux escadres ennemies et surveillantes; il fallait le faire sur une mauvaise carcasse de navire sans agrès, sans voiles, sans aucun moyen de la gouverner; et cela, il le fallait tenter sans connaissance de la mer et sans aucun secours. Ces six cents Français étaient presque tous des officiers: ils firent usage de leurs connaissances en mathématique, prirent le vent, et arrêtèrent enfin le moment de leur délivrance, du moins celui où ils la tenteraient; mais ils ne pouvaient rien espérer, si leurs compatriotes, campés sur la terre ferme, de l'autre côté des *puntalès*, n'étaient pas prévenus de leur tentative. L'un des prisonniers, dont le nom mérite d'être à jamais consacré, M. le *chevalier de Faurax*, se jeta à la mer, et traversa à la nage une distance de plus de quinze cents toises pour aller prévenir le maréchal Victor, dont le corps d'armée pouvait leur prêter secours. Le courageux jeune homme eut le bonheur de résister non seulement à la fatigue de cette course aventureuse où chaque vague offrait un double péril, mais il échappa à la surveillance des deux flottes, au feu de plusieurs chaloupes canonières, qui l'eussent foudroyé s'il en eût été aperçu et à l'ouragan. Ce n'était rien pour ses camarades d'infortune. Cependant, il fallait doubler leur courage en leur apprenant que des dispositions de secours étaient faites en leur faveur par le maréchal Victor... Il n'hésite pas un instant quand il voit qu'un seul signal peut tout perdre... il se rejette à la mer, traverse avec le même bonheur l'espace qu'il vient de parcourir, et retourne à ses malheureux compagnons pour les amener sur une terre libre, ou pour partager de nouveau leur terrible sort...

Ils furent tous sauvés !... Ah! que cela fait du bien au cœur de penser que de si nobles victimes ont échappé à *ces tortures de la vie de pontons !...* C'était une éducation de barbarie que les Anglais donnaient aux Espagnols... car jamais cette nation, passionnée il est vrai, mais grande et généreuse, n'aurait employé ainsi la pointe du poignard pour tourmenter ses ennemis; elle eût ouvert leur poitrine de son tranchant, sans épuiser ainsi leur sang goutte à goutte... C'est l'idéal de la cruauté que le récit de ce que nos prisonniers ont souffert en Angleterre sur les pontons... c'est fabuleux dans l'horrible.

Du reste, à cette époque, les évènemens les plus extraordinaires passaient devant nous comme une fantasmagorie évoquée par un de ces enchanteurs dont les vieilles chroniques bercèrent notre enfance, et qu'elles nous représentaient soulevant le monde d'un coup de leur baguette d'or et de fer; ingénieuse allusion au bien et au mal. Dans les premières années du siècle, en vérité c'était à croire à un pareil prestige, quand on voyait les trônes s'écrouler, s'élever, d'immenses destinées apparaître tout-à-coup, puis s'obscurcir avec la même rapidité... et tout cela à la voix d'un seul homme!...

Ce fut alors que, presque le même jour, moururent, l'un à Londres, 'autre à Paris, deux êtres qui, bien qu'ils fussent hors de la sphère de sa domination, n'en appartenaient pas moins au merveilleux qui entourait son nom : c'étaient le chevalier d'Éon et M. de Montgolfier; l'un, moitié femme moitié homme, au sexe ambigu, demeuré comme un témoin frappant du scandale de la politique du cabinet de Versailles, et de la France dégénérée sous Louis XV et son *ministre Pompadour*. La physionomie morale de la nation à cette époque s'était conservée dans cet être, quel qu'il fût, aventurier ou aventurière, pour nous faire rougir de ce que nous avions été naguère : l'autre, au contraire, hardi novateur, semblait n'être né que pour le bien de la science. Se frayant des routes inconnues là où nul mortel n'avait encore été, il avait contraint les élémens à lui obéir, et paraissait aussi, lui, réaliser la fable de cet enchanteur que je signalais plus haut... Puis c'étaient nos dernières colonies[1] perdues, et tout aussitôt, comme par une compensation subite, la Hollande réunie à la France; et l'on entendait nommer à la fois le département du *Zuyderzée* et celui du *Tibre*... nous perdions des îles lointaines... mais la France avait alors *trente-six mille lieues carrées*... cent trente départemens, et au-delà de quarante-trois millions d'habitans!... Ah! si alors Napoléon avait su conserver de telles conquêtes!... s'il avait compris que, parvenu à ce point de sa miraculeuse carrière, l'affermissement de ce qu'il possédait était plus urgent que de nouveux efforts pour agrandir cet immense empire; qui ne demandait plus que perfection et solidité!... nous eussions été long-temps encore ce qu'il voulait faire de nous, le premier peuple de l'univers.

Je reçus alors de Paris une lettre qui d'abord me parut bien extraordinaire; puis, en y réflé-

---

[1] Bourbon et l'Ile-de-France prises l'une en juillet et l'autre en octobre 1810. La réunion de la Hollande et du Brabant est du même temps.

chissant, en mé rappelant tout ce qui m'avait été dit mille fois de Bernadotte, je ne fus plus étonnée. Il était question de son adoption par le roi de Suède Charles XIII. Mais je parlerai plus tard de ce fait avec quelques détails ; maintenant il faut marcher avec les évènemens d'Espagne.

Junot prit Astorga, ainsi qu'on l'a vu plus haut, puis il revint à Valladolid. Les nouvelles devenaient inquiétantes du côté de l'Ouest. Le général Kellermann avait défait l'armée du duc del Parque, mais cette armée était presque plus dangereuse étant disséminée que ralliée sous un chef *faisant la guerre* ; on n'osait pas sortir de la ville. Je me rappelle qu'un jour, me promenant au bord de la rivière, presque dans Campo-Grande[1], dans un jardin attenant aux portes de la ville, qui appartenait autrefois au collége des Irlandais, et que j'aimais fort, parce qu'il y avait de l'ombrage et de l'eau, je faillis être prise par des guérillas qui s'approchaient de la ville habillés en paysans. Rien ne les trahissait. Le maréchal Ney était toujours à Salamanque, et le général

[1] Grand espace entouré d'arbres, qui sert de promenade à Valladolid. Il y a treize couvens bâtis autour de Campo-grande.

Regnier du côté du Tage. On ne savait pas encore qui prendrait le commandement de l'armée de Portugal, et pourtant cette armée devait bientôt marcher. Tandis que nous attendions, les fêtes du mariage avaient lieu à Paris, et les relations que je recevais étaient de vrais contes de fées, et pourtant c'était réel. Je n'étais pas alors à Paris. Je ne me mêlerai donc pas de parler avec détail de ce que je n'ai pas vu. Je vais seulement rapporter à propos du mariage une anecdote qui lui est relative.

On sait que le prince de Neufchâtel fut chercher l'impératrice à Vienne pour la conduire à Paris. Lorsqu'elle eut été épousée par son oncle le prince Charles, et que toutes les cérémonies d'étiquette furent achevées, ce qui, à Vienne, comme on le sait, n'est pas sitôt terminé, il fallut songer au départ. Les préparatifs se firent, et tandis qu'ils avaient lieu, la jeune Marie-Louise, dont on ne pouvait blâmer les regrets, pleurait chaque jour à la seule pensée de quitter sa famille. On sait qu'en Autriche les liens de parenté ont quelque chose de sacré qui nous semble peu bienséant à nous autres gens de France. Mais il est de fait que même sous Marie-Thérèse et sous la sèche et astucieuse politique du vieux

Kaunitz; ces liens de famille étaient chers et respectés. Marie-Louise, élevée dans ces principes, pleurait non seulement à la pensée de quitter ses sœurs et son père, et peut-être même sa belle-mère, mais aussi à celle de venir auprès d'un homme qui devait être pour elle un objet presque de terreur. Aussi n'est-ce pas de cela que je puis la blâmer, et si jamais elle n'avait été coupable que de ces larmes-là, j'en verserais aujourd'hui sur elle. Mais elle les a remplacées depuis par de doux regards, des paroles d'amour, des sourires de tendresse... Voilà ce que je ne lui pardonnerai jamais, d'avoir non seulement oublié, mais dénié. Voilà ce que mon âme recueillera éternellement comme une marque de perfidie envers celui qui l'aima avec amour !... Mais laissons ces idées, elles brûlent le cœur.

Le jour du départ arriva enfin. L'impératrice prit congé de son père, de sa belle-mère, de ses sœurs et de ses frères, puis elle se rendit dans son appartement pour y attendre Berthier, qui, selon l'étiquette, devait aller l'y prendre pour la mettre en voiture. Lorsqu'il entra dans le cabinet où elle s'était retirée, il la trouva tout en larmes, et, la voix brisée par les sanglots, elle lui dit qu'elle était bien fâchée de lui paraître aussi faible: « Mais jugez si je suis excusable, lui dit-elle ; voyez, je suis ici entourée de mille choses qui me sont précieuses. Ces dessins sont de mes sœurs; cette tapisserie a été faite par ma mère : c'est mon oncle Charles qui a fait ces tableaux. » Et, continuant l'inventaire de son cabinet, il n'était pas jusqu'au tapis de pied qui ne lui vînt d'une main chérie ; et puis, les oiseaux qui étaient dans une volière.... une perruche.... Mais la pièce la plus importante et la plus regrettée, faisait à son tour autant de bruit dans ses plaintes, et *cette pièce* c'était un chien.

On n'avait pas laissé ignorer à la cour de Vienne combien ces malheureux chiens de Joséphine, à commencer par *Fortuné*, qui eut l'honneur de faire une partie des campagnes d'Italie, et qui eut les reins cassés par un gros chien mal élevé, avaient été déplaisans à l'empereur. Aussi, en père prudent, François II eut-il soin que sa fille laissât son chien à Vienne et n'emportât aucune de ses bêtes avec elle. Mais la séparation n'en était pas moins cruelle, et la jeune impératrice et son chien faisaient un duo de regrets.

Il y avait toutefois dans ces mêmes regrets une preuve de bonté de cœur qui fut comprise par Berthier, qui lui-même avait de la bonté.

En voyant tout ce deuil, là où il aurait voulu ne voir que joie et transport, il lui vint une idée qu'il accueillit aussitôt.

Je venais au contraire prévenir Votre Majesté, dit-il à Marie-Louise, qu'elle ne partira que dans deux heures ; je lui demande la permission de la quitter jusqu'au moment du départ...

Et, s'éloignant aussitôt, il fut rejoindre l'empereur, à qui il confia son plan. François II est le meilleur des hommes et des pères, il comprit à merveille ce qu'on lui demandait. Berthier donna ses ordres; et, au bout de deux heures, ainsi qu'il l'avait dit, tout fut prêt. Il fut prendre l'impératrice. On partit... Elle arriva en France... Là elle vit des fêtes, des merveilles, et elle oublia un peu le chien et la perruche... Puis on arriva à Compiègne... Vous savez comment la voiture s'arrêta... comment un homme y monta sans rien dire, et prit place à côté de celle qui n'était encore que sa fiancée, et à laquelle il avait déjà voué une fidélité qui ne fut *jamais violée par lui* jusqu'au moment de sa mort... de cette mort devenue un bienfait pour lui, et que des années d'agonie lui faisaient appeler à grands cris... Puis ensuite vinrent les jours de miel pour la jeune épouse... Tout le bonheur qui l'entourait était si radieux que ses paupières s'abaissèrent à son éclat!... On vint à Saint-Cloud... puis à Paris... C'est là qu'un des derniers sourires de la fortune tomba sur la tête, entourée d'une auréole de bonheur, de son favori, lorsque, prenant par la main cette jeune femme qu'il croyait un gage de paix et d'éternelle alliance, il la présenta au peuple rassemblé en foule au-dessous du balcon impérial des Tuileries!... Comme dans cette journée de délices les cris de *vive l'empereur!*... ébranlaient les fondemens même du vieux Louvre! *Vive l'empereur! vive l'impératrice!* criaient cent mille voix... et lui, tout tremblant de bonheur, ivre d'une joie jusqu'alors inconnue, qui venait inonder son cœur, il pressait entre les siennes une toute petite main, qui alors savait bien lui répondre, et lui répondre avec amour.

Quand ils se retirèrent du balcon, il lui dit:

—Viens, Louise... il faut que je te paie du bonheur que tu viens de me donner.

Et l'entraînant rapidement dans un de ces corridors sombres qui, même en plein jour, ne sont éclairés que par une lampe, il la faisait marcher à grands pas.

—Où donc allons-nous? disait l'impératrice.

— Viens toujours, que crains-tu avec moi?... as-tu peur?

Et il rapprochait de lui la jeune femme en la serrant contre son cœur, qui battait avec une émotion délicieuse... Tout-à-coup il s'arrêta devant une porte fermée... un bruit se fit entendre... c'était un chien qui avait entendu, ou plutôt qui avait *senti* ceux qui s'approchaient... il grattait de l'autre côté de la porte... L'empereur l'ouvrit, et poussa doucement l'impératrice dans une pièce très éclairée, où l'éclat du jour l'empêcha d'abord de distinguer ce qu'elle voyait... puis les objets devinrent plus distincts... ils se détachèrent en lames de feu pour la frapper au cœur... Elle se pencha sur la poitrine de Napoléon, et fondit en larmes...

Savez-vous ce qui causait cette émotion? c'est que Marie-Louise, impératrice du premier des empires, retrouvait au milieu des pompes triomphales, des gloires partagées d'un époux le plus grand homme de l'univers, Marie-Louise retrouvait par lui, de ces joies de l'enfance, de ces délices de famille, de ces souvenirs qui lui garantissaient que celui auquel son père avait fié son bonheur lui en rendrait fidèle et bon compte... *Elle sentait* encore à cette époque, et elle le montra dans la vive émotion qu'elle manifesta... L'empereur la serrait contre sa poitrine et baisait doucement ses joues si fraîches toutes baignées de larmes... C'était bien du bonheur qu'ils avaient alors tous deux... Dans ce moment d'extase l'annonce d'une victoire eût peut-être trouvé Napoléon sourd à sa voix... Cependant l'impératrice parcourait avec ravissement le cabinet meublé avec ses fauteuils, son tapis, les dessins de ses sœurs, ses volières, et jusqu'à son chien!... la pauvre petite bête semblait craindre d'approcher...

— Es-tu contente, Louise ? lui demanda l'empereur... Pour réponse, elle se jeta de nouveau dans ses bras... Ils étaient alors près de la fenêtre, et quoiqu'elle fût fermée, on vit ce mouvement du dehors, et des acclamations à faire trembler les murs furent poussées jusqu'au ciel par le peuple... Marie-Louise se retira, en rougissant, dans le fond du cabinet... Napoléon se mit à rire, et fut l'embrasser dans le coin où elle s'était réfugiée... Dans ce moment un léger bruit se fit entendre à la porte entr'ouverte, et la tête de Berthier se laissa voir... L'empereur lui prit la main, et le fit entrer.

— Tiens, Louise, dit-il à l'impératrice... j'ai eu

la récompense, et il en a le mérite... C'est lui qui eut l'idée, en voyant tes larmes, de transporter ici ce qui pouvait adoucir tes regrets, du reste, si justes... Allons, embrasse-le aussi lui, pour qu'il soit récompensé.

Berthier avait les larmes aux yeux... il prit la main de Marie-Louise, mais l'empereur la poussa doucement vers lui.

— Non, non pas ainsi... embrasse-la, mon vieil ami.

Et voilà cet homme que l'un a abandonné... et que l'autre a oublié, à peine était-il dans la nef de l'exil!

Nous eûmes aussi des fêtes à Valladolid. Le général Kellermann me donna un charmant bal, très bien ordonné, et qui eût été parfaitement bien, même à Paris... Je dansai, mais peu, parce que ma grossesse commençait à être avancée, et que je ne conçois pas qu'une mère puisse faire courir un danger même incertain à l'enfant qu'elle peut mettre au jour... Aussi je ne valsai pas, et je me contentai de danser quelques contredanses... Il en fut de même chez moi, où je donnai une belle fête aux femmes de Valladolid, parmi lesquelles il y en avait alors de fort jolies. Je me rappelle entre autres la jeune comtesse de Valloria, nièce du *duc del Parque*. Elle avait surtout une beauté rare en Espagne, c'était une fraîcheur merveilleuse... c'était un bouquet de roses blanches et roses... mais le défaut ordinaire à ce genre de beauté se faisait déjà sentir, quoiqu'elle eût à peine quatorze ans... elle était énormément grasse pour son âge... Une autre femme assez jolie, et surtout élégante à la manière des élégantes de province en Espagne, c'était l'intendante de la ville ; *la marquise d'Arabacca*. Elle était jeune et très gaie; souvent, en entendant parler d'elle aux officiers de l'étatmajor du duc, je leur demandais quelques renseignemens sur elle, et l'un d'eux me répondit un jour par cette ancienne chanson :

> Elle aime à rire, elle aime à boire,
> Elle aime à chanter comme nous.

Ayant appris qu'elle avait un fort bon piano dont elle ne faisait rien, je lui écrivis pour la prier de me le prêter. Elle me répondit aussitôt un petit billet très bien tourné en espagnol; quand je dis un petit billet, c'était une lettre de trois lignes, mais écrite sur du papier à lettre presque grand comme du papier à ministre : c'est la coutume dans le midi de l'Europe : en Italie, c'est la même chose, les femmes ne savent pas ce que c'est qu'un billet du matin. La marquise d'Arabaçca m'envoyait en même temps l'objet de ma demande. Je l'essayai sur-le-champ, et je le trouvai très bon. Seulement il avait à la basse un son que je ne pouvais comprendre. Je l'ouvris, et je trouvai sur les cordes le plus joli petit paquet de cigaritas (paquillas) qu'il soit possible de voir... cela m'expliqua le parfum très *méphitique* pour moi dont était imprégné le billet de la marquise... mais aussi :

> Elle aime à rire, elle aime à boire,
> Elle aime à chanter comme nous!

CHAPITRE III.

Nomination du prince d'Essling. — Mécontentement de Junot et de Ney. — Arrivée du prince à Valladolid. — Réception. — Le jeune officier de dragons. — La croix de la légion-d'honneur sur un cœur de femme. — Le palais de Charles-Quint. — Le général Fririon. — Le général Héblé. — Scandale de Masséna. — *Diviser pour régner.* — L'ancien serviteur. — Le maréchal Ney. — Sa colère. — Il a raison. — Le sabre du vieux soldat de Gênes. — *Mes béguins.* — Portrait de Masséna. — *Fra Diavolo.* — Siége de Gaëte. — M. d'Almeyda. — Son histoire. — Celle de Fra Diavolo. — Attaque d'Itri. — Le portrait en bracelet de la reine de Naples donné à Fra Diavolo. — M. de Haupt. — Il est fusillé. — L'Ordre du Christ. — Les douze Corses. — Le sergent. — Fra Diavolo et sir *Hudson-Lowe.* — Capri. — Mort de Fra Diavolo. — Il est pendu.

Un jour je vis Junot préoccupé après avoir reçu l'estafette de Paris ; comme je savais qu'il se tourmentait aisément de tout ce qui lui venait des Tuileries, je lui demandai ce qu'il avait...

— Nous avons un général en chef de l'armée de Portugal, me dit-il avec un sourire contraint... L'empereur ne croit pas que le maréchal Ney, ou moi, nous soyons capables de conduire nos troupes... nous sommes en tutelle...

Je craignis un moment que ce fût ou Bessière, ou Davoust; je dis que je le craignis, parce que, connaissant leur humeur peu traitable réciproquement, je prévoyais de grandes difficultés si la chose allait ainsi... je le lui dis.

— Non, me répondit-il, je ne puis même me plaindre du choix qui a été fait... c'est Masséna... il est notre ancien... Dieu veuille seulement que Ney s'en arrange aussi bien que moi...

Il parlait ainsi; mais je lisais dans son âme, et je voyais combien il souffrait, comme cela devait être, de se voir sous les ordres d'un autre dans un pays où il avait été aussi puissant qu'un roi. L'empereur devait lui épargner cette pénible sensation. Jamais Junot ne s'en est plaint à moi, mais je suis certaine que cette pensée lui fut long-temps amère...

Le soir il y avait du monde chez moi. On parla de cette arrivée du prince d'Essling... Le général Régnier était venu nous voir de son quartier-général, le général Clausel, le général Sainte-Croix, le général Fouché, général de l'artillerie du 8ᵉ corps; le général Treilhard, commandant la cavalerie, le général Boyer, chef d'état-major du duc, des officiers-généraux, des colonels, se rendirent ce soir-là même chez moi et causèrent de cette arrivée du vieux vétéran de l'armée d'Italie. Enfin ils venaient peut-être un peu aussi en partie pour deviner ce qui se passait dans l'âme de Junot. Mais il fut bien plus qu'impénétrable, car il fut naturel, et dit tout simplement ce qui était vrai; c'est qu'il respectait le choix de l'empereur... Le lendemain on reçut une lettre de Vittoria qui annonçait l'arrivée du prince d'Essling, pour la fin de la semaine ; aussitôt les ordres furent donnés pour que la moitié du palais que nous habitions fût préparé pour lui, car nous ignorions alors quelle étrange compagnie il traînait près lui, et le supposant seul, Junot et le comte de Valmy pensaient que la moitié de ce vaste palais lui suffirait.

Le jour de son arrivée, il faisait un temps admirable. Junot monta à cheval non seulement avec son état-major, mais avec tous les généraux du 8ᵉ corps. Le général Kellermann fit également prévenir de se préparer à l'accompagner tout ce qui avait droit à être présenté au maréchal, et l'on partit en cortége. Il y avait au moins deux cents personnes.

A une lieue de la ville, on aperçut les équipages du maréchal ; il était en avant de toutes ses voitures, dans une petite calèche découverte, en raison de la beauté du temps, et il y était seul avec un très jeune officier de dragons qui, malgré sa grande jeunesse, avait cependant la croix de la légion-d'honneur. Comme on ne la donnait pas alors comme on l'a prodiguée depuis, tant à l'époque de la restauration, où elle était donnée à des hommes qui l'obtenaient seulement parce qu'ils n'étaient pas lâches, que depuis trois ans, parce qu'on n'est quelquefois rien du tout, l'étoile même d'argent frappait alors les yeux... Le compagnon du maréchal n'était pas, au reste, disposé à braver l'attention du public, et lorsque le maréchal et lui aperçurent de loin la troupe brillante qui s'approchait, ils voulurent abaisser la capote de la calèche; mais il n'était plus temps: les trois généraux en chef mirent leurs chevaux au galop, et joignirent le prince avant qu'il pût prendre un parti.

La réception qu'on lui fit fut amicale et cordiale... Junot avait trop de loyauté pour ne pas abandonner toute prétention, malgré ses sentimens. Ney avait quelquefois de bons mouvemens, et Regnier était trop prudent pour témoigner la moindre émotion pénible.

Cependant Masséna paraissait mal à l'aise; il jetait souvent sur son jeune compagnon de voyage des regards de détresse qui amusaient fort les uns, et n'étaient pas du tout compris par les autres. Quant à celui-ci, il paraît qu'il savait qu'il devait baisser les yeux et regarder la pointe de ses bottes ; aussi, était-ce son rôle... Masséna n'osait pas quitter sa calèche, parce qu'il aurait fallu que le jeune officier la quittât aussi... Enfin c'était un vrai supplice pour lui... aussi était-il temps qu'ils arrivassent à Valladolid.

— Monsieur le maréchal, lui dit Junot, ma femme sera charmée de vous faire les honneurs du palais de Charles-Quint, nous espérons que vous y serez bien.

— Comment! s'écria Masséna dans une détresse évidente, madame Junot est à Valladolid?

— Sans doute, dit Junot fort étonné lui-même *de l'étonnement* du maréchal...

— Mais alors, dit Masséna après avoir réfléchi un instant, il m'est *impossible* d'aller demeurer dans le palais... cela ne se peut pas.

— Si vous craignez de ne pas avoir assez de place, dit Junot d'un ton piqué, c'est à ma femme et à moi à vous céder le terrain... N'êtes-vous pas notre chef?

— Mon Dieu, ce n'est pas cela, s'écria Masséna!... ce n'est pas cela!... c'est que...

Il n'acheva pas; mais Junot eut envie de rire,

parce que dans le même moment on venait de lui dire que le compagnon de la calèche était une jeune et jolie femme, et il comprenait toutes les agitations du pauvre vieillard amoureux, en voyant son trésor en butte à tous les regards, et terriblement exposé à côté de toute cette troupe dorée et pimpante qui contrastait terriblement avec lui... Ce fut en luttant ainsi avec lui-même que le vieux vétéran vint mettre pied à terre au bas du grand escalier. A peine fut-il libre, qu'il pria Junot de le conduire à mon appartement. Il vint à moi avec cette franche manière qui le caractérisait, me prit les mains, et se félicita de me rencontrer. Je crois qu'il était bien aise que Junot eût une gardienne de son cœur, car j'ai su depuis que lui, le général Clausel et le général Kellermann lui causaient des insomnies et des cauchemars... Quant à cette femme, elle se retira aussitôt dans son appartement, et pendant les trois semaines que le prince d'Essling passa à Valladolid, je ne l'aperçus qu'une seule fois. Elle avait ordre de lui-même de se cacher.

Le prince me présenta le général Heblé, le général Fririon et quelques uns de ses aides-de-camp parmi lesquels était son fils aîné[1]. Le

---

[1] Ce fils aîné est mort dans [un état singulier de marasme

général Heblé, commandait toute l'artillerie de l'armée de Portugal, et le général Fririon était chef d'état-major général. Quels souvenirs aimables tous deux m'ont laissés !... Le général Heblé, que je connaissais depuis Paris, et qui avait beaucoup d'amitié pour moi, ce que je lui rendais fort, me parut bien malheureux d'être venu en Espagne. C'était un homme d'un haut mérite sous le rapport de la science comme sous celui de la moralité... et voilà encore un nom qui se trouve sur les tables de mort depuis vingt ans...

— Le maréchal est bien contrarié, me dit-il... Je ne sais même s'il se décidera à rester au palais...

— Mais aussi, lui répondis-je en riant... et je n'achevai pas ma phrase.

— Que voulez-vous? est-ce que nous n'avons pas usé de tout notre ascendant sur lui pour l'empêcher à son âge de donner un pareil scandale !... Rien n'a pu le retenir... Oh! je vous dirai de singulières choses à cet égard !

Masséna est un des hommes les plus remarquables de notre révolution. Il n'était pas Français. Son caractère était naturellement acerbe,

et de souffrances... J'aurai à en parler tout à l'heure; Masséna avait proposé un mariage entre lui et ma fille, et ce mariage était arrêté.

et ses manières peu façonnées pour le monde...
Rapidement porté en un lieu où de l'intelligence pouvait obtenir justice, il devint fameux parmi les braves, et ce fut lui que Napoléon Bonaparte remplaça dans le commandement de l'armée d'Italie. C'était un homme assez mystérieux; intéressé par nature, et âpre dans la conquête. L'empereur l'estimait à un très haut prix comme homme d'épée; mais il gémissait en même temps sur l'obligation où lui-même se trouvait d'être sévère envers lui; il en avait donné un exemple dans la campagne de 1806, lorsque Masséna fut à Naples, et chacun sait l'histoire des banquiers de Milan. Cette affaire, dans laquelle le général en chef fût impliqué, avait été provoquée par un homme que l'empereur avait alors retiré de l'armée, et que Masséna reprit avec lui lors de la rentrée en Espagne. Cette démarche lui fit un bien grand tort. On présuma que c'était dans le même but, et lorsqu'on vit ce même homme *vouloir diviser pour régner*, le blâme devint universel. C'est à lui, à la mésintelligence qu'il a maintenue parmi les chefs de l'armée, qu'on peut attribuer le mauvais succès de la troisième guerre de Portugal.

Le maréchal Ney vint faire une visite à Masséna; mais il y vint en grondant. Jamais il ne s'est vu d'homme plus en fureur d'être sous les ordres d'un autre, et je pense bien que cette humeur violente a été pour beaucoup dans sa conduite ultérieure, et j'en ai pu juger dans la conversation que j'eus avec lui lorsque je le vis à Salamanque à son retour en France. Masséna était blessé de la conduite de Ney ; mais, plus dissimulé que lui, il cachait sa rancune sous un air d'indifférence dédaigneuse dont au reste je ne fus jamais la dupe.

Un jour il était chez moi, le matin, à Valladolid, et il revenait d'un petit voyage à Salamanque, où il avait été rendre au maréchal Ney la visite qu'il en avait reçue. Junot avait été avec lui... Le matin même il avait reçu une lettre de l'empereur, tout entière de sa main. Cette lettre était une de ces flatteries irrésistibles que l'empereur savait si bien employer pour s'attacher ceux dont il avait besoin. Masséna, tout rusé qu'il était, ne fut pas à l'abri de la magie de ces paroles toutes de miel dont l'enchanteur avait seul la puissance.

— Et comment voulez-vous, disait Masséna, comment voulez-vous que je puisse faire de la bonne besogne, avec un homme comme ce Michel Ney?... un homme qui a l'air de me prendre pour un radoteur!... qui ne m'écoute pas quand je lui parle !... C'est que j'ai été au moment, vois-tu, Junot, de lui envoyer ma main au travers du visage, quitte à lui en demander pardon avec mon sabre... celui du vieux soldat de Gênes a encore le fil[1]...

Tout cela venait de plusieurs discussions qui s'étaient déjà élevées relativement au siége de Ciudad-Rodrigo, dont le maréchal Ney était chargé, et qu'il voulait conduire à sa volonté. C'est ici que commencent les torts personnels de Ney, et que rien ne peut les excuser. S'il ne pouvait souffrir une autre domination que celle de l'empereur, il devait donner sa démission et ne pas mettre obstacle aux opérations de l'armée par sa mauvaise volonté. J'ai vu de près et de mes propres yeux toutes ces misérables querelles qui ont amené la ruine d'une des plus belles armées que l'empire ait opposées à l'ennemi.

Masséna avait assez de confiance en moi et me portait autant d'amitié, je crois, qu'il pouvait en avoir pour quelqu'un qui ne lui était bon à rien. Il venait souvent le matin causer dans ma cham-

---

[1] On m'a raconté, mais je ne garantis pas le fait, que M. de Marbot, qui n'était pas alors aussi fier qu'aujourd'hui, mais qui était aussi brave, avait proposé à son général (il était aide-de-camp de Masséna) de se battre avec lui, et que l'autre avait accepté.

bre, tandis que je faisais mes béguins et mes petites brassières, mais *en cachette ;* et il nous faisait bien rire, Junot et moi, par cette crainte qu'avait un homme de son âge d'être grondé par une femme : j'avoue que ces conversations avaient un grand charme pour moi, en ce qu'elles me faisaient connaître un homme qui, je crois, l'est fort peu de tous ceux qui ont fait de lui des biographies. Je ne sais peut-être pas aussi bien qu'eux *le jour du mois où il est né*, mais je crois aussi pouvoir mieux que personne parler de son caractère.

Avec l'apparence de la simplicité, il avait beaucoup d'orgueil, et, dans le fait, il lui était permis. Mais il fallait deviner cet orgueil placé derrière un rempart d'apparente bonhomie rustique, de mépris pour les grandeurs, tout en étant entouré de froideur pour la fortune, tout en la poursuivant; et puis, avec un physique qui ne fut jamais agréable, ce goût effréné pour les femmes, passion qu'il porta dans sa vieillesse jusqu'à une sorte de folie, au point, comme on l'a vu, de se faire suivre à l'armée par une femme habillée en homme, et cela aux yeux d'une troupe de jeunes gens en tête desquels était son fils aîné.

Ce sujet était un de ceux que nous ne traitions jamais dans nos causeries intimes du matin lorsque le vainqueur de Gênes et de Rivoli me tenait un écheveau de fil pour que je le dévidasse. J'éloignais toujours un pareil texte, par la raison toute simple qu'alors comme aujourd'hui j'avais une antipathie méprisante pour les *vieilles amours*. C'est pour moi un son dissonant, une couleur fausse, une odeur désagréable. Cela produit sur mes nerfs toutes les sensations que peuvent provoquer les désappointemens que je viens de nommer. Un vieil amoureux, une vieille amoureuse, sont pour moi deux êtres qui émeuvent ma bile et pour lesquels je n'ai pas d'excuse. La folie est la seule admissible. Mais quand on est sain d'esprit, il faut fuir même l'apparence du ridicule à cet égard.

C'était donc de ses campagnes d'Italie et de Suisse que je faisais causer le prince d'Essling, et sans aucune flatterie, alors, je pouvais lui dire combien sa conversation m'intéressait. Il me parlait surtout de *Fra Diavolo*, cet homme qui a tant fait pour les romanciers et pour les mélodramaturges. C'était bien remarquable ces récits faits par le général en chef de l'armée qui conquit le royaume de Naples en faisant seulement promener son armée d'un bout à l'autre des Calabres; car, excepté le siége de Gaëte, que fit le général Gardanne, il n'y eut *d'affaire* que la capitulation de Capoue; et, chose étrange, nous étions déjà maîtres de l'armée du roi de Naples, lorsqu'il était à peine à Palerme. C'était le prince de Philipstadt qui commandait dans Gaëte : la reddition de cette place eût coûté bien du temps sans un coup de canon des plus heureux qui fit en même temps brèche et mit le gouverneur hors de combat, dans le même moment que le général du génie qui dirigeait les travaux du siége fut blessé mortellement. Gaëte était une forteresse du premier ordre.

C'était un singulier homme que ce *Fra Diavolo*. Son véritable nom était *Michele Pezza*. Il avait déjà été fameux par ses massacres *à Itri*, lors de la campagne de Naples, commandée par Championnet. Dès cette époque il inquiétait les derrières de l'armée françaises, organisait des masses d'insurgés dans les deux Calabres, dirigeait une vaste conspiration contre les Français [1]

[1] M. d'Almeyda, alors major de la place de Naples, m'a raconté tous les détails de cette conspiration, qu'il fut *lui* spécialement chargé de découvrir... Une lettre interceptée annonçait la présence d'un nommé Frédéric M...en à Naples, et son accord intime avec l'Autriche. C'était le prince Esterhasy, je crois, qui était ambassadeur de Vienne; mais il avait suivi la cour à Palerme. C'était le comte de ... qui le remplaçait, mais seulement pour veiller à la légation, et il devait même partir pour la Sicile le jour ou le lendemain, car nous étions en guerre avec l'Autriche. Il ne répondit rien d'abord à M. d'Almeyda. Puis, après un moment de réflexion,

et leur causait autant de mal qu'il pouvait leur en faire. Il était né à Itri (*terra* di Lavoro), et il gardait les chèvres dans sa jeunesse. Il entra en religion dans un couvent, et, ce qui est bizarre, il prit alors le nom de *Fra Angelo*. Mais sa mauvaise conduite le fit chasser du couvent. Alors il se jeta dans les montagnes et devint un déterminé scélérat. Il ne vécut que de rapines, et chacune de ses journées fut marquée par un nouveau meurtre. Il se mit à la tête d'une compagnie de contrebandiers, et répandit la désolation dans le pays. Le gouvernement du roi Ferdinand le

---

il lui demanda de faire retirer ses grenadiers (il y en avait dix dans le cabinet).

— Monsieur, lui dit-il, je ne puis vous donner aucun renseignement sur la personne dont vous me parlez... mais je puis autre chose... c'est de vous offrir ces dix mille francs pour vous engager à dire que vous n'avez trouvé personne à l'ambassade..., cela sera d'autant plus facile que j'ai mon passeport pour Palerme, et que je comptais m'embarquer ce soir... je partirai trois heures plus tôt.

Et tandis qu'il parlait, il avait ouvert un tiroir, y prenait la somme annoncée, et la présentait à M. d'Almeyda, qui le regardait en souriant.

— N'est-ce point assez ?... prononcez vous-même.

— Monsieur le comte, vous me donnez plus que jamais le désir de terminer ma mission, répondit M. d'Almeyda, et il marcha vers la porte.

— Arrêtez ! s'écria M. le comte de ..., je double la somme !...

M. d'Almeyda ouvrit la porte et fit rentrer les grenadiers

condamna à être pendu, et sa tête fut mise à prix.

Mais la reine Caroline, femme de Ferdinand, était une personne qui savait se servir de toutes les armes... On *amnistia Michele Pezza*, et on lui donna le commandement de tous *les forçats libérés* pour attaquer les derrières de l'armée française, depuis *Fondi* jusqu'au *Garigliano*.

Tandis que les Français prenaient Gaëte et Capoue, *Fra Diavolo* s'établit à *Itri* sa patrie, et y commit toutes les horreurs imaginables... il égorgeait les isolés, les escortes peu nombreuses, et pour peu qu'un habitant fût riche, et qu'on

dans le cabinet. Une voix secrète lui disait qu'il y allait du sort de l'armée française.

—J'ai fait mon devoir, et vous faites le vôtre, dit le comte de... A présent je dois vous dire, monsieur, que l'individu que vous cherchez n'appartient pas à ma cour; il est attaché à la Russie; on le trouvera à bord du bâtiment qui devait me transporter en Sicile. Ma cour ne doit pas avoir plus long-temps la responsabilité du sort de cet homme.

M. d'Almeyda se rendit à l'heure même à bord du bâtiment et prit M. Frédéric M...en comme un lièvre au gîte; il le conduisit au quartier-général avec un portefeuille contenant une immense correspondance officielle du commandant de la flotte russe, aux cours de Vienne, Berlin et Londres, pour les tenir parfaitement au courant des évènemens de l'intérieur de l'Italie, des succès de *Souvarow* et des tentatives mises en œuvre par les Napolitains eux-mêmes; à la tête desquels était *Fra Diavolo*. Toute cette correspondance, me dit M. d'Almeyda, fut envoyée en France à M. de Talleyrand alors ministre des relations extérieures...

prononçât seulement son nom, il était égorgé, et ses biens pillés. Bientôt *Itri* ne fut plus peuplé que des créatures de *Fra Diavolo*; et lorsque des voyageurs allant de Naples à Rome, et comptant que ce lieu d'étapes était un lieu de sûreté, s'arrêtaient pour y passer la nuit, ils s'y endormaient d'un éternel sommeil. Il y avait même, dans l'art qu'employait cet homme pour attirer ses victimes, une finesse et une recherche remarquables : l'entrée des villages voisins était gardée, rien ne paraissait éveiller l'inquiétude, et les malheureux s'avançaient avec sécurité dans un lieu où la mort les attendait : ils étaient attirés dans les maisons d'Itri, et n'en sortaient plus.

Un officier d'état-major de l'armée, M. Leone d'Almeyda [1], était parti de Rome pour se rendre à Gaëte; il était dans sa voiture avec M. de *Haupt*, ancien officier, et deux employés de l'administration civile de l'armée ; un domestique était en avant conduisant les chevaux de main...

---

[1] Celui-là même qui a été major de la ville de Naples et dont j'ai parlé tout à l'heure. Il a été depuis employé sous l'empire et je l'ai retrouvé lieutenant de roi à Aigues-Mortes en Provence. Il est maintenant à Montpellier et doit aller de là à Florence, sans crainte maintenant d'y trouver un bourreau comme Fra Diavolo, sur la *grande route au moins*... Les victimes seules sont demeurées.

Ils couchèrent à *Fondi*, où les voyageurs passèrent la nuit chez le syndic, qui, probablement d'accord avec le chef des bandits, assura M. Leone que la route était parfaitement sûre, et le seul chemin direct pour gagner Gaëte.

Cependant comme la route passait au travers des bois, M. Leone monta à cheval quelque temps avant d'arriver à Itri, et se fit accompagner par un officier napolitain qui était également du petit convoi. Ils parcouraient la route au galop, ayant mis d'avance le sabre à la main, car dans ce malheureux pays un peu d'expérience apprenait à ne se fier à aucune sécurité, lorsqu'ils furent assaillis tout-à-coup par une grêle de balles presque tirées à bout portant des buissons serrés qui bordent le chemin. M. Leone reconnut à l'instant une force majeure embusquée dans les ruines d'un petit retranchement, appelé le fort Saint-André, que les Français avaient négligé d'abattre en l'abandonnant ; il jugea tout à la fois plus convenable et plus prudent de retourner à sa voiture, sans engager le combat dans le lieu où il était alors, et ils retournèrent à Fondi. Mais Fra Diavolo, qui avait vu à combien peu de monde il avait affaire, poursuivit le petit convoi. M. de Haupt, plus mal monté que les autres, fut malheureusement atteint par ces misérables, renversé de son cheval, terrassé, et enfin fusillé... N'étant pas garrotté, il plaça, presque machinalement, au reste, ses deux mains sur son cœur... il fut blessé, mais non pas mortellement : il tomba. Les brigands s'élancèrent sur lui pour le dépouiller, et ce fut alors qu'ils s'aperçurent qu'il respirait encore.

— *A mort! à mort!* s'écria Fra Diavolo en tirant son poignard ; et il allait le percer au cœur lorsque, ouvrant avec violence sa veste et son habit, il aperçut la décoration de l'ordre du Christ sur sa poitrine !... Au même instant le poignard s'abaissa... Fra Diavolo regarda sa victime avec incertitude.

— Êtes-vous Français? demanda-t-il à M. de Haupt.

— Je suis Allemand, répondit le vieillard tout tremblant, quoique la griffe sanglante du tigre le pressât moins fortement.

A peine Fra Diavolo l'eut-il entendu qu'il l'enleva dans ses bras, le porta dans sa maison d'Itri, où il fut parfaitement soigné pendant plusieurs jours. Peu de temps après M. Leone revint avec des forces suffisantes, attaqua Itri, et délivra M. de Haupt.

C'était le général Olivier, ce brave et bon général Olivier que nous avons tous connu, et que par conséquent nous avons tous aimé, qui alors commandait à Gaëte. Étant prévenu qu'une horde de bandits était à *Itri*, il envoya un régiment polonais pour soutenir le jeune officier d'état-major, qui, voyant dans cette expédition un motif presque chevaleresque d'agir, exposait sa vie avec un merveilleux courage. Il parvint à chasser Fra Diavolo d'Itri, et à le pousser dans les bois. Mais Fra Diavolo était brave et tout aussi chevaleresque à sa manière ou plutôt à la vraie façon du moyen âge; il revint, rentra dans Itri, s'y laissa attaquer même avec du canon, et fit un affreux carnage de tous ceux qu'il prenait. La petite chapelle placée près du pont fut le théâtre de bien des atrocités!... On se battit dans Itri même... les maisons furent crénelées. Fra Diavolo fit alors ce que plus tard on fit à Saragosse; l'idée était la même, et cet homme à la tête d'une armée eût été un homme habile, tandis qu'il ne fut qu'un bourreau fanatique et cruel en dirigeant les paysans de son village. Enfin une seconde fois ils furent repoussés dans les montagnes, et la route fut encore libre, mais ce fut au général Olivier qu'on le dut. A peine le convoi et son escorte, qui s'était si vaillamment battue, étaient-ils hors du sentier qui conduit de la grande route de Naples à Molo-di-Gaëta, que deux mille insurgés se montrèrent de nouveau... Le général Olivier envoya contre eux deux escadrons et un bataillon de Polonais, qui les dispersèrent, et s'en furent eux-mêmes occuper *Itri*. Fra Diavolo ne résista plus alors; il abandonna *Terra di Lavoro*, et s'en fut avec sa troupe infester les Calabres, et les rendre de nouveau le théâtre de ses meurtres et de ses atrocités.

Pourra-t-on croire jamais dans la suite des âges qu'un homme comme Fra Diavolo ait été dans la haute faveur des souverains de la Sicile?... La reine Caroline lui envoya un bracelet avec son portrait!... L'Angleterre le nomma MAJOR dans les armées britanniques!... Mais comme on ne peut penser à tout, on oublia, en lui faisant don de tant de choses, de lui donner la vie... Cette vie, souillée de tant de crimes, était celle d'un relaps, d'un contrebandier, d'un assassin!.. Et cette vie appartenait au bourreau, par un arrêt qui condamnait à mort le chef de contrebandiers Fra Diavolo, et qui mettait sa tête à prix. Salicetti se rappela cet oubli, lorsque, en 1806, on arrêta Fra Diavolo.

L'influence de cet homme, me disait Masséna, fut immense dans les deux occupations de Naples par les Français; parce que les habitans des montagnes, où il faisait sa demeure habituelle, aussi cruels que lui, suivaient avec joie un chef qui ne les menait qu'au pillage et au meurtre... Une fois, cependant, il voulut se montrer plus noble dans ses volontés. Il fit un débarquement à Itri[1], par la faute, par exemple, du général Girardon, qui commandait à Capoue, et qui, refusant de croire à tous les rapports qui lui avaient été faits par le commandant d'Itri, laissa la côte dégarnie de troupes. *Fra Diavolo* opéra son débarquement au milieu de la nuit, massacra sans pitié tout ce qui lui résista, et fit le reste prisonnier. Une particularité assez remarquable de sa part, fut ce qui arriva à deux femmes d'officiers supérieurs du 2e régiment suisse qui se trouvait à Itri. *Fra Diavolo* les emmena avec lui dans la montagne avec tous ses brigands, ensuite il les renvoya à Naples, après avoir exigé d'elles un certificat qu'*elles avaient été respectées*.

---

[1] Comme je suis un peu Corse, il est juste que je parle de mes compatriotes quand j'en ai à dire du bien... A ce combat d'Itri, il se trouvait douze Corses qui se défendirent dans la cour de la maison du commandant, mais en vrais *disperati*... Ils tirèrent, quoique blessés, tant qu'ils eurent des cartouches. Quand elles furent finies, ils tombèrent accablés par le nombre, parmi les ruines et les cadavres de leurs camarades et de tous ceux qu'ils avaient tués. Un seul sergent survécut à cette boucherie.

Mais ceci n'est pas le plus curieux : ce fut que les deux femmes se firent donner une copie de leur certificat contresigné par Fra Diavolo.

Lors de la seconde occupation de Naples par nos troupes, Fra Diavolo, chassé de la terre ferme, se réfugia à Capri ; ce fut alors que sir Hudson Lowe probablement eut la gloire de le commander avec ses hommes. Comme le nom de sir Hudson Lowe était trop obscur de toute façon pour m'occuper à l'époque où je faisais tant de questions à Masséna, je n'ai pu m'enquérir de ce fait par avance, mais je le crois positif.

On sait comment Fra Diavolo fut arrêté à Salerne par un garçon apothicaire. C'est une triste fin pour un homme comme lui. Toujours est-il qu'il fut conduit à Naples, et que, sans assembler les juges, on prépara la potence ; car il n'y avait pour le hisser au haut, disait Salicetti, qu'à revoir la condamnation du roi très juste et de la reine éminemment équitable, Caroline et Ferdinand. Mais voici le plus curieux de toute l'histoire. Les Anglais, dont les vaisseaux croisaient incessamment devant la baie de Naples, envoyèrent un PARLEMENTAIRE pour réclamer le major britannique, *Michele Pezza*, prisonnier de guerre ; menaçant, si on leur refusait, d'user de représailles envers tous les prisonniers français et napolitains qu'ils feraient. Je ne sais comment allait la pendule de Salicetti; je crois qu'elle avançait un peu; je crois même qu'elle avançait beaucoup; car il répondit aux Anglais qu'il était *désespéré*, mais qu'il ne connaissait aucun major au service d'Angleterre qui eût été pris par les troupes de Sa Majesté le roi Joseph; que cependant s'ils voulaient parler d'un bandit n'ayant aucune commission, aucun caractère, ni militaire, ni politique, qu'on appelait dans le pays *Fra Diavolo*, il avait été *pendu* la veille en vertu d'un ancien jugement rendu contre lui par les tribunaux du roi Ferdinand, lesquels l'avaient condamné comme meurtrier, relaps, incendiaire et contrebandier!...

Et voilà l'histoire véritable de Fra Diavolo.

CHAPITRE IV.

Le colonel Valazé. — Ses voyages. — Le maréchal Ney. — Sa lettre à Masséna. — *Michel Ney rebelle.* — *Le petit homme.* — *La vieille moustache.* — *On ne peut rien faire de cet homme-là !* — Le général en peinture — Le général M....... — *Holopherne.* — Copie du roi de Naples. — Les plumes et les *shapskas*. — M. de Metternich. — Le général Sainte-Croix. — Son caractère. — M. de Marioles. — Madame de Sainte-Croix. — Duel du général Sainte-Croix. — La *mère.* — La veille de la douleur. — Mort de M. de Marioles.

Le lieutenant-colonel Valazé était extrêmement aimé du duc d'Abrantès. Il lui portait cette amitié paternelle qu'il vouait à ceux qu'il aimait, et lui accordait un patronage actif tel qu'il convient que même les meilleures renommées en aient. Junot présenta le jeune ingénieur à Masséna, en lui demandant pour lui un moyen sûr et glorieux d'avancement : c'était de lui faire faire le siége de Ciudad-Rodrigo. C'était une faveur à la manière de celles qu'on postulait à l'époque de notre gloire. Alors c'était la mode d'agir ainsi... Le maréchal Ney n'avait avec lui qu'un officier qui pouvait être bon, mais Valazé était jeune et convenait sous tous les rapports demandés. Masséna répondit qu'il ne demandait pas mieux, et Valazé partit pour Salamanque après avoir reçu ses instructions du général en chef.

Deux jours après Masséna était dans mon salon, occupé à faire partie de je ne me rappelle plus quel jeu avec Junot, lorsque Valazé revint à Valladolid : le maréchal Ney n'en voulait pas ; il n'avait rien à dire contre lui mais ; il avait ses officiers : — Et le prince d'Essling, tout prince qu'il est, n'est pas fait pour venir bouleverser mon état-major, disait-il.

Le lendemain matin Masséna eut avec Junot une conversation dans laquelle Junot eut toutes les peines du monde à le calmer ; il voulait renvoyer le maréchal Ney en France...

— Vous verrez... vous verrez, s'écriait-il, que cet *orgueilleux-là* nous fera manquer toutes nos opérations par son entêtement et sa sotte vanité !...

Junot n'approuvait ni ne blâmait ; quoique

cependant il eût été blessé d'un propos du maréchal Ney, que quelqu'un eut l'imprudente sottise de lui répéter.

— Je n'ai pas besoin que le duc d'Abrantès vienne m'ennuyer de ses protégés... S'ils sont bons, qu'il les garde pour lui.

En me redisant ces paroles, Junot ne pouvait s'empêcher de lever les épaules.

Et Junot avait raison : ces propos, ces démêlés pitoyables, plaçaient le maréchal Ney dans un jour qui n'avait rien du héros, lui qui en était un bien véritablement.

Valazé fut renvoyé une autre fois à Salamanque; le pauvre jeune homme était comme un volant sur une raquette. En le voyant, le maréchal devint furieux. Il serait trop long de rapporter tout ce que lui fit dire la colère. Je vais seulement transcrire ici quelques paragraphes d'une lettre que le maréchal Ney écrivit à Masséna, et que je copiai aussitôt :

« Monsieur le Maréchal,

» Je suis duc et maréchal d'empire, comme
» vous; quant à votre titre de prince d'Essling,
» il n'a d'importance qu'aux Tuileries. Vous me

» dites que vous êtes le général en chef de l'armée
» de Portugal... je ne le sais que trop... Aussi, lors-
» que vous ordonnerez à Michel Ney de conduire
» ses troupes à l'ennemi, vous verrez comment il
» obéira. Mais lorsqu'il vous plaît de bouleverser
» l'état-major de l'armée, formé par le prince de
» Neufchâtel, vous comprenez que je n'écoute pas
» plus vos ordres que je ne crains vos menaces.
» Tenez, demandez au duc d'Abrantès ce que nous
» fîmes, lui et moi, lorsque, il y a quelques
» semaines, nous reçûmes *de cet autre*, qui est
» major-général, et qui a fait de si belles choses
» là où nous allons, des ordres tout différens de
» ceux que nous avions reçus de Paris, et consé-
» quemment de l'empereur. — Savez-vous ce
» que nous fîmes? Nous obéîmes aux ordres
» de Paris, et nous fîmes bien, car on nous
» loua; et BEAUCOUP [1]... Je reçus des lettres de
» Madrid, où l'on m'appelait, je crois, rebelle [2]:
» comme c'est à peu près comme si on m'appelait
» *poltron*, je n'y ai fait aucune attention, et le gé-
» néral Junot aura sûrement fait de même. Adieu,
» monsieur le maréchal. Je vous estime, et vous le

---

[1] De cela je n'en sais rien par exemple.

[2] Cette phrase est bien extraordinaire lorsqu'on songe au genre de mort du malheureux maréchal.

» savez... vous m'estimez, et je le sais... Que
» diable! n'allons pas mettre la zizanie entre nous
» pour un caprice; car enfin, comment voulez-
» vous savoir si votre petit homme lance une
» bombe mieux que ma vieille moustache, qui
» est, je vous l'assure, un solide garçon. On dit
» que le vôtre danse bien, tant mieux pour lui;
» mais ce n'est pas une raison pour qu'il fasse dan-
» ser ces enragés d'Espagnols, et c'est ce qu'il nous
» faut.

» Recevez, monsieur le maréchal, etc.

» Maréchal Ney. »

Dire la colère de Masséna à la lecture de cette lettre, qu'il commença chez lui et vint finir chez moi, ne serait pas une chose possible.

— Vous voyez bien qu'il est impossible de rien faire de cet homme-là, disait Masséna en se promenant à grands pas et criant comme un sourd!

Je cherchais à le calmer, mais tout était inutile. Valazé, qui sentait sa dignité compromise à être ainsi repoussé, ne voulait plus de l'honneur de conduire le siége. Le prince se fâcha.

— Suis-je donc un général en chef *en peinture?* s'écria-t-il lorsque Junot lui parla la première fois de tous ces ennuis. Je veux que ce jeune homme fasse le siége, et, de par le grand diable d'enfer, M. Ney ploeira le genou devant ma volonté, ou je ne m'appellerai plus Masséna.

Le fait est qu'il cria beaucoup, et qu'en définitive il fallut qu'*il allât lui-même* à Ciudad-Rodrigo, pour que Valazé pût y être. Tout cela était de bien triste augure pour la campagne qui allait s'ouvrir.

Nous partîmes pour Salamanque. Comme le chemin passe toujours au travers de grandes landes sablonneuses, la route ne me fatigua pas beaucoup; cependant j'étais déjà pas mal avancée dans ma grossesse; j'étais grosse de quatre mois et demi...

Il y avait à l'armée de Portugal, ainsi que je l'ai déjà dit, un général divisionnaire pour l'artillerie (le général Heblé), un pour la cavalerie (le général M.......), et un autre comme chef d'état-major général (le général Fririon). Le général M....... était la parfaite caricature de Murat; il se coiffait avec des shapskas chargés de plumes... il portait une polonaise garnie de fourrures et ses bottines étaient fort souvent rouges; mais il n'était pas beau garçon comme Murat, et la seule ressemblance qu'il y eût entre eux, c'est qu'ils étaient grands et que tous deux aimaient les polonaises garnies de fourrures et prenaient un air théâtral. Le général M....... n'était pas beau, il avait une chevelure comme Holopherne, auquel du reste il ressemblait assez; il singeait le roi de Naples jusque dans sa manière de monter à cheval et de se battre : quant à cela ce n'est pas ce qu'il faisait de plus mal, et il était remarquablement brave ; mais pour le reste, il était du dernier ridicule en voulant faire le grand monsieur, et ne l'étant que parce qu'il avait cinq pieds sept ou huit pouces... Un jour, pendant la campagne de Wagram, il se trouvait commander dans un château où passa M. de Metternich, tandis que la gendarmerie française l'escortait à son retour dans sa patrie ; le général M....... commandait non seulement en maître dans ce château, mais il y joignait des façons de conquête d'autant plus pénibles pour M. de Metternich, que le château où ils se trouvaient appartenait à madame de Metternich. Après avoir exercé l'hospitalité à sa manière, le général dit *au ministre prisonnier* :

— Je vous demande pardon, monsieur le comte,

si j'étais chez moi, *je vous recevrais mieux*[1].

Il était d'une très grande bravoure; mais j'ai déjà dit qu'à cette époque-là on parlait de ceux qui n'étaient pas braves et jamais de ceux qui l'étaient; il fallait pour cela qu'ils fussent d'une vaillance hors de toute ligne.

La galerie de tableaux qu'on pourrait présenter des hommes qui composaient cette armée de Portugal, ainsi que celle qui est venue la secourir (le corps du comte d'Erlon), serait une chose bien remarquable si j'avais le temps de la faire; je me bornerai aux plus marquans.

Dans le nombre, il faut parler du général Sainte-Croix; c'est un homme de la plus vaste capacité et d'une nature tellement supérieure dans tout ce qui fait l'homme habile, que l'empereur, après l'avoir disgracié pour un duel qu'il eut avec son colonel, l'avait placé dans une si haute estime dans son esprit, qu'il *l'accabla* sous le poids de ses faveurs pendant une seule campagne.

Le général Sainte-Croix était le second fils du marquis Descorches de Sainte-Croix, autrefois ambassadeur à Constantinople; sa mère, l'une

---

[1] Le mot m'a été répété par deux officiers qui furent témoins du fait.

des personnes les plus remarquables de notre temps, était sœur de M. Talon, avocat-général, et par conséquent tante de madame du Cayla dont le général Sainte-Croix était cousin germain...

Charles de Sainte-Croix était le favori de sa mère ; elle avait reconnu en lui l'homme supérieur, et, en mère et en femme habile, elle dirigea ses études de manière à aider la nature et à produire un homme qui marqua parmi les hommes...

Le résultat passa ses espérances : à vingt ans Charles était déjà ce qu'un être ordinaire ne peut atteindre après toute une vie de travail.

Il devint aide-de-camp de Masséna. A voir sa construction délicate, son visage blanc, sa chevelure blonde, sa petite stature, des mains de femme, son sourire doux et fin, on ne pouvait d'abord présumer tout ce que cette frêle enveloppe renfermait de feu et de grandeur de pensée ; mais aussitôt que la parole animait son regard, il flamboyait, et sa tête était alors à dix pieds du sol... Pauvre Charles !... je l'aimais bien : sa mère était mon amie, et ce titre est une gloire pour moi.

Charles de Sainte-Croix avança rapidement. Le général Masséna, dont il était aide-de-camp, le devina, comme l'empereur, comme sa mère, comme tous ceux qui avaient leur intérêt à le faire, soit pour eux, soit pour lui, et il était, quoique bien jeune encore, chef d'escadron dans un régiment dont je ne me rappelle plus le nom, mais dont M. *de Marioles*, cousin de l'impératice Joséphine, était colonel. Il eut avec Charles des manières qui déplurent à celui-ci : il y eut des explications : elles ne firent qu'irriter les esprits ; enfin, Charles se trouvant offensé, donna sa démission, et appela M. de Marioles en duel.

Oh! que sa pauvre mère souffrit en apprenant que son Charles allait dans quelques heures offrir sa tête à la balle d'un ennemi !.... elle ne le sut certes pas par lui ; mais elle l'apprit... elle l'apprit, parce qu'il faut toujours qu'un cœur de mère reçoive toutes les douleurs, même de l'enfant qu'elle aime le plus justement.

Elle a souvent décrit toutes les angoisses qu'elle éprouva dans cette horrible nuit où elle entendit son fils marcher dans la chambre au-dessus d'elle, et marcher avec cette agitation inséparable des dernières dispositions que prend un homme qui va à la mort, et qui dit le dernier adieu à tout ce qu'il aime... Elle avait évité de parler à Charles de son duel, elle le savait inévitable [1]. L'offense

---

[1] M. de Sainte-Croix avait frappé M. de Marioles.

voulait du sang, et un mot à cet égard eût attendri tous deux trop fortement... mais quand elle fut seule... seule avec sa terreur de mère, qui lui montrait son enfant bien-aimé étendu mort devant elle, alors elle devenait frénétique de douleur... Vers le matin, elle n'entendit plus rien dans la chambre au-dessus de la sienne : elle jugea qu'il dormait; elle monta doucement, ouvrit la porte, et vit Charles devant son bureau, dormant la tête appuyée sur ses mains. Il avait écrit, puis s'était endormi... La mère désolée referma doucement la porte, et redescendit chez elle. Là, les yeux fixés sur sa pendule, elle voyait en frémissant l'aiguille s'avancer vers l'heure fatale. Bientôt du mouvement eut lieu dans la maison; un vieux valet de chambre monta chez Charles pour l'habiller. Cet homme l'avait élevé et voulait le suivre au bois de Vincennes, où il devait se battre. Lorsqu'il fut prêt, il descendit doucement l'escalier... alors sa mère ne put vaincre l'émotion terrible qui vint l'envahir... elle ouvrit la porte de son cabinet de toilette, et se présenta tout-à-coup devant son fils en lui ouvrant ses bras... mais en silence et sans prononcer une parole... Charles s'y précipita, étreignit fortement sa mère, et partit comme l'éclair avec une force, me disait-il, presque surnaturelle.

Il était alors six heures du matin : *ce ne fut qu'à midi* que madame de Sainte-Croix apprit que M. de Marioles avait été tué... Le cœur de la mère bondit de joie ; mais M. de Marioles était cousin de l'impératrice !... Charles fut non seulement long-temps malheureux des suites de cette affaire, mais il le fut injustement ; et à l'époque de la campagne de Wagram, il ne comptait plus parmi les officiers en activité.

Ce fut alors que Masséna le retrouva.—Je ne puis vivre ainsi, lui dit le brave jeune homme... Toutes les fois que j'entends crier un bulletin, mon cœur bat à rompre ma poitrine. Emmenez-moi comme volontaire, mais emmenez-moi.

Masséna l'emmena, et le *Moniteur* de cette campagne raconta bientôt comment un jeune homme traversait chaque jour le Danube pour porter des nouvelles et rapporter des ordres. Enfin, tant de bravoure, d'audace, et surtout de sang-froid, frappèrent l'empereur ; il demanda le nom de ce jeune homme : Masséna nomma M. de Sainte-Croix. L'empereur fronça d'abord le sourcil ; mais ce n'était pas lui qui avait la faiblesse de laisser le talent mourir sous une prévention : Charles fut réintégré dans son grade. Il devint colonel dans la même année ; et lorsque l'armée d'Allemagne, l'année suivante, envoya *un détachement* en Espagne, Charles se trouva être du nombre de ceux qui furent appelés. Junot, qui l'aimait comme un frère, le demanda pour commander une brigade de cavalerie de son corps d'armée : car cet homme qui, l'année précédente, avait quitté Paris sous le poids d'un jugement, disgracié, sans grade pour ainsi dire, y rentrait au bout d'un an, *général de brigade*, *comte*, avec une dotation de trente mille francs de rentes et le grand-cordon de Bavière !... Il était un dimanche aux Tuileries : l'empereur passait devant lui ; il s'arrêta, lui sourit, et lui frappant légèrement sur l'épaule, il regarda autour de lui, et dit :

— Messieurs, c'est avec pareille étoffe que je fais mes maréchaux.

Et bien certainement Charles l'eût été s'il eût vécu. Il était spirituel, doux et fin dans ses reparties, ne cédant jamais qu'à une conviction, mais discutant poliment, sans aigreur, et toutefois ne cédant, même vis-à-vis de ses chefs supérieurs, que lorsque la raison était pour eux. Il avait des ennemis, et cela devait être. Quel est l'homme supérieur qui n'en trouve pas en son chemin ? Je n'aime pas ceux qui sont aimés de tout le monde : cela annonce une flagornerie basse employée pour conquérir. Il avait alors pour aide-de-camp un homme que la restauration a rendu bien puissant un moment : c'était son cousin germain M. Talon ; il était alors, je crois, ou lieutenant ou capitaine : il était poli, modeste, mais vivant fort retiré.... Je me rappelle de l'avoir vu souvent se promener solitairement sous les allées de *Campogrande*, on en faisait beaucoup l'éloge au quartier-général ; il avait quelque peu de ressemblance avec une figure chinoise, en raison de ses longues moustaches blondes qui tombaient sur sa poitrine, comme celles du général Treillard, et le faisaient, ainsi que lui, ressembler à un mandarin.

Nous avions avec nous un homme dont le nom a été bien connu en Égypte et sur tous les rivages lointains. C'est le général Boyer. J'ai rencontré peu d'hommes doués comme celui-là l'a été par la nature, et qui aient profité de ces dons avec une rare sagacité ; le général Boyer parle non seulement toutes les langues vivantes, mais celles qui sont dialectes dans quelques provinces de l'Asie, de l'Amérique et de l'Afrique ; il dessine et peint à merveille ; il est fort habile dans la gymnastique, aux armes, à tous ces exercices que les hommes devraient posséder et que tous ne possèdent pas bien. Enfin, comme je le disais tout à l'heure, *il est doué*... C'était, comme on le voit, une agréable partie de notre société : comme chef d'état-major du duc, il vivait dans notre plus grande intimité; le duc d'Abrantès l'aimait beaucoup, et je l'appréciais aussi tout ce qu'il valait. C'est un des hommes les plus remarquables de notre temps... Il m'est doux de penser qu'il nous est demeuré attaché, et je me plais à répéter ici qu'il peut également compter sur moi comme sur une amie, ainsi que sur mes enfans.

Venait ensuite le maréchal Clausel, qui alors était général de division et en commandait une dans le 8me corps... Le général Clausel est un homme à qui j'ai voué une sincère amitié, parce que j'ai eu mille occasions pendant mon séjour en Espagne, là où les hommes dans sa position se montraient sans masque et sans manteau, j'ai eu mille occasions, je le répète, de l'estimer et de l'estimer profondément. Quant à ses qualités comme militaire, il serait absurde à moi de le louer, parce qu'une femme n'a rien à voir à de telles questions; mais elle peut répéter ce qu'elle entend dire autour d'elle, et ce que j'ai recueilli à cet égard de tous côtés était, comme aujourd'hui tout à la louange du maréchal Clausel; Junot en faisait le plus grand cas... Le maréchal Marmont l'estime au plus haut degré, et pour terminer son apologie, je citerai la phrase de l'empereur en parlant de Clausel, de Gérard, et de deux autres dont est, je crois, le général Maison.

— *J'avais là de la graine de maréchaux...*

Et puis le général Clausel a une urbanité dans ses manières, une façon toute courtoise, qui fait que les personnes les moins disposées à entourer quelqu'un de bienveillance ne peuvent pourtant la lui refuser... C'est aujourd'hui la perte de cette urbanité qui entraîne le brisement de tous les liens sociaux. Chacun vit pour lui dans sa grossièreté, sans avoir pour cela plus de franchise; au contraire, car sans s'en rendre compte, tout individu se trouvant en butte à une malveillance qu'il provoque comme il la rend, se tient dans une continuelle réserve et craint de s'avancer parce qu'il sait que les autres lui sont hostiles... Cependant le général Clausel est d'un caractère aussi ferme que sévère ; mais il *comprend* le monde comme IL EST, et non pas comme il sera ou comme il a été il y a cinq cents ans...

Nous avions aussi alors au 8me corps un homme dont la destinée a bien grandi en peu de temps ; c'est le général Coutard... Je ne pouvais pas croire que ce fût le même homme que j'avais vu à Valladolid en 1810 et 1811 colonel du 65me régiment de ligne, qui fut commandant de la première division militaire, presque gouverneur de Paris enfin, en 1824; et cela au travers de dix ans de paix¹. Il était cousin du maréchal Davoust, portait une petite perruque *gazonnée*, jouait aux échecs assez bien pour me gagner, avait le plus beau régiment de l'armée, dont une fois il avait perdu l'aigle², ce qui, soit dit en passant, avait fort déplu à l'empereur, et portait toujours des gants jaunes d'une extrême propreté; voilà, avec une grande politesse autour de sa personne, le souvenir qui m'était demeuré de M. le colonel Coutard³. Il s'y joignait une autre chose dont ma reconnaissance ne doit pas être oublieuse, c'est que la musique de son régiment était admirablement bonne et qu'elle a bien souvent charmé mes heures de tristesse au jour tombant, lorsque, assise à la petite fenêtre de ma chambre, à Ledesma, je regardais au loin dans les plaines stériles qui l'entourent, en rêvant à la France...

Le maréchal Ney est un homme dont certes la mémoire est bien grande et le nom bien fa-

---

¹ Il était du reste excellent militaire et fort estimé. Je n'en ai que sur la paix et les grades. — Moi qui ai passé ma vie à les voir gagner à coups de mousquet.

² Ce fut dans la première guerre de Russie.

³ Le hasard m'ayant mise en position d'avoir besoin du général Coutard, je lui écrivis, et je ne puis dire combien il apporta de sécheresse dans ses rapports avec moi.

meux... Je l'ai vu de bien près... j'ai été également à même de le juger par sa correspondance, et moi aussi j'ai porté mon jugement sur lui; c'est-à-dire sur l'homme privé, car, pour l'homme à mousquet, je m'en mêle d'autant moins que la renommée de celui-là est certes faite et bien complète; mais, comme particulier, je crois qu'il lui faut une palette à part. Sans doute sa gloire était grande, et il la voyait telle, ce qui devait être, parce que rien n'est plus permis que l'appréciation de soi-même, quand il y a autant de bien à récolter d'une pareille enquête; mais chez le maréchal Ney il se joignait à ce sentiment de son mérite une trop grande aversion peut-être pour toute autorité au-dessus de la sienne: toute lui était pesante; celle de l'empereur même commençait à être importune. J'en ai jugé ainsi dans quelques mots qui lui échappèrent dans une longue conversation qu'il eut avec moi lorsqu'il passa par Salamanque pour retourner en France, et ce qu'il me reste à dire sur lui, lorsque je vais parler de la guerre de Russie, fera voir que je ne me trompais pas.

Son physique était mieux que ne le représentent ses portraits[1]. Il avait une expression qui

---

[1] Excepté celui de Gérard et que possède la maréchale. Celui-là est même flatté.

l'embellissait fort, non pas dans le sens que pourrait l'entendre une personne qui a parlé de lui plus tendrement que je n'ai, *moi*, à en parler; mais, lorsqu'il parlait, il s'animait graduellement, et sa physionomie devenait vraiment fort belle : il avait beaucoup gagné dans ses manières de parler et d'agir; son accent seul lui était demeuré, encore était-il fort adouci. C'est un homme étrange que le maréchal Ney, et bien curieux à étudier pour l'histoire, bien important surtout... plus qu'aucun de ceux qui formaient le collége noble de l'empire. Je m'expliquerai plus tard.

Enfin le siége de Ciudad-Rodrigo se fit. Les trois généraux en chef partirent de Salamanque, et furent investir une vraie bicoque; car Ciudad-Rodrigo n'est pas autre chose, et le siége commença, dirigé par Valazé en grande partie. Masséna était furieux contre Ney, mais il ne disait rien. Les cartes commençaient aussi à se brouiller entre Junot et le vieux vétéran de l'armée d'Italie, parce que Junot prenait le parti de Ney, qui, au fait, avait raison. Quelquefois le duc rentrait chez lui d'une humeur presque effrayante... il s'asseyait à mon bureau, prenait une grande feuille de papier à ministre, puis écrivait à l'empereur pour lui offrir sa démission : il était mécontent. Masséna ne trouvant pas cette obéissance presque passive dont il s'était flatté, devenait à son tour plus impérieux, et ne faisait par là que faire rougir les barres de fer qu'il ne pouvait faire ployer, de sorte qu'il n'y pouvait plus toucher. Il était en outre excité par un homme qu'il avait pris avec lui, malgré le peu de goût de l'empereur pour cet homme. Le duc était convaincu que toute l'aigreur qui existait entre Masséna et lui était provoquée par cet individu, que je regrette fort que, selon mes conseils, il n'ait pas cessé de voir dès Salamanque, après une scène qui eut lieu entre le prince d'Essling et mon mari, et dont voici le sujet.

Les troupes commençaient à défiler sur Ciudad-Rodrigo. On en prenait dans chaque corps d'armée, et celui de Junot, comme le deuxième et le sixième, fournit son contingent. Dans le courant de ces mouvemens, il y eut quelquefois des lettres dont Junot se formalisa; une entre autres occasiona même une explication, assez vive entre Masséna et lui... L'aigreur qui suit toujours de pareilles choses n'était pas encore dissipée lorsqu'il survint un nouveau motif de discorde. Il s'agissait d'une compagnie d'artillerie, de son corps d'armée, qui reçut ordre de filer sur Rodrigo. En l'apprenant, le duc demanda au général Fouché et au général Boyer s'ils avaient reçu et donné l'ordre de faire partir cette compagnie; et sur leur réponse négative, il rentra dans mon appartement dans une telle colère que je ne me rappelle pas l'avoir jamais vu ainsi... il ne me reconnaissait même pas... Je fus effrayée... il prit son chapeau et son sabre, et, en agrafant son ceinturon, il dit, heureusement assez haut pour que je l'entendisse:

— Il faut en finir [1]... tout cela m'ennuie... un bon coup de sabre égalisera tout...

Quoique je fusse déjà grosse de plus de cinq mois, je m'élançai au-devant de lui avec une légèreté inconcevable dans ma position, et, étendant mes bras pour lui barrer le chemin, je m'opposai à lui avec courage.

— Où veux-tu aller? lui demandai-je avec un ton d'autorité qui devait nécessairement lui imposer... En effet il s'arrêta, et me regarda avec une sorte d'égarement, mais ce ne fut pas long; il me prit par le bras, et me poussa de côté:

— Laisse-moi, Laure... ce sont des questions qui ne te regardent pas... laisse-moi... mon hon-

---

[1] Cette scène eut lieu le 10 ou le 12 juin, nous étions arrivés le 1ᵉʳ à Salamanque.

neur est attaqué par cette démarche du prince d'Essling... il connaît mon caractère... il sait que je ne supporte pas une offense, et c'en est une que de prendre des troupes dans mon corps d'armée sans m'en prévenir... Ce n'est pas la première fois d'ailleurs, et j'ai un compte à régler avec lui... laisse-moi, te dis-je!...

Et sa main serrait la poignée de son sabre... on voyait qu'il avait soif d'un duel.

—Tu ne sortiras pas de cette chambre, lui dis-je; car la maison où logeait le prince d'Essling était si près de nous, que cinquante pas de faits ils étaient en présence, et j'étais convaincue qu'à la première parole, Masséna aurait mis habit bas, et se serait battu.

—Tu ne sortiras pas de cette chambre, dis-je à Junot...

Et en parlant ainsi, j'avais gagné la porte et je m'étais collée dessus; mais c'était une défense trop faible pour un homme comme Junot; il me prit dans ses bras malgré ma résistance, m'embrassa deux fois avec étreinte, et me déposant sur un fauteuil, il ouvrit la porte et voulut sortir. Mais dans le salon il trouva le général Boyer, Magnien, l'ordonnateur en chef, Michaud, le colonel Grandsaigne, M. Fisson, enfin, excepté un seul homme, des amis... cet homme que je nommerais s'il n'était pas malheureux aujourd'hui, parce que dans plusieurs lettres du duc, dont je donnerai la copie, il est également nommé, a fait bien du mal à mon mari et au maréchal Ney. Quant à moi, je m'étais empressée d'accourir, et parlant à ceux de ces messieurs que je savais être le plus dévoués à Junot, je les engageai à user de tout leur ascendant sur lui... mais il n'en était déjà plus besoin. Le premier mouvement était avec Junot la seule chose à craindre; il comprit qu'il ne pouvait aller défier le vieux vétéran de gloire de Rivoli; mais il ne put retenir des paroles terribles contre lui... Masséna les connut, non seulement le même jour, mais elles avaient été envenimées, et le prince d'Essling, me répétant ce qui lui avait été dit à cette époque, me fit entendre des mots que jamais Junot n'avait proférés. Ce fut dans ces dispositions, presque hostiles, que l'on partit de Salamanque pour aller prendre Ciudad-Rodrigo. Les Anglais ayant Wellington à leur tête, venaient, de leur côté, d'Almeïda, pour défendre la place et faire une diversion.

CHAPITRE V.

Correspondance de France avec Lavalette. — Fêtes de l'Hôtel-de-Ville et de l'École Militaire. — L'empereur et l'impératrice en Belgique. — Abdication de Louis, roi de Hollande. — Projet de traité avec l'Angleterre. — Dispute de l'empereur et de Louis. — M. de Labouchère à Londres. — Louis accuse l'empereur. — Colère de Napoléon. — Dubois découvre le nœud de l'intrigue. — Fouché. — Le chevalier Fagau. — Il est au temple. — Trahison. — *L'impératrice répudiant l'empereur.* — Bernadotte en Suède. — Rêve de l'empereur. — Les deux vaisseaux. — Le brouillard. — Salamanque. — La petite orpheline. — Le jour de la Saint-Jean. — Le corrégidor. — Lettre du duc.

J'avais conservé une correspondance fort active avec plusieurs personnes de mes amis ; et chaque estafette m'apportait des nouvelles bien plus importantes que le *Moniteur,* parce qu'elles étaient vraies. Aussi, malgré mon éloignement de la France à cette époque, je n'en étais pour ainsi dire pas absente. Cet excellent Lavalette m'envoyait mes lettres avec une grande sûreté, et je recevais ainsi des nouvelles fraîches et certaines presque tous les jours tant que je fus à Valladolid et à Salamanque. Les relations étaient brillantes de féerie à cette époque. C'étaient les fêtes du mariage; celle du prince de Schwartzenberg n'avait pas eu lieu, et l'on pouvait se réjouir encore sans frémir au souvenir d'un air de danse. La fête de l'Hôtel-de-Ville, dont le rapport m'appartenait un peu, fut une des plus belles de celles qui furent alors données, même à l'École Militaire, où cependant la garde impériale s'efforça de rappeler la magnificence de la distribution des aigles lors du couronnement.

L'empereur avait emmené la jeune impératrice en Belgique quelques semaines après le mariage, et lui avait ainsi varié le bonheur de la lune de miel. Marie-Louise recevait tous les hommages avec une sorte d'indifférence, d'après tout ce qu'on me disait, et rien ne faisait même présumer qu'elle serait plus tard une souveraine aimable, accueillant et protégeant la joie dans la cour...

Mais ce qui me causait le plus profond étonnement, c'était tout ce qui se faisait alors en France. Parmi les évènemens qui jetaient une sorte de vertige aux yeux de ceux qui voulaient les considérer, un surtout me frappa, et d'abord je n'y voulus pas croire; ensuite je le sentis douloureusement au cœur. Ce fut l'*abdication forcée* de Louis, comme roi de Hollande. Louis était très aimé de ma mère, et son caractère doux et bon m'avait attachée à lui. Sa conduite, que les uns ont blâmée, et d'autres ont louée, est toujours celle d'un honnête homme. Il avait auprès de lui des amis qui lui étaient attachés de cœur et qui étaient aussi les miens. J'eus par eux, à cette époque, les détails de cette révolution de Hollande; car cette circonstance de l'abdication mérite le nom de révolution, et j'avoue que j'en ai souffert...

Louis comprenait bien le système continental de son frère; mais il comprenait encore mieux les besoins du peuple qu'on lui avait donné. Ce peuple, qui ne connaissait pas les douanes, et qui était jadis le plus florissant du monde dans son commerce, dépérissait sous le régime terrible des confiscations et des prohibitions. Louis se refusa à être plus long-temps l'instrument d'une tyrannie qui tuait la Hollande. Alors l'empereur fit marcher une armée commandée par le maréchal Oudinot. A l'approche d'une armée française, Louis abdiqua, mais en faveur de son fils. L'abdication fut rejetée. Le maréchal Oudinot entra dans Amsterdam, et bientôt l'Europe apprit que la Hollande était incorporée à l'empire français!...

Lorsque l'empereur vit que son frère ne voulait pas *obéir* à sa volonté, il demanda, ou plutôt il ordonna l'abdication. Louis était bon, doux même; mais lorsque l'on exigeait de lui une chose qui pouvait être nuisible à ses enfans, ou bien à un peuple qu'il regardait aussi comme ses enfans, il avait alors une force de volonté très grande, et il le montra dans cette circonstance. Il consentit à l'abdication, mais à des conditions, et fut même jusqu'à dire à son frère qu'il fallait parler à l'Angleterre, que l'on pouvait lui mettre cette affaire de la Hollande devant les yeux, comme une condition du marché, et que la paix pouvait encore être faite, si la France concédait dans le sens que Louis le disait. L'empereur le voulut bien, et le roi de Hollande envoya en Angleterre M. Labouchère, pour traiter de cette affaire. C'était alors le marquis de Wellesley qui était premier ministre. M. de Labouchère est, comme chacun sait, l'un des premiers banquiers de l'Europe. Ses relations avec l'Angleterre y sont aussi étendues qu'honorables, et toutes facilités lui étaient donc accordées. Il vit ceux qu'il devait voir, et l'affaire marchait à souhait, lorsque, dans une entrevue que le roi de Hollande eut avec son frère (je crois que c'est à Anvers), il lui demanda pourquoi, dans une telle occurrence, lorsqu'il y allait de son bonheur à venir et de l'honneur de sa couronne, il le trahissait aussi froidement, et l'exposait à des paroles doublement fâcheuses de la part de l'Angleterre. L'empereur le regarda avec surprise : il ne le comprenait pas.

— Oui, poursuivit le roi de Hollande, tandis que moi, rempli de bonne foi, j'envoie en Angleterre un homme d'une probité reconnue, dont la parole et la présence même garantissent mes intentions, vous envoyez, vous, un homme obscur, un intrigant enfin, car il ne peut être autre chose celui qui accepte une telle mission, et vous traitez pour vous et sans moi.

— C'est faux, s'écria l'empereur le visage enflammé de colère... c'est faux !...

Et ses yeux lançaient la foudre.

— Et moi je vous dis que c'est vrai, repartit son frère. J'en suis sûr; M. Labouchère en a été prévenu.

— Mais, de par le grand diable d'enfer ! s'écria l'empereur au plus haut degré de colère, je ne connais pas cet homme !... je ne connais pas son nom !... qui donc l'aurait envoyé ?

— Et quel autre que votre ministre Fouché? dit Louis... Je vous répète que l'on traite en ce moment pour vous à Londres, et que l'on y traite, que l'on y discute les intérêts, les mêmes intérêts dont la base est dans notre projet de traité... et c'est ainsi que je dois croire à une parole de frère!...

L'empereur était pâle, et il tremblait à faire croire qu'il allait s'évanouir... Il pressait son front, il s'asseyait, se levait, et semblait agité par un rêve infernal. Enfin s'approchant de son frère :

— Écoute, lui dit-il : je vois qu'il y a dans tout ceci une trame criminelle;... mais je n'y suis pour rien... je t'en donne ma parole d'honneur, de roi et de frère... me crois-tu?

Louis est bon, et surtout si honnête homme! une parole d'honneur, et donnée par son frère, était pour lui une parole venue de Dieu.

— Je vous crois, lui dit-il; mais alors il faut que vous fassiez découvrir l'auteur de cette infamie. Vous me le devez à moi-même, vous le devez à votre propre honneur... Comment peut-on se servir ainsi de votre nom?

L'empereur ne répondit pas, mais il était aisé de voir qu'un orage s'amoncelait, grand et terrible, dans son âme... Ses sourcils froncés, sa bouche presque contractée, tout indiquait en lui qu'il y aurait une irruption de fureur, et qu'elle serait terrible.

« Tu peux t'en reposer sur moi pour découvrir ce tissu d'indignes tromperies, dit-il à son frère. Je crois connaître le serpent qui m'enlace de ses nœuds ; mais si je ne puis me défaire de lui par les moyens ordinaires, je le couperai en mille morceaux. »

De retour à Paris, l'empereur mit l'affaire dans les mains de Dubois. Celui-ci, habile et prompt dans ses démarches, eut bientôt découvert que Fouché envoyait en Angleterre beaucoup plus souvent que ses besoins de police l'exigeaient. De là à connaître la vérité il n'y avait qu'un pas... Bientôt il tint non seulement le bout du fil, mais toute la pelotte ; et l'émissaire fut arrêté par ses agens à lui-même, et sur-le-champ conduit au Temple.

Cet homme était un émigré rentré, un *chevalier Fagan*, qui croyait fermement agir au nom de l'empereur, et qui n'agissait que pour Fouché. Pour Fouché !... et pourquoi faire ? bon Dieu !... Que voulez-vous que je vous dise ?... et moi aussi je n'en sais rien. Il aimait tant l'empereur, que peut-être il voulait jouir de l'émotion qu'il produirait sur son visage en lui apprenant que la paix était faite... Toujours est-il que c'est un singulier mystère.

Quand M. Fagan se vit au Temple il eut peur; mais Fouché lui fit dire que l'empereur serait très en courroux si son nom était prononcé dans un interrogatoire, et qu'en conséquence il lui fallait se taire, et se taire s'il voulait conserver sa tête... L'autre crut toute cette belle histoire; aussi lorsque Réal fut l'interroger, il parla de choses qui ne pouvaient en rien compromettre Fouché, et persista à dire qu'il était en Angleterre pour son compte et pour des affaires à lui. Mais Dubois, qui était la malice même, et qui savait toute l'affaire, s'y prit de manière qu'un homme sûr parvint auprès de M. Fagan, et lui raconta comme quoi Fouché se moquait de lui. En entendant ce nouveau coup de cloche, le Fagan ouvrit de grandes oreilles et de grands yeux. Il ne comprenait pas qu'un homme pût aussi gaillardement en faire fusiller un autre, le tout pour son passe-temps... Cela changea sa gouverne; il parla tout autrement, raconta tout ce qu'on voulut savoir, et finit par faire tout le contraire de ce que son maître en diplomatie, Fouché, lui avait montré pour sa plus grande instruction. Le résultat de toute cette belle affaire fut la disgrâce de Fouché, dont voilà la véritable cause, très peu connue du reste, parce qu'alors les journaux étaient muets, et que depuis Fouché lui-même s'est opposé à ce que ce fût connu. Du reste, cet homme, qui avait après tout un talent réel, était presque nécessaire à l'empereur, et je n'en veux pour preuve que toute cette histoire, celle de l'impératrice, bien d'autres encore après lesquelles l'empereur a reçu encore cet homme dans sa grâce... M. de Talleyrand avait bien moins de bonheur, et jamais l'empereur, s'il ne l'eût nommé grand-dignitaire, ne l'aurait ainsi conservé auprès de lui. Au lieu qu'avec Fouché, ils avaient beau se rendre *lettres et portraits*, ils se raccommodaient toujours. C'était vraiment comique.

C'est une singulière histoire que celle de l'impératrice Joséphine et de Fouché. Quand l'empereur en parlait, il disait:

« Comme le jour où Fouché voulait me faire *répudier par ma femme* [1]. »

A peu près dans le même temps, des évènemens d'un autre genre quoique pour le même objet, car dans ce temps-là tout le monde jouait à la couronne, comme jadis on jouait à la bague,

---

[1] Je la conterai plus tard cette histoire avec celles de M. de Talleyrand et de Fouché, découvertes par Dubois.

d'autres évènemens également curieux avaient lieu dans le nord de l'Europe. Bernadotte était choisi par la Suède, parlant par ses états-généraux rassemblés à *Olrebro*, et le roi Charles XIII l'adoptait pour fils.

Je possède des lettres bien curieuses sur cette histoire de Bernadotte ; c'est dans l'expression de l'opinion de ses camarades, de ses frères d'armes, qu'il faut voir celle de l'empereur. Je ne sais vraiment pas comment il a pu se décider à le laisser aller, d'après les sentimens qu'il avait même laissé voir sans beaucoup de feinte. Il est vrai que celui qui m'écrivait alors n'aimait pas Bernadotte ; mais j'ai su de lui des mots de l'empereur vraiment étonnans de pressentiment. Il y eut surtout un rêve que Napoléon fit à cette époque, qui me fut raconté à mon retour en France, et qui m'étonna plus par l'importance que l'empereur y mit, que par ce qu'il pouvait signifier ; car il n'était pas surprenant que, très preoccupé de cette aventure de Suède, Napoléon s'en occupât plus particulièrement que d'autre chose. Il rêva qu'il voguait sur une mer sans horizon, lui dans un vaisseau, et Bernadotte dans un autre ; que les deux vaisseaux marchèrent d'abord de concert ; puis, que celui de Bernadotte s'éloigna, et que, malgré que l'empereur le suivît avec sa lunette, il ne distinguait plus sa figure qu'au travers des nuages et des brouillards qui tout-à-coup s'étaient élevés entre les deux vaisseaux.

Ce qui me ferait croire à la vérité de ce songe, c'est que Napoléon exigea long-temps le plus grand secret sur ce rêve, et ce ne fut qu'au retour de Russie qu'on me le conta, et encore sous le sceau du secret.

Lorsque Bernadotte fut aux Tuileries pour annoncer à l'empereur que les états-généraux de la Suède l'avaient choisi pour le successeur de Charles XIII, Napoléon ne parut pas disposé à le laisser aller régner aussi loin. Bernadotte, aussi rusé et aussi fin qu'homme au monde, et déterminé à saisir la couronne que lui offrait la fortune, dit avec un accent très marqué de raillerie :

— *Votre Majesté veut-elle donc me placer au-dessus d'elle en me forçant à refuser une couronne?*

L'empereur s'arrêta, le regarda fixement pendant quelques instans, puis reprenant sa promenade, il lui dit :

— Eh bien! soit!... allez... Nos destinées doivent s'accomplir.

Et il partit. On a vu plus tard combien les

pressentimens de l'empereur étaient justes.

Mais ce qui fit alors un bien mauvais effet en France, et je le vis par mes lettres non seulement de Paris, mais de Bordeaux, de Bayonne, de Lille et d'Arras, ce fut le décret impérial qui ordonna le brûlement de toutes les marchandises anglaises qui seraient trouvées non seulement en France, mais en Hollande, dans toutes les villes anséatiques, et enfin depuis le Mein jusqu'à la mer [1].

Lorsque le duc partit de Salamanque, je résolus de quitter la maison que j'occupais près de la porte de Zamora, pour aller en occuper une fort jolie, mais trop petite pour mon mari et moi, qui appartenait au marquis de la Scala. On me l'avait fort vantée, et elle était encore plus charmante. Le salon était garni de belles glaces, et puis peint sur les murs avec une couleur gaie. Le plancher était couvert par un beau tapis de Turquie, et les trois fenêtres qui donnaient sur le jardin étaient entourées de jasmins, de rosiers et de franchipaniers. La chambre à coucher était également jolie, ainsi que deux autres pièces où logèrent mes femmes. Lorsque

---

[1] J'ai appris depuis que les Anglais avaient dès le dernier siècle donné l'exemple de cette violence dans les procédés... ce n'était qu'une représaille...

je fis demander au marquis de la Scala s'il voulait me loger dans sa maison, il vint lui-même au même instant pour m'assurer combien il en serait content; mais qu'il me demandait le temps d'y faire rétablir l'ordre, parce que la moitié des meubles en avait été emportée par le général M......n au siége de Ciudad-Rodrigo avec toute la batterie de cuisine, ainsi que les matelas; tandis qu'une autre partie avait été mise dans les fourgons du général, et dirigée sur la France.

Je m'informai de la chose; elle était vraie...

Et voilà comment nous nous faisions détester des Espagnols; et voilà comment une bonne action n'était pas même appréciée par eux; en voici la preuve.

J'occupais encore ma maison de la rue de Zamora. C'était le jour de la Saint-Jean; il faisait chaud, et nous étions dans une salle basse, dans un *dolce far niente*, buvant des eaux glacées, et devisant entre nous sur la haine des Espagnols, qui, depuis le départ du prince, affectaient de remplir les églises et de prier pour la délivrance de Ciudad-Rodrigo; souvent même on entendait sonner à grandes volées dans le courant de la semaine.

— Pourquoi ces cloches? demandai-je un jour

à la vieille maîtresse de la maison où je logeais.

— *Por Ciudad-Rodrigo, senora*, me répondit-elle... *por Ciudad-Rodrigo!... y por los Ingleses tambien* [1].

Et ses yeux me lançaient des éclairs... c'était vrai... le peuple priait hautement et publiquement CONTRE NOUS... il avait raison... Or ce même soir de la Saint-Jean dont je viens de parler, j'étais donc assise dans une salle basse avec M. Michaud, commissaire ordonnateur en chef du 8e corps; le général Joseph Lagrange, gouverneur de Salamanque; M. Magnien, et le doyen du chapitre. Il était près de onze heures du soir, la ville est ordinairement fort calme dans ce moment de la journée, et le moindre bruit s'y fait entendre... Au milieu du demi silence qui règne quelquefois dans la conversation de cinq ou six personnes, je crus distinguer les vagissemens d'un enfant... je fis signe à ces messieurs de se taire, et j'entendis alors très distinctement le même bruit. Je sonnai aussitôt, et j'envoyai mon valet de chambre voir ce que ce pouvait être. Il revint, et me dit qu'il n'avait rien vu. Comme les cris avaient cessé, et qu'ils étaient si faibles que l'oreille seule d'une femme,

---

[1] Pour Cuidad Rodrigo, madame... pour Cuidad Rodrigo, et pour les Anglais aussi.

et d'une femme qui avait été mère, pouvait les avoir compris, ces messieurs me dirent tous que je m'étais trompée... j'étais sûre du contraire, et quelques momens plus tard, en effet, les cris recommencèrent, et de manière à se faire entendre. Cette fois je ne voulus m'en rapporter à personne; je priai ces messieurs de m'accompagner, et, me faisant éclairer, j'allai dans la cour, car c'était de là que venaient les cris... lorsque j'y fus entrée, ils devinrent presque perçans, et me guidèrent jusqu'à ma calèche qui était sous une remise... là, sur les coussins mêmes de la calèche, nous trouvâmes un enfant ayant à peine quelques jours, mais charmant, et fort proprement arrangé. Je le pris aussitôt dans mes bras, et l'emportai dans le salon. J'avais hâte de voir de plus près cette pauvre petite créature qui, depuis qu'elle était portée, ne criait plus que si doucement qu'il semblait qu'elle me remerciât. Elle était fort proprement vêtue, arrangée à l'espagnole, et ayant sur sa poitrine un papier sur lequel était écrit, également en espagnol, ce que je donne ici traduit:

« Une mère au désespoir confie à Votre Excellence ce qu'elle a de plus précieux... son enfant... sa fille... celle qui devait être la consolation et le soutien de ses vieux jours. On sait à Salamanque

que Votre Excellence aime à faire le bien, et dans la position où elle est elle-même, étant prête à devenir mère... j'ose espérer que vous adopterez ma pauvre enfant, et ne l'abandonnerez pas... Puisse son père rougir du parti qu'il me force à prendre... »

L'écriture était espagnole, mais assez belle; le papier était bien : tout cela uni à la sorte d'élégance, pour ainsi dire, des vêtemens de l'enfant, nous fit soupçonner que la petite pouvait être à quelque jeune fille de la ville, séduite par un Français; la dernière phrase du billet le faisait croire au moins... Lorsque mon valet de chambre vit la petite, et qu'il se rappela son premier voyage dans la cour, il me dit qu'il avait vu une *forme* qu'il croyait être une femme, la tête couverte d'une longue mantille, passer près de lui, et sortir de la maison; et en rappelant ses souvenirs, il dit ensuite qu'il en était sûr... C'était probablement la mère de l'enfant, qui était demeurée près d'elle jusqu'au moment où on était venu la prendre... Pauvre mère!...

Je déshabillai l'enfant, et j'acquis la preuve, par l'état du nombril, qu'elle ne pouvait pas avoir au-delà de huit jours... Elle était charmante cette petite, mais la pauvre enfant mourait de faim. Comme il ne fallait pas songer à avoir une nourrice à cette heure de la nuit, je lui mis du lait dans une bouteille d'eau de Cologne vide que j'arrangeai avec du coton, et ma femme de chambre et moi passâmes la nuit presque entière auprès d'elle. Cette bonne action me semblait commandée non seulement par l'humanité, mais bien encore par la position où je me trouvais; chaque mouvement que faisait mon enfant me semblait une demande adressée par lui-même de ne pas abandonner l'orpheline. Le lendemain, à peine fit-il jour que j'envoyai chercher le prêtre qui desservait une chapelle à l'église de San-Marcos; c'était un prêtre français, émigré, presque naturalisé Espagnol, et je fis prévenir le corrégidor de la ville, après avoir pris la précaution de faire chercher une nourrice pour ma pauvre orpheline. Lorsqu'ils furent tous là, je donnai les noms du duc et les miens, et je fis baptiser l'enfant, aimant mieux courir le risque de doubler le sacrement que de l'en priver tout-à-fait. Je lui donnai les noms de *Laure* pour moi, *Juana* pour le duc qui s'appelait Jean, et *Marie* en mémoire de ma mère et de ma belle-mère qui toutes deux s'appelaient Marie; ensuite je fis acheter des étoffes pour lui faire une petite layette; puis je donnai de l'argent au corrégidor pour payer long-temps la nourrice, lui donnant par écrit, et de ma main, tous les renseignemens possibles pour me faire parvenir en France des nouvelles de cette enfant dont je voulais à l'avenir soigner le sort, puisque le hasard l'avait jetée dans mes bras. Il devait m'écrire quand elle aurait trois ans pour que j'eusse à la faire venir près de moi.

Lorsque tout fut réglé, je regardai le corrégidor, et lui dis en souriant:

— Eh bien! vous voyez que nous ne sommes portant pas si méchans, nous autres Français... car voilà une de vos compatriotes qui avait abandonné son enfant, et moi je lui ai peut-être sauvé la vie.

Le corrégidor me regarda à son tour, mais avec une sévérité dure que rien ne semblait devoir désarmer... Il y avait de la haine dans son regard... enfin il me dit, toujours avec la même expression:

— Votre mari tue assez d'Espagnols pour que vous en sauviez un.

Et voilà tout le remerciement qu'il a jugé à propos de me faire... Eh bien, j'aime cette rudesse et cette franchise...

Un jour je reçus de Junot une lettre en réponse à celle où je lui écrivis le détail de cette aventure, et où lui me parlait du siége de Ciudad-

Rodrigo.... Je la transcris en entier pour donner une idée de la manière de penser des généraux français sur leur général en chef.

San-Felices el Chico, le 28 juin 1810.

« J'ai reçu ta lettre, ma chère Laure, et tu dois
» penser que j'ai reconnu mon amie dans la bonne
» action qu'elle a faite pour cette pauvre petite or-
» pheline. Je pense qu'elle ne peut pas porter un
» nom qui lui convienne mieux que le tien ; il
» lui rappellera toujours à qui elle doit la vie, et
» par la suite l'existence.

» Je t'ai envoyé des lettres de France, je pense
» qu'il y en a qui te donnent des nouvelles de
» nos enfans : écris-moi ce qu'ils font.

» Nous avons toujours ici beaucoup de cha-
» leur, grande quantité de coups de canon, et
» très peu de chose à manger. Les légumes sur-
» tout me manquent, ce qui m'est fort désagréa-
» ble. Heureusement je puis avaler de la poussière
» autant que je veux, et déjà deux coups de
» soleil m'ont écorché les oreilles et une partie
» de la figure. J'espère être un peu moins laid
» quand je te reverrai, mais la couleur n'y fera
» rien. Notre-Dame de Laurette était, dit-on,
» noire comme le diable, et elle a fait beaucoup

» de passions. Ma Laure est brune, et elle est
» pourtant aussi jolie que les plus jolies blanches.

» Les murs de Ciudad-Rodrigo tombent *bien
» doucement*. Nous avons des ennemis qui nous
» inquiètent *bien doucement*. Quand nous les at-
» taquons, nous le faisons *bien doucement*. Nos
» soldats, par exemple, ne couchent pas *bien
» doucement*; et quant aux vivres, ils arrivent *bien
» doucement*. Je voudrais bien que l'ordonnateur
» ne vînt pas *aussi doucement*[1]. Quant à nous[2],
» lorsque nous discutons, ce n'est pas toujours
» *bien doucement*. Pour moi tout me serait égal,
» ma Laure, si je pouvais être *bien doucement* au-
» près de toi,... et que le soir, après la fatigue du
» jour, je pusse me reposer *bien doucement* auprès
» de toi...

» Adieu, ma Laure, je t'embrasse mille fois et
» vais aller aux avant-postes des Anglais pour
» voir de près leur figure.

» Ton ami, etc. »

On voit, d'après cette lettre, avec quelle sorte
de mollesse agissait Masséna; l'ironie qui est dans
les paroles de Junot l'indique assez. C'était avec
raison qu'il n'était plus appelé que *le vétéran de*

[1] M. Michaud, ordonnateur du 8ᵉ corps.
[2] Le maréchal Ney, Masséna et Junot.

gloire de l'armée d'Italie; c'était le nom qui devait lui rester.

Enfin Ciudad-Rodrigo fut pris après un siége qui prit plus de temps que celui de Tarragone!... Cependant à ce siége il y avait trois grands-officiers de l'empire et une armée nombreuse. Quelques biographies disent que le maréchal Ney commandait ce siége; c'est vrai, si l'on considère que le maréchal Ney fut appelé au siége de Ciudad-Rodrigo pour le faire; mais du moment où le général en chef de l'armée fut au camp, il commandait de fait et de droit, et les fautes commises ne peuvent tomber que sur lui pour le blâme qu'elles ont valu à nos armes.

Voici la lettre assez burlesque que Junot m'écrivit lorsque la ville fut en notre pouvoir... Ils étaient si charmés de n'être plus retenus dans ces plaines stériles, où bêtes et gens mouraient de faim, qu'ils prenaient de la joie pour revenir seulement à Salamanque... Junot s'était battu d'ailleurs, et pour lui c'était une sorte de fête; il avait combattu les Anglais, et les avait *rossés*, comme il me le disait en termes du métier: mais le repos devait être court.

N° XI de la correspondance d'Espagne.

«Ciudad-Rodrigo, le 11 juillet 1810.

» Troyes est soumise. Mais les dieux ne permet-

» tent pas encore à Achille d'y faire venir son Iphi-
» génie. Calchas prépare un sacrifice pour ren-
» dre *le ciel* favorable; déjà nos *chevaux* sont prêts,
» et sur sa parole, ils se tournent vers Salaman-
» que... Qu'avec transport je parcourrai les che-
» mins de cette vieille Castille¹! Je demanderai ma
» Laure à tout ce que je verrai; mais non pas à
» ces vilains déguenillés qui ne la connaissent pas,
» car je ne veux pas qu'il y en ait un seulement
» qui la regarde; leurs vilains yeux souilleraient
» de leurs regards sinistres les traits char-
» mans de mon amie...

» Je crois donc, ma chère Laure, que je serai à
» Salamanque le 15 ou le 16 au plus tard; pré-
» pare-toi, parce que nous partons aussitôt pour
» Ledesma, où je vais avec mon corps d'armée.
» Ciudad-Rodrigo est encore plus maltraité que
» Saragosse; cependant on y trouvera un loge-
» ment pour toi, quand nous devrons marcher en
» avant.

» Bien leur a pris de se rendre. Une demi-heure
» plus tard ils étaient pris d'assaut sans pouvoir
» l'empêcher. La brèche pouvait se monter et
» descendre à cheval. Elle n'était pas défendue
» intérieurement, et la garnison n'est pas plus forte
» que celle d'Astorga.

¹ Il se trompait, Ciudad-Rodrigo est royaume de Léon.

» J'espère faire la route d'ici à Salamanque
» un peu lestement. Si en arrivant je suis un peu
» fatigué, un baiser de toi me remettra, et tes
» soins achèveront de me remettre des fatigues et
» des privations que j'ai éprouvées depuis vingt
» jours.

» Adieu, ma Laure. Je t'embrasse un million de
» fois et t'aime de cœur.

» Sois prête à partir ma chère Laure, me dit-il
» dans une autre lettre ; nous allons à Ledesma,
» et je ne demeurerai à Salamanque que le temps
» nécessaire pour t'attendre. »

Le marquis de la Scala était chez moi lorsque je reçus cette lettre ; je lui demandai ce que c'était que Ledesma.

— Un lieu épouvantable, me dit-il ; figurez-vous un rocher en pain de sucre au sommet duquel est bâtie une ville... mais une ville comme on les construisait il y a trois cents ans en Espagne et même au-delà, car on la croit arabe... elle domine une plaine aride où il ne croît que des bruyères et des plantes sauvages... c'est un triste séjour.

Quand il sut que j'allais y demeurer, il se récria, et me dit que j'avais tort, surtout dans ma position, de m'aventurer dans un semblable désert... Mais depuis long-temps mon parti était arrêté, et je répondis à Junot qu'il me trouverait prête à le suivre.

Ce qu'on me disait de Ledesma me fit quitter Salamanque avec regret, quelque triste que fût son habitation; il y avait d'ailleurs des choses si remarquables à voir, que les notes que j'ai conservées de mon séjour à Salamanque sont peut-être plus intéressantes que celles de Burgos, et bien autrement importantes que tout ce qui regarde Valladolid[1]... J'ai surtout regretté la belle place de Salamanque... je crois n'avoir joui nulle part du jour et du soleil comme au milieu de cette belle enceinte, où la lumière jaillissait de toutes parts, et venait inonder de ses bienfaits des yeux fatigués de l'obscurité des rues étroites et malsaines de la ville de Salamanque... Ce n'est pas que sa situation soit mal choisie; jadis lorsque les environs étaient cultivés, je suis certaine que Salamanque était une des plus charmantes cités d'Espagne. Lorsqu'on aperçoit de loin ses clochers se dessinant sur un horizon

---

[1] Ces Mémoires n'étaient pas destinés à être un voyage ou une relation descriptive. Je garde toutes mes notes relatives aux monumens et aux arts, ainsi qu'aux sciences, pour un ouvrage que je publierai incessamment sur l'Espagne, et qui sera, je crois, plus complet qu'aucun autre pour les parties que j'ai habitées...

pur dans ses lignes, on trouve à cette ville, dans une plaine entourée par les méandres de la Tormés[1] une grande ressemblance avec Tours... mais les belles cultures de France ne se retrouvent plus autour de Salamanque, et le prestige disparaît aussitôt que les regards s'abaissent vers la terre.

Tandis que le duc était à Ciudad-Rodrigo, il arriva une petite aventure dans notre intérieur qui peut donner une idée de la sûreté qui nous entourait à Salamanque, tandis que nous étions au milieu d'une armée de près de quatre-vingt mille Français.

On a entendu parler d'un homme très audacieux, très habile comme partisan, nommé *don Julian Sanchez*, qui donnait à lui seul plus d'occupation à nos troupes que l'armée espagnole régulière... Cet homme avait une troupe formidable pour un partisan, et, se répandant dans la plaine, il y exerçait tout ce que des hommes comme lui et ses soldats pouvaient tenter et commettre sur des vainqueurs détestés. Mais bientôt les rapports devinrent inquiétans pour *moi personnellement;* en apprenant que l'un des généraux en chef

---

[1] La Tormés. Ses bords sont peu agréables à Salamanque, ils le sont davantage pour un botaniste, parce qu'ils offrent des plantes rares et tout-à-fait inconnues en France.

avait sa femme avec lui, don Julian résolut de la prendre, surtout en apprenant que j'étais enceinte et jeune.

Car, dit-il fort judicieusement à celui qui nous rapporta le fait, son mari tiendra d'autant plus à elle.

Son but était donc de me prendre, de me préserver, par exemple, de toute insulte, et puis, de la caverne, de la forêt, de je ne sais quel désert où il m'aurait conduite, d'écrire au duc d'Abrantès :

« J'ai pris votre femme. Vous êtes un des
» hommes que Napoléon aime le plus. Eh bien!
» dites-lui qu'il me rende le duc de l'Infantado,
» ou le duc de San Carlos, et je vous rends votre
» femme *saine et sauve*, et surtout sauve de la
» moindre offense. »

Et comme l'empereur était assez peu galant pour ne pas s'arrêter à des considérations aussi frivoles que celles de la sûreté d'une femme qui, au fait, n'avait qu'à demeurer chez elle et ne pas courir dans les routes mal frayées du royaume de Léon, alors don Julian aurait demandé une rançon proportionnée au prix que mon mari pouvait attacher à ma personne. Voilà quel était son plan, et au fait il n'était pas mauvais.

Lorsque j'appris cette nouvelle, qui me donnaît une inquiétude bien autrement directe que toutes celles que j'avais eues jusqu'à présent, je devins malheureuse. Je n'aurais pas fait attention à la chose par elle-même si j'eusse été dans mon état naturel, mais j'étais grosse et je devais sauver mon enfant.

Le résultat de cette belle nouvelle fut de m'empêcher de me promener. Je n'allais plus que dans cette longue allée d'arbres qui borde la route, un peu montueuse, qui, de la porte de Zamora, va jusqu'au poteau de justice [1]... Un jour me trouvant fatiguée je rentrai de bonne heure, et M. Magnien, qui était avec moi dans ma calèche, demeura dans la promenade pour jouir des derniers momens d'une belle soirée du mois de juillet; il regardait la campagne du haut de la colline, lorsque du sommet d'une autre colline, à gauche de la route, il vit descendre un homme monté sur un fort beau mulet. Cet homme était vêtu de brun, portait un chapeau retroussé, avec la plume rouge; enfin, il était parfaitement semblable aux guérillas de don Julian. Magnien re-

---

[1] Ce poteau de justice est fait comme un petit colombier, seulement il n'est pas creux. Tout autour sont des crochets de fer auxquels étaient appendus les cadavres qu'on exécutait d'abord, puis qu'on exposait ainsi pour l'exemple. C'était hideux.

gardait toujours la campagne de l'œil droit, tandis que son œil gauche suivait les mouvemens de l'homme au mulet. Bientôt il fut suivi d'un second... puis d'un troisième... d'un quatrième... enfin il en compta jusqu'à cinq, qui descendaient doucement la colline et venaient à lui... Magnien prit d'abord tout cela pour une vision, car le moyen de penser qu'à la porte même de la ville don Julian aurait la témérité de se hasarder?... Mais, comme il n'avait aucune des vertus qui auraient pu faire un second Daniel, Magnien pensa très modestement que l'évènement était fort naturel, et que c'étaient bien vraiment des guérillas qu'il voyait devant lui. Alors, il se repentit, un peu trop tard, de ne pas l'avoir jugé ainsi d'abord. Mais, comme il est toujours temps de chercher à sauver sa vie, il y procéda à l'instant. Il se mit à descendre la colline, et à revenir vers la ville, en doublant le pas, puis un peu plus vite... ensuite beaucoup plus vite... Mais les mulets, dont probablement c'était alors la volonté de marcher, doublèrent aussi leurs enjambées sous le coup de talon de leurs maîtres, et Magnien allait être atteint avant d'être en vue de la sentinelle de la porte de Zamora, lorsqu'il s'imagina, fort heureusement pour lui, de courir, en passant alternativement entre chaque arbre, ce qui empêchait l'homme au mulet de le joindre. Il ne craignait pas un coup de carabine, parce que le bruit aurait fait sortir le poste, et les guérillas ne voulaient pas s'y exposer... Enfin, Magnien aperçut la porte de Zamora, puis le factionnaire... il se jeta dans ses bras avec un abandon de tendresse tout-à-fait touchant, ce qui prouve, quoi qu'il en ait pu dire, qu'il avait eu fort grand'peur... Deux soldats du train, qui se promenaient dans la campagne, furent moins heureux que lui : l'un fut pris et emmené par les Espagnols ; l'autre, percé d'un coup de lance, fut porté le même soir à l'hôpital, où il mourut deux jours après.

Nous apprîmes plus tard que don Julian, qui avait plus d'espions dans la ville que nous n'avions d'habitans pour nous, avait été prévenu de ma sortie. Comme je me promenais toujours pendant une heure au moins, il avait cru avoir le temps d'arriver, et ce n'était qu'à l'état de souffrance que j'avais éprouvé que je devais de ne pas être tombée dans ses mains... Cette aventure me rendit long-temps craintive.

L'empereur avait pensé qu'en donnant à l'armée de Portugal une portion des troupes et des officiers portugais, que Junot lui avait au contraire envoyés pour ôter au pays des élémens de révolte, il faisait une chose de saine et de haute politique; en conséquence, nous avions vu arriver à Salamanque une foule d'officiers portugais, qui, du reste, prouvèrent, en grande partie, que l'empereur avait eu raison de se fier à leur parole, mais dont plusieurs firent beaucoup de mal en passant à leurs compatriotes, ce qui devait arriver, et dont le reste fut d'un faible secours, parce qu'on ne pouvait pas exiger que des Portugais tirassent sur des Portugais... Parmi eux étaient plusieurs de mes amis, et je fus heureuse de penser plus tard que ce fut parmi eux aussi que se trouvèrent les plus braves et les plus distingués par le courage et par l'honneur, comme le comte Sabugal et le marquis de Valença.

Le général commandant les troupes portugaises était le marquis d'Alorna, dont j'ai rapporté une lettre contenant une prophétie sur l'empereur. Le marquis d'Alorna était un homme fort spirituel et qui avait même cet esprit de la cour de France lorsqu'elle était spirituelle. Il parlait bien français, et puis il était d'une originalité remarquable. Il était en même temps et de bonne foi, libéral dans ses sentimens, et fanatique dans ses opinions. Aussi grand seigneur qu'on puisse l'être par sa naissance, il était simple et sans aucune feinte. Il avait de la bonté.... vous parlait de l'état misérable du peuple portugais... de ses projets d'amélioration pour le rendre heureux; et puis, la minute d'après il racontait que la veille il avait parlé à la Sainte Vierge; et cela, sans folie, sans aucune monomanie... Il était bien amusant; je l'aimais beaucoup. Il était au siége de Ciudad Rodrigo; Junot le voyait intimement.

Ce fut à cette époque que je reçus de Paris des lettres qui me racontaient l'effroyable malheur du bal du prince de Scharwtzenberg... Je reçus plus de vingt relations différentes de cet événement affreux, dont le souvenir sera lui seul un éternel malheur!... J'ai conservé une partie de ces relations, ainsi que mon journal d'Espagne fait au moment même où je reçus cette nouvelle... et je puis donner les diverses versions que chacun donnait alors sur un accident où les uns voulaient voir un augure funeste, les autres une conspiration, et qui n'était qu'un horrible malheur produit par une cause tout ordinaire, ainsi que cela arrive presque toujours.

Ce fut un dimanche (1er juillet) qu'eut lieu

M. Ladvocat, qui est l'homme qui s'entend le mieux à connaître la physionomie d'une chose en librairie, m'avait conseillé après avoir lu ce journal, de le mettre tel qu'il était sans en rien retrancher. Je n'ai pu le faire, la place me manquant.

ce désastre vraiment d'un sinistre augure. On sait que les appartemens n'étant pas assez grands pour contenir la foule immense des personnes invitées, l'ambassadeur avait fait construire une salle en planches dans le beau jardin de l'ancien hôtel Montesson qu'il occupait alors, et qui est situé rue de Provence. En relisant la description que chacun s'accordait à faire de ce lieu magique, on croit lire un conte oriental et fantastique.

Tous les souvenirs éveillés pâlissaient devant ce palais de fées. C'étaient des fleurs par corbeilles, *des fleurs à payer un palais*[1]!... des parfums enivrans, des lumières d'opale et de rubis, des sons surhumains. Et puis ces femmes presque toutes jeunes, presque toutes belles, mises avec ce luxe élégant que je ne connais qu'aux Françaises, et qui dans cette soirée semblait encore plus ravissant... Et puis il y avait comme de la magie dans ce palais improvisé, dont les murs de sapin étaient recouverts par de riches tentures, des brocarts d'or et d'argent, des drape-

---

[1] Il y a peu de temps qu'un homme fort spirituel, mais n'ayant rien de cette excessive sensibilité qui fait venir les pleurs, en lisant cette pièce de vers de Victor Hugo, intitulée *les Fantômes*, fondit en larmes et ne put continuer. Cela est arrivé chez moi à M. d'Ar....y.

ries, des gazes étincelantes rattachées par des nœuds de fleurs, et tout cela éclairé par des milliers de girandoles dont le cristal renvoyait tous les feux du prisme. « Quant à moi, j'étais comme fou, m'écrivait un vieil ami, bien que je ne danse plus et que toutes les joies de ce monde ne me touchent plus guère... »

» J'ai été long-temps sans t'écrire, disait à Junot une lettre d'ami plus confidentielle... mais c'est que j'ai été si malheureux de ce que j'ai vu, moi soldat, moi accoutumé à voir tomber les hommes devant moi, que je n'ai pu vraiment de long-temps donner d'attention suivie à une chose quelconque... Mon cher Junot, c'est après avoir vu l'empereur dans cette soirée, qu'il faut l'aimer bien plus qu'on ne l'aimait encore... Jamais il n'avait été plus gai... plus heureux; il excitait tout le monde à danser... Il accueillait toutes les demandes... C'est au point que même des ennemis bien reconnus obtinrent des faveurs que nos femmes et nous demanderions en vain [1]... Enfin, pendant les deux heures qui s'écoulèrent avant que le malheur éclatât, il fut joyeux, content!...

» Tu auras vu dans les journaux comment cela

---

[1] Je n'ai jamais pu comprendre cette phrase.

arriva... La chose est naturelle, sans doute... Si on pouvait en douter, il y aurait de quoi mettre à son tour le feu dans toute l'Europe. Dumanoir et Tropbrillant se sont fort bien conduits...»

Quant à l'impératrice, sa conduite en effet fut admirable... au moment où le feu prit, l'empereur faisait le tour du cercle de femmes qui étaient dans cette malheureuse salle, qui n'avait pour issue qu'une immence porte sur le jardin en face du trône, placé contre la porte des appartemens et la galerie en planches, qui joignait, pour ainsi dire, la salle à la maison. C'est dans l'angle de cette petite galerie, tout-à-fait au coin, que prit le feu. On dansait une anglaise, et c'était la première du bal... On a beaucoup dit qu'on avait perdu la tête, et qu'on aurait dû se jeter dans les appartemens. Mais après avoir vu le plan détaillé de l'appartement et du local que me dessinait encore dernierement une femme de mes amies, je ne trouve pas cela du tout. On aurait au contraire perdu la tête, en allant vers le feu, puisqu'il venait de la maison, ou du moins en apparence. Au moment où le feu éclata, l'impératrice faisait aussi le tour des femmes de son côté. Elle fut s'asseoir sur le trône, et *là* attendit l'empereur : c'est du sang-froid... peut-être du courage même!... Mon dieu! si elle avait pu en avoir seulement la moitié moins, le 28 mars 1814!!...

Quant à l'empereur, il fut là ce qu'il fut tant de fois dans sa vie... il fut sublime... Il emmena l'impératrice dans la première voiture qu'il trouva dans la cour; la conduisit jusque sur la place Louis XV... puis revint à l'hôtel de l'ambassade donnant des ordres, s'occupant des blessés, ayant pour tout ce monde effrayé, surtout de douces paroles et des mots rassurans... activant les secours malheureusement tardifs... Quand on songe que LES POMPIERS n'étaient pas là!!...

Ce fut à grand'peine que Regnault de Saint-Jean-d'Angely, dont l'hôtel était en face de celui de l'ambassadeur d'Autriche, put les avoir dans sa propre cour, et encore n'y étaient-ils pas à six heures du soir le jour de la fête!!...

Un des premiers magistrats de Paris, et chargé à cette époque de veiller sur Paris, me disait, il y a peu de jours, en me parlant de cette malheureuse fête, que le prince de Schwartzenberg avait voulu trop viser à l'économie, et s'était servi d'un décorateur qui lui avait donné de vieilles choses pour sa fête... Je ne crois pas que ce soit une raison de malheur, si ce n'est pour le prince, qui certes pouvait faire pour cette occasion, la plus belle de sa vie de diplomate et de général tout ensemble, ce qu'il aurait fait à Vienne ou bien à Pétersbourg. Je n'admets donc cette raison que comme grief contre le bon goût du prince. Et puis cela ne s'accorde pas avec toutes les relations que j'ai eues, si ce n'est cependant la lettre d'une femme très spirituelle de mes amies qui qui me dit :

« Ne vous laissez *pas berner* par toutes leurs visions de palais de fées... Ce n'étaient que des oripeaux... On aurait pu croire vraiment qu'en les mettant le maître avait dit :

» — Ce n'est bon que pour le feu... »

Les Autrichiens parlaient hautement, le lendemain, de l'admiration que leur avait inspirée l'empereur, par sa noble confiance en revenant au milieu de la nuit dans le lieu d'un si étonnant désastre, et n'ayant pas d'autre entourage que toute l'ambassade de Vienne. Il y demeura jusqu'à trois heures et demie du matin, pour veiller, comme le dernier magistrat de Paris, aux besoins que réclamait tout ce qui était là ; car ces femmes semblaient un troupeau de biches effarouchées... Mon Dieu, quelle étrange nuit !... et quel est donc ce langage d'infortune qui sert d'épithalame !!... Et les roses de cette adorable princesse de Schwartzenberg dévorées par le feu, étant encore toutes fraîches ?

On dit que c'était un spectacle si lugubre, que

les cœurs les plus indifférens en étaient brisés. Lorsque le lendemain de la fête on revint dans cette même maison, où les tentures de deuil étaient attachées aux murs avec les guirlandes de fleurs de la veille!... encore fraîches!... encore odorantes!... Et la victime, pauvre mère!... pauvre femme!... Elle mourut en rentrant dans cette fournaise, que cinq minutes avaient transformée en une salle de fête de Lucifer... Elle y cherchait son enfant qui était sauvé... Un lustre lui tomba sur la tête, et lui fendit le crâne!... Elle tomba dans un trou fait au plancher par le feu, et ce fut ce qui lui conserva une partie du bras et du sein... Mais tout le reste était méconnaissable!... calciné en charbon!... On ne la reconnut qu'à une petite chaîne d'or à laquelle étaient suspendus plusieurs petits cœurs en pierres précieuses formant un mot, comme cela se faisait alors... Elle était une des plus charmantes femmes que l'on puisse voir... si aimable!... si gracieuse!... si jolie!... Ce fut un holocauste bien précieux que Dieu demanda à la famille Schwartzenberg...

Une chose pénible à dire, c'est que la conduite des hommes fut indigne dans cette nuit désastreuse. Ce fut au point qu'on en vit prendre des femmes par le bras et les repousser dans la salle embrasée, pour passer plus vite et surtout plus sûrement... Il y en eut pourtant quelques uns... mais QUELQUES UNS!... leurs noms sont trop honorables pour ne pas les citer. C'est le général Hulot, qui avec son seul bras sauva plus de victimes que vingt autres avec leurs deux mains... c'est le général Édouard Colbert, c'est M. Emmanuel Dupaty, c'est M. Tetteinborn, qui n'était pas seulement, comme on le voit, un mangeur de cœurs, mais qui les sauvait très bien, sauf à les croquer après... Il y a bien encore quelques hommes parmi lesquels je dois placer en tête M. de Rambuteau, qui se conduisit admirablement... Quant aux autres, je ne les nommerai pas... cela laissera la masse dans le vague, et leur amour-propre se sauvera par l'espoir d'être *soupçonné* d'une bonne action.

Le prince Eugène eut le bonheur d'apercevoir une petite porte dérobée qui avait été pratiquée derrière le trône pour faciliter le service des rafraîchissemens et venir de l'intérieur de la maison. Le vice-roi l'avait vue lorsqu'on avait apporté des glaces. Ce fut par là qu'il eut le bonheur de sortir et de sauver la vice-reine.

Le supplice le plus horrible fut enduré par la malheureuse princesse de *la Leyen*, nièce du prince primat. Elle aussi, ayant vu sa fille dansant l'anglaise, voulut aller la reprendre et se précipita dans l'enfer brûlant, qui aurait repoussé tout autre qu'une mère... Sa fille était sauvée!... Son père et elle ne voyant pas la princesse, crurent qu'elle était retournée à Passy, où ils demeuraient... mais la maison était déserte... Alors le prince et sa fille entrevirent un affreux malheur!... le père rassura sa fille... il quitta son habit brodé, ses décorations et partit pour Paris, pour y faire des recherches.

Pendant ce temps, un officier étranger, (un Suédois, je crois), avait trouvé parmi les décombres un fantôme, un débris de femme, mais vivant, souffrant et poussant des plaintes inarticulées. Ce spectre était noir et presque en charbon... Son diadème de pierreries avait subi une telle action sous le feu, que l'argent de la monture des diamans avait coulé, et s'était incrusté dans les os du crâne?... L'officier suédois, en entendant sortir des gémissemens de cette masse informe, voulut, s'il était possible, tenter de la sauver. Il la porta chez un épicier voisin de l'hôtel de l'ambassadeur [1]. Là, on essaya d'interroger le spectre souffrant. Mais long-

---

[1] Cet homme se conduisit admirablement dans cette soirée désastreuse ; son souvenir doit être gardé comme celui d'un homme de bien... voilà le vrai Samaritain.

temps ses paroles furent indistinctes... Enfin, on entendit le mot de *Passy*... Alors, l'officier suédois voulant accomplir son œuvre charitable, prit une voiture, et y montant avec son malheureux fardeau, il s'en fut à Passy demandant à chaque maison un peu remarquable, si l'on était inquiet de quelqu'un... Ce fut ainsi qu'il atteignit la demeure de la princesse de la Leyen... Ce ne sont pas des mots qui peuvent rendre l'effet terrible d'un pareil moment!... Déjà depuis quelque temps le cadavre encore vivant, voyant que son dernier soupir s'exhalerait sur le cœur de ceux qu'elle aimait, remerciait comme elle le pouvait l'homme pieux qui avait pitié des mourans... Ses doigts calcinés essayaient de serrer sa main, tandis que de ses yeux, dont les paupières étaient brûlées, coulaient encore quelques larmes sur ses joues, que le feu avait entièrement corrodées.

La malheureuse femme vécut encore vingt-quatre heures, et mourut le lendemain dans un bain d'opium, où elle avait été mise pour adoucir ses souffrances.

Une femme de mes amies qui avait assisté à cette scène dramatiquement tragique, me racontait dernièrement encore qu'un spectacle vraiment unique était celui qu'offrait la demeure du prince de Schwartzenberg pendant toute cette nuit. Les cris d'effroi, les cris de douleur, les *cris inutiles* se croisaient, se répandaient, et formaient une harmonie infernale, tandis que des femmes couvertes de diamans et de fleurs couraient çà et là comme étant attaquées de folie, et ne pouvant surmonter une terreur qui les privait de leur raison. L'une d'elles fut trouvée sur le chaperon du mur à l'extrémité du jardin, à cheval sur ce mur, et ne pouvant dire comment elle y était grimpée, et ne voulant d'abord pas en descendre. Un autre effet de la peur fut celui-ci. Il a eu lieu sur une personne que je connais, et qui me l'a raconté elle-même. C'est madame la baronne de Bre.....x, dame pour accompagner Madame-mère.

Madame de Bre.....x, quoiqu'elle ne dansât plus, n'en allait pas moins au bal, et était à celui de monsieur le prince de Schwartzenberg. Au moment où le feu éclata, elle ne se leva pas assez vite... voulut ensuite sortir, et se trouvant pressée par la foule, elle tomba et fut quelque temps foulée aux pieds. L'amour de la conservation est si puissant qu'elle fit des efforts surhumains pour échapper à ce double danger qui l'accablait ; elle se traîna, comme elle put, jusqu'à une banquette pour s'y mettre à l'abri des piétinemens terribles qui la broyaient; mais avant qu'elle ne l'eût atteinte, le plancher manqua sous elle, et elle tomba dans un trou obscur et frais, dans lequel elle se crut d'abord en paradis après la chaleur infernale qu'elle éprouvait à l'heure même. Cependant une sorte d'instinct lui disait que sa retraite actuelle n'était sûre que momentanément. Le bruit assourdissant qu'elle entendait au-dessus de sa tête avait quelque chose d'horrible... elle se traîna sur ses genoux et sur ses mains, rencontrant parfois des obstacles qui lui écorchaient les bras et déchiraient ses vêtemens... Enfin elle revit, non pas le jour, mais cette lueur sinistre de l'incendie qui éclairait, comme une torche funéraire, tous ces débris d'une fête royale... Elle était dans le jardin... Le lieu où elle était tombée était, à ce qu'il paraît, un bassin qui était heureusement à sec... Madame de Bre.....x [1] fut sauvée, mais elle porta

---

[1] Je suis en général si peu offensante dans mes Mémoires, que je suis sans pitié ensuite pour les gens qui viennent me chercher, moi, pauvre personne, pour me dire des choses déplaisantes sans aucun fondement. Je voulais répondre à madame de Bre.....x dans le volume précédent, mais je n'avais pas de place, et j'ai remis cette réponse à celui-ci.

Je reçus un jour une lettre inconcevable, et, en vérité, si

long-temps les terribles marques de cette soirée, sur les bras et sur les épaules, dont les

mon nom n'avait pas été sur l'adresse je ne l'aurais pas crue pour moi... Cette lettre était de madame de Bre.....x. Comme la lettre est fort curieuse, j'avais bien bonne envie de l'insérer tout entière, mais la place me manque. Madame de Bre.....x me dit dans cette lettre que mon *imagination brillante* m'a entraînée jusqu'à m'occuper de M. de Bre.....x qui, né en 1753 (autant que je puis me rappeler) *se porte fort bien... avantage qu'il doit à une vie exemplaire, à de bonnes mœurs, et un bon estomac ; lequel dernier avantage lui procure aussi de belles dents et une haleine pure...* Enfin, par *post-scriptum*, madame de Bre.....x me dit que jamais M. de Bre.....x n'a dîné chez moi, et qu'il ne connaît pas madame Murat.

S'il faut dire la vérité, lorsque je lus cette lettre, ce fut pour moi un logogriphe, une énigme, tout ce qu'il y a de plus sphinx au monde. Enfin, à force de chercher, je trouvai qu'ayant parlé de madame de Bre.....x dans le Xe volume de mes Mémoires, j'en avais parlé pour en faire un portrait même un peu idéal en bien... Quant à son mari, que je n'ai jamais vu, j'en avais d'autant moins parlé que je le croyais mort depuis au moins quarante ans, car jamais elle n'en parlait elle-même ; et lorsque je voulus remonter à la cause qui lui avait fait écrire cette drôle de lettre, je la trouvai dans la plus comique des erreurs. Madame de Bre.....x, comme beaucoup de gens qui n'aiment pas la lecture, se sera fait rendre compte des livres nouveaux qui paraissent. Mes Mémoires auront eu ce sort ; et comme la personne *chargée* de cette besogne aura aussi *chargé* une autre de la faire, il s'en est suivi qu'au lieu de M. de Fleu..... dont je parle à la page et dans le volume cités par madame de Bre.....x, le ren-

cicatrices douloureuses lui rappelèrent encore, après bien des mois, la fête de l'ambassadeur d'Autriche.

Junot fut affecté, comme tous les amis de l'empereur, d'un semblable évènement; on se rappelait, avec une terreur presque mystérieuse, les noces de Louis XVI et de Marie-Antoinette... on avait une crainte intérieure que personne n'osait se communiquer, et cependant on aurait voulu être rassuré; je ne fus pas moi-même à l'abri de l'impression produite. Quant à l'empereur, ce qui assiégea long-temps son esprit,

deur de compte aura vu M. de Bre.....x, *lequel a encore toutes ses dents, avec l'haleine pure*, et ne dîne pas en ville, ce qui n'est pas l'affaire de M. de Fleu..... qui n'avait plus que quatre ou cinq chicots qui sentaient très mauvais, fort mauvais même, et dînait souvent en ville... Cette lettre de madame de Bre.....x m'a fortement blessée; elle est écrite pour me faire une réclamation qui devenait de la dernière absurdité, puisqu'il n'est non plus question de son mari dans mes Mémoires que s'il n'existait pas, et dans le fait c'est bien la même chose pour moi, car il m'est aussi inconnu qu'un habitant des îles Sandwich; et en vérité si la matière me manquait (ce qu'à Dieu ne plaise), j'aurais d'autres sujets à traiter qu'un vieillard que je ne connais pas, *quoiqu'il ait toutes ses dents et ne sente pas mauvais*. Je n'ai pas même répondu à madame de Bre.....x. Mes Mémoires sont assez connus pour que quelqu'un se soit chargé de lui dire qu'à la page et au volume indiqués il n'y fut jamais question de son mari, non plus que dans tout l'ouvrage.

après cette funeste nuit, a été peu connu; j'en parlerai plus tard en son lieu.

Nous partîmes de Salamanque pour Ledesma par un temps superbe, mais une chaleur comme jamais je n'en avais éprouvé... La route passe quelque temps au-travers des bois, mais ces bois n'ont aucune fraîcheur, et rien ne rappelle le bocage, dans ces troncs tortueux et ce pâle feuillage au revers noirâtre qui attriste l'œil bien loin de le réjouir... Parfois nous trouvions le beau pin pyramidal, le pin parasol d'Italie, mais rarement, et plus rarement encore, nous rencontrions le cyprès de Portugal. Nous approchions de la chaîne de Gata, et le pays devenait chaque jour plus désert et plus aride...

Pour donner une idée de la vie que j'ai menée pendant deux mois à Ledesma, il me faudrait la peindre en entier, et ce serait rendre un mauvais service à ceux qui me liraient. Je leur dirai seulement que Ledesma est un gros bourg ayant encore un reste de fortifications mauresques et même romaines, n'offrant *aucune* ressource pour la vie sociale. J'habitais la meilleure maison du lieu, et cette maison ne serait pas bonne en France pour faire une habitation de jardinier dans le château un peu remarquable d'une de nos provinces; je ne parle pas même des environs de Paris. J'étais souffrante de ma grossesse, et cette souffrance prenait un caractère alarmant en raison de la maladie qui avait frappé le corps d'armée du duc [1]. Les malheureux mouraient presque tous de l'affreuse maladie nommée la *nostalgie;* rien ne pouvait les sauver. Ils expiraient en tournant l'œil vers la France, et demandant la patrie et le toit paternel.

Souvent j'éprouvais aussi de ces mouvemens impérieux qui me portaient à pleurer avec sanglots... Le médecin qui me soignait alors me dit que j'avais dû ma conservation à mon état de grossesse... qu'il avait combattu puissamment la maladie du pays... j'avais la nostalgie, mais mon enfant neutralisait le mal. La nature est si admirable!... ce n'est pas elle qui crée pour détruire.

Mon séjour à Ledesma fut marqué par une seule circonstance assez remarquable dans mes souvenirs. Quoique nous fussions mal, nous avions avec nous un luxe que rien ne pouvait ternir... c'était notre armée. Le jour de ma fête approchait, Junot voulut la célébrer mi-

---

[1] C'était une nostalgie profonde et terrible, surtout dans le désert où nous étions, et environnés de périls.

litairement. Nous n'avions jamais vu de combat de taureaux, parce que lors de notre premier voyage en Espagne ils étaient défendus... Junot fut voir un cirque assez beau dans la place même de Ledesma, et l'ayant trouvé convenable, il prit ses mesures pour qu'il y eût, le 10 août, jour de saint Laurent, un combat de taureaux assez beau pour que la relation pût en être faite. C'était une chose fort chère, non seulement pour se procurer les hommes, mais pour avoir les animaux, quoique nous fussions alors dans la contrée où Madrid se fournissait jadis de taureaux pour les combats de ses plus belles fêtes... Enfin le corrégidor nous dit que, près de Ledesma était un homme qui maintenant était retiré, mais qui avait été d'abord un adjoint du fameux Pepé-Hillo[1], et qui de son temps même était appelé *secunda spada de España*... Le corrégidor se faisait fort de le faire venir à Ledesma... La chose fut arrangée, et le combat eut lieu, mais en règle, et comme un des anciens combats; seulement on ne mit à mort que trois ou quatre taureaux. J'avoue qu'il y en eut assez pour moi...

---

[1] Josef Delgado (Vulgo) Hillo... C'est celui que nous connaissons sous le nom de *Pepillo*.

C'est un spectacle sans doute curieux, mais révoltant pour une femme, quoi qu'on en puisse dire; car il est odieux de voir autour de soi la terre trempée de sang et souillée de vestiges de Cannibales...

Cet homme, rival de Josef Delgado (*vulgo*) *Hillo*, comme ils disent en Espagne, était fort bien vêtu et raisonnait de son art *en artiste* consommé. J'ai vu peu d'exemples de cette vanité: Talma était auprès de lui le plus modeste des hommes. Junot le fit venir avant le combat, pour l'entendre raisonner sur la *Tauromaquia o L'arte de Torrear* comme dit le fameux *Hillo*... La *secunda spada* d'Espagne nous raconta une foule de faits très curieux s'ils sont tous vrais. Mais il fit devant nous d'assez bonne besogne pour se faire croire. J'entendais alors assez bien l'espagnol pour le comprendre, si ce n'est pour les termes techniques de son art, qu'on me traduisait. Il parla savamment et avec respect de Josef Delgado (*vulgo*) Hillo, qu'il mettait au-dessus de *Romero*, et j'ai pourtant entendu dire le contraire... Mais Pepe-Hillo était son maître, et la prévention était permise... Il demanda au duc s'il voulait voir de toutes les sortes de morts, parce qu'il serait bien aise de montrer son savoir-faire à un personnage aussi éminent. — Mon art a des préceptes, ajouta-t-il, ainsi que des règles que l'on doit observer, quand on se trouve en face d'un taureau, parce qu'il faut savoir à qui l'on a affaire.

On aurait dit qu'il parlait d'un adversaire et d'un duel... Mais, au fait, le taureau est pour cet homme un rival, et le duel est souvent à mort mutuellement. Pour nous autres Français, en voyant un combat de taureaux, nous ne voyons que l'animal frappé par le matador, et portant après lui une vingtaine de *banderillas*. Mais vraiment, il y a bien autre chose! D'abord les espèces de taureaux sont très nombreuses, et les hommes habiles en établissent d'abord la différence avant de commencer le combat; ainsi, par exemple, si le *toro es franco, boyante* [1], alors l'homme le combattra à *la suerte de la veronica*, c'est-à-dire que le *diestro* [2] se posera en face du *toro*; avec le *toro que se cine*, c'est-à-dire ceux qui se précipitent dans l'objet qu'ils ont en regard, ils combattent de la façon qui s'appelle : *hartar los toros de capa*... Le matador agite la capa (qui est presque toujours rouge), et au

[1] *O sencillo.*
[2] Même chose que *torero*.

moment où le taureau se précipite sur lui, il abandonne le voile rouge, dont le taureau demeure les cornes embarrassées : ils appellent alors cette capa : *el engano*[1].

Il y a aussi une espèce de taureau qu'ils appellent *toro de tensido* : c'est, avec le respect que je dois aux taureaux, *le fou* de l'espèce; c'est celui qui va à droite et à gauche sans se fixer à rien. Il se combat difficilement, parce que le grand art de l'homme qui combat est de deviner le taureau, et comment voir dans son regard où il veut aller, quand lui-même n'en sait rien?... Il faut donc, ainsi que le disait *secunda spada*, *malicia y sagacidad por matar el toro de sentido...* Vient ensuite *el toro temeroso*, c'est-à-dire celui qui se dérangera toujours de son but avant d'y arriver. Puis *el toro brabucon*, c'est-à-dire poltron, parlant sauf respect; et le *revoltoso*, etc.; car si l'on voulait tout dire, on n'en finirait pas. Il y a également plusieurs sortes de combattre même le même taureau... *suerte de recorte*... *suerte alanuvarra*...*suerte de espaldas*... *suerte de la torero*.

« *Una de las suertes de mayor destreza en el*

---

[1] On appelle aussi *engano*, *el capotillo* et *la muleta*. *El engano* est en général tout ce qui attire et trompe l'animal.

arte de torrear, es sin duda la deponer banderillas¹ ».
On connaît la *banderilla*. C'est une petite flèche ayant au bout un crochet de fer très aigu, ce qui, dans l'origine, lui avait fait donner le nom de *harpon*. L'adresse du *torero*, ou bien du *se-quiente*, est de placer le plus de ces flèches, *banderillas*, sur le taureau. J'en ai vu jusqu'à vingt-cinq et même trente après le pauvre animal. Plus il fait de mouvemens, et plus la banderilla lui entre dans la chair... Il court, furieux, couvert de sang ; et souvent il y a de l'artifice dans la banderilla... Oh ! alors ce sont les grandes joies. Ils ont aussi la *lanzada à pié*. Cette façon est très curieuse. Le matador se met un genou en terre, en face du taureau, et il tient une longue lance faite d'un bois blanc qui rompt à la moindre résistance. Il attend de cette sorte que l'animal se précipite sur la lance, qu'il a soin de diriger de façon que le taureau se la plante entre les deux yeux... Cette manière est sans doute dangereuse ; mais je crois qu'il n'en est aucune de plus périlleuse que de poser les banderillas, en raison des terribles *derrotes* que

¹ Une des façons les plus adroites dans l'art de la *tauroma-quie**, est sans aucun doute celle de poser les banderillas.

* En espagnol *tauromaquia*.

donne *le toro*[1], qui souvent attrapent les *chullos* comme les toreros.

Je pourrais remplir bien des pages si je voulais décrire les différentes façons de combattre, de *tourmenter*, de tuer le taureau. Mais je me borne à raconter ce qui est peu connu en France. On parle beaucoup du combat de taureaux, et l'on ne dit pas comment on combat, si ce n'est qu'on représente un bel Andaloux arrivant dans l'arène et tuant le taureau après quelques évolutions. J'ai donc dit ce qui l'est trop peu. Je pourrais encore parler de la façon navarraise de *mancornar el toro*, et puis dépeindre *la suerte avuela-piés*, *la estocada* fameuse, avuela-piés, dont l'auteur fut le célèbre *Jooquin Rodriguez* (*vulgo*) Castillares : c'est la plus *majestueuse*, comme ils le disent, et à vrai dire, c'est une belle chose que de voir un homme affronter seul un animal furieux comme l'est le taureau dans ce moment, le frapper de son épée avec autant de calme que s'il eût été à l'abri de tout péril...

Les *piccadores* courent beaucoup moins de dangers; ils sont à cheval, ensuite ils portent des *cuissarts*, si je puis appeler ainsi ce qui couvre la partie inférieure de leur corps jusqu'à

[1] On appelle ainsi les coups de cornes que donne le taureau pour se débarrasser des banderillas.

leurs pieds, et qui est parfaitement rembourré de coton : c'est en général le cheval qui est le plus en péril. Aussi, dans *las fiestas reales*, comme on en donnait au temps de Charles II, périssait-il quelquefois vingt chevaux dans une seule journée. Ces fêtes, qui se donnaient alors sur la plaça Mayor à Madrid, étaient vraiment des *fêtes royales*. Tout le corps diplomatique y venait en cérémonie faire le tour de la place dans des équipages magnifiques. Puis l'alguazil mayor venait prendre *possession* du terrain. Tous ceux qui devaient combattre, *piccadores*, *toreros*, *matadores*, *chullos*, *siguentes*, faisaient après lui le tour de la place qui devenait arène. Et puis venait le roi : il se plaçait à son balcon royal, et dès qu'il était venu, des hommes à sa livrée faisaient le tour des balcons et distribuaient aux femmes richement parées qui y étaient assises, de la part de Sa Majesté, des corbeilles où étaient des gants parfumés, des éventails, des essences, des pastilles d'ambre, et une foule de choses, parmi lesquelles je vois avec étonnement, je crois que c'est dans madame de Villars, distribuer des bas de soie... Ensuite, pendant la fête, on donnait des eaux glacées, des confitures, des œufs sous toutes les formes, surtout en *cheveux d'ange*. Le marquis de Louville, avec son esprit satirique, n'oublie pas, toutes les fois qu'il écrit à M. de Beauvilliers, de lui dire : « *Ne vous inquiétez donc pas des dames du palais... on leur donnera double ration d'œufs filés, et tout sera dit.* »

Pourquoi donc y a-t-il un charme si puissant à rentrer dans le passé de cette Espagne, si belle de ses souvenirs étrangers à nos coutumes ? Serait-ce cela ?... Je le crois. Labruyère a dit avec raison : « *Deux choses séduisent également l'homme, l'habitude et la nouveauté...* »

Retournons dans notre présent... Hélas ! ce présent est aussi bien loin de nous !... et pourtant nous y avons assisté comme acteurs... Ces jours ont été les nôtres, sa vie est encore notre vie, et pourtant...

Le jour du combat de taureaux, donc, à Ledesma, ce matador, ce torero, rival de *Pepe-Hillo*, était magnifiquement vêtu du costume andaloux, que portent, au reste, tous ceux qui combattent le taureau, soit qu'ils soient *piccadores*, *torreros*, *matadors*, *chullos* même... ils ont tous le costume qu'on voit ici dans le *Barbier de Séville* à Figaro, avec cette différence que les ornemens des manches et de la veste sont en or fin, et quelquefois en pierreries : Pepe-Hillo, par exemple, les avait sûrement en aussi précieuse matière. La *secunda spada*, comme il se faisait appeler, était coiffé du rézédilla, et portait un long manteau qu'il mettait et ôtait avec une bonne grâce qui m'a donné l'idée de ce que c'était que le manteau espagnol. Ceux qui combattirent à cheval avaient aussi la veste andalouse, mais leurs jambes et leurs cuisses étaient couvertes d'une peau de daim rembourrée, ce qui est défectueux à l'œil, et leur donne de la disgrâce. Les plus lestes de la troupe, ce sont ceux qui mettent au taureau les bande- rillas avec des papiers de couleur, et de l'artifice pour exciter sa colère... Ils sont d'une légèreté et d'une souplesse admirables... ils s'élancent sur le taureau avec la rapidité de l'éclair, et lui appli- quent deux flèches crochues avec de longs fers qui entrent dans la chair de ce malheureux ani- mal et le rendent furieux... C'est peut-être une des choses les plus pénibles de la fête, que cette cruauté froide qui veut stimuler le courage de la victime pour la rendre plus digne du sacrifice.

Secunda spada tua trois taureaux de suite sans avoir besoin de leur donner un second coup... La manière dont il s'acquittait de son office est tout-à-fait curieuse.

Lorsque le taureau fut au plus haut degré de fureur, alors le matador fit un signe, et s'a- vança majestueusement dans la lice, tenant d'une main sa muleta¹ et de l'autre son épée. Le taureau demeura alors silencieux et observateur, comme cet animal l'est toujours lorsqu'un nouvel adversaire vient à lui. Le matador s'avança de quelques pas en agitant son drapeau rouge, et le taureau mugit sourdement, mais sans remuer... alors le matador fit un mouvement du bras... aussitôt le taureau partit en poussant un mugissement terrible, et en courant autour de l'arène il faisait voler la terre et les pierres sous ses pieds... deux fois il fondit sur le torero, qui deux fois l'évita avec une rare adresse en se jetant de côté... à la troisième course fournie par le taureau, le matador l'attendit, puis, se détournant à demi, il lui plongea son épée dans l'épine dorsale, au défaut de l'épaule ²... Le taureau fit encore un pas... il chancelait... Les chullos accoururent, mais le matador avec un air tout royal étendit la main, en leur disant :

— *Dexa lo!... dexa lo!...*

---

¹ La différence de la *capa* à la *muleta*, c'est que la première est un manteau, une *capa* enfin, et l'autre est un petit drapeau rouge qui tient à un bâton autour duquel il est roulé. Les habiles mettent beaucoup de grâce à faire *jouer la muleta*.

² C'est l'estocada *à vuela-piès* dont j'ai parlé plus haut.

En effet le taureau fut tomber à quelques pas de là. Le coup avait été mortel.

Cette fête plut extrêmement aux soldats et aux officiers de l'armée. C'est un spectacle pour des hommes, et des hommes d'*épée*... En parlant d'*épée*, celle qu'avait le matador était grande comme la Joyeuse de Charlemagne au moins.

A quelque temps de là Junot reçut ordre de quitter Ledesma pour aller à *San-Felices-el-Grande*, et je l'y suivis. Ma position était bien pénible alors; j'étais fort souffrante, et je n'avais aucun moyen de revenir en France ni d'aller à Madrid. Pour l'un et l'autre voyages il fallait une escorte trop forte pour que Junot pût la distraire de son corps d'armée : *Le devoir avant tout!* disait-il. Et puis nous avions la pensée d'arriver à Lisbonne avant bien peu de semaines; que dis-je? c'était même par jours que notre vanité comptait.

Nous étions alors dans l'automne; les soldats, toujours indociles quand on leur parle de régime, avaient été sourds à tous les ordres donnés pour ne pas manger de raisins ni de melons... Cette manière de vivre est des plus nuisibles non seulement partout, mais notamment en Espagne. Il en résulta donc que les soldats du 8e corps particulièrement furent presque tous attaqués d'une dysenterie de l'espèce la plus dangereuse, et que les hôpitaux de Salamanque, de Zamora, et de toutes les villes environnantes, ne suffirent bientôt plus à contenir les malades, et qu'on fut obligé de les mettre dans des maisons particulières. Junot devint triste... morose même, et notre séjour à *San-Felices-el-Grande* ne fit qu'ajouter à cette disposition malade de l'âme.

Tout ce que l'imagination peut se figurer de plus mélancolique entourait cette habitation de *San-Felices;* Ledesma était un lieu enchanté auprès de ce village qui avait passé au travers de l'insurrection et de la guerre, et qui était demeuré comme frappé de la foudre... Sa position, au milieu de montagnes calcaires, nues et privées de toute végétation, n'était pas sombre et triste comme celle que j'ai souvent rencontrée au milieu des Alpes et des Pyrénées; des torrens, des sapins, de noirs rochers, tout cela forme un ensemble trop souvent en harmonie avec la situation de l'âme, pour être repoussé par elle; mais des montagnes arides... des masures à demi détruites... une maison dont les portes, les fenêtres, dépouillées de leurs ferremens, n'étaient retenues que par de mauvaises attaches en bois; des murs noircis par la fumée des feux de bivouac, car les soldats trouvaient tous les lieux bons pour s'y établir; un village éloigné de plusieurs lieues de tout endroit susceptible de donner un secours : voilà la retraite dans laquelle je passai un mois, gisante sur un lit de douleurs, et voyant venir la mort pour moi et pour mon enfant.

Junot devint alors presque frénétique d'inquiétude ou plutôt d'alarmes ; il voyait plus loin que moi dans l'avenir, et tandis que je me berçais encore au milieu de mes souffrances de l'espoir de faire mes couches à Lisbonne ou tout au moins à Coïmbre, il voyait devant nous s'élever un mur d'airain que le canon lui-même ne pourrait abattre... Le maréchal Ney qu'il vit à cette époque et qui causa avec lui sur la position de l'armée, plongeait encore d'un regard plus sinistre dans cet avenir. Hélas ! tous deux avaient raison.

Mon état devint alarmant. Je ne pouvais plus me lever... j'avais heureusement mon lit de voyage et quelques meubles portatifs qui me suivaient toujours dans l'un de mes fourgons, et qui rendaient à l'instant même une chambre habitable. Mais celle que j'occupais dans cette maison de San-Felices était sombre et humide, et ne recevait le soleil que par une petite fenêtre haute, à peine large de deux pieds... et de la terre battue formait seule le plancher... Quelquefois en me réveillant d'un sommeil qui jamais ne me rafraîchissait, je surprenais Junot, qui était entré doucement dans ma chambre, me regardant avec un œil désespéré qui rendait tout ce qu'il souffrait... Il gémissait, il pleurait comme un enfant, prenait mes mains toutes glacées qu'elles étaient dans l'intervalle de la fièvre et les baisait en les mouillant de larmes.

— Et pas de moyen de te faire sortir de ce désert, s'écriait-il avec rage!... aucun moyen!... aucun!... j'aimerais mieux donner ma démission et te conduire moi-même que de te confier à une misérable escorte, qui peut être défaite par la première troupe de guérillas postée dans les bois de Matilla pour t'attendre... mais je ne le puis... je ne le puis sans me déshonorer!... car le canon va gronder tout à l'heure, et je ne puis tourner le dos à l'ennemi.

— Je tâchais de le calmer... je cherchais des paroles qui fussent à son cœur. Mais ce cœur était si parfait... il m'était si dévoué!... et comment mettre un bandeau alors sur la vue de celui qui aime, et qui aperçoit devant lui le précipice où peut tomber l'objet de son affection? Et puis il était père... Avec moi, qu'il aimait, il avait encore à craindre un malheur, se doublant par lui-même... Et jamais il ne fut un homme [1] qui,

[1] En relisant l'ode de Victor Hugo sur la mort du roi de

plus que lui, ressentit les nobles affections de l'âme... Oh! c'était une terrible et bien dramatique position que la nôtre dans cet instant.

On faisait alors le siége d'Almeida. Almeida était la première forteresse portugaise, comme Ciudad-Rodrigo était la dernière de l'Espagne. Masséna, sans s'apercevoir que Wellington l'attirait dans un pays que les habitans ruinaient en se retirant, comme plus tard ils ont fait en Russie, le poursuivait toujours, mais lentement, et en s'épuisant à chacune des stations qu'il faisait devant ces malheureuses forteresses... Le siége d'Almeida durait depuis long-temps, lorsqu'un évènement, qu'on ne peut qualifier d'heureux, termina d'un seul coup le sort de la ville et d'une partie de ses habitans.

Un soir, peu de temps après le soleil couché, la maison reçut une violente secousse.

— Est-ce un tremblement de terre, m'écriai-je tout effrayée... et faut-il donc redouter tous les dangers dans ce malheureux pays?

Rome, je me sens toujours prête à pleurer à cette admirable strophe :

> Encor s'il n'avait rien aimé sur la terre,
> Ce vainqueur! Mais il aimait son fils!
> Car les cœurs de lions sont les vrais cœurs de père, etc.

Une seconde détonation se fit entendre. Cette fois je crus que la maison s'écroulait.

— C'est à la forteresse ! s'écrièrent tous les hommes !... et Junot, le premier, se mit à courir vers une vieille tour ruinée, qui était sur le haut d'une colline, tout au bout du village.

— C'est un admirable spectacle, s'écria-t-il en revenant presque aussitôt !... Il faut que tu viennes voir cela, Laure, on va te porter... Almeida est en feu !

On me porta, en effet, dans la tour, et de là je vis une épouvantable merveille.

C'était un horizon tout de feu bordant un ciel ardoisé, et sur cette sombre tenture jetant parfois des gerbes brillantes, qui la sillonnaient en tous sens... Cette lueur étincelante, cette nuit sombre, le vent sifflant au travers des montagnes, et apportant par intervalle comme un cri de désespoir... Il y avait dans une telle vue de quoi frapper le cœur le plus intrépide.

Almeida avait sauté presque entièrement. Et c'était l'effet du hasard... un canonnier allait quitter son poste; il avait encore une grenade à lancer; il l'envoie vers la ville sans viser, sans même être sûr du côté qu'elle va suivre. La grenade tombe devant la porte ouverte de l'arsenal, au moment où cent ouvriers étaient occupés à faire des cartouches et à diviser ainsi l'immense quantité de poudre qui était à Almeida... Mais ce qui fut affreux, c'est que tout ce qui avait pu se réfugier d'habitans dans les fossés du château avait été y chercher un asile dans les casemates. *Quarante familles* y étaient au moment de l'explosion, et furent entièrement victimes de ce hasard terrible, qui n'est, au reste, qu'un exemple de plus de tous ceux qu'on voit à la guerre. L'effet de cette bombe ou de cette grenade fut tel, que la ville s'ouvrit de toutes parts, et que dix brèches permirent à l'armée française d'y pénétrer. Des canons furent lancés dans la plaine à une distance inconcevable... des membres palpitans furent trouvés à plus de cinquante toises dans la campagne... Lorsque Junot revint le lendemain à San-Felices, après avoir visité toute la ville et vu les désastres produits par l'évènement inattendu de la veille, il pâlissait au souvenir de tous les débris humains qui embarrassaient ses pas en marchant au travers des décombres noirs et sanglans de ce château, de cette ville, tombeau de tant d'innocentes victimes... Le canonnier prétendit qu'il avait eu l'intention de diriger son projectile sur l'arsenal où il savait qu'étaient les munitions. Mais le fait est qu'il n'y voyait plus clair et que ce fut l'effet du hasard. Il n'en eut pas moins la croix et une grande récompense.

C'était un commandant anglais qui était dans Almeida, le général Coxe, je crois. Le gouvernement britannique voulait bien donner son argent et même ses troupes pour assurer la ruine de la France, mais il voulait que tout cela fût employé avec discernement; et pour cela, il était urgent que la bonne volonté des Espagnols ne consistât pas seulement à se faire tuer pour Dieu et Ferdinand... mais les Espagnols n'obéissaient pas, et les Portugais pas davantage. Voici deux extraits de lettres dont je puis garantir l'authenticité; elles sont du général Moore, et écrites à lord Castelreagh, alors ministre de la guerre en Angleterre. Ces lettres donnent la mesure de ce que le gouvernement britannique accordait d'intérêt à l'Espagne, et combien cet intérêt encore était subordonné à celui bien positif de l'Angleterre elle-même... Ce fut ainsi pendant toute la guerre de la Péninsule. Ces lettres sont curieuses.

L'Angleterre avait *un ambassadeur*[1] près de la

---

[1] L'ambassadeur anglais près de la junte, fut, après lord Bentinck, M. Freire, et puis le marquis de Wellesley (mais pas le ministre).

junte centrale; cet ambassadeur était le lord Bentinck. Il écrivait à sa cour :

« — Je suis tous les jours plus convaincu qu'une confiance aveugle dans leurs forces, et une mollesse innée, sont les écueils contre lesquels le vaisseau risque de se briser. »

Et plus tard le général Moore écrivait à M. Freire, successeur de lord Bentinck lui-même :

« — J'ai reçu avant-hier une lettre de lord Castelreagh par laquelle il m'annonce qu'il m'envoie deux milliers de dollars à la Corogne. Mais il ajoute que la difficulté de se procurer de l'argent maintenant en Angleterre est si grande, que je ne dois m'attendre à aucun envoi d'ici à quelques mois... il me démontre aussi la nécessité de me procurer de l'argent en Espagne. Mais l'imbécillité du gouvernement espagnol surpasse toute idée; à quoi sert l'admirable dévouement des habitans, s'il n'existe personne pour en faire usage? Jusqu'à présent, je ne suis en communication avec aucune armée espagnole régulière. Castanos vient d'être déposé, et la Romana est allé Dieu sait où. »

Dans une autre lettre, datée de Salamanque, le général Moore, dont le courage et le talent ne s'effarouchaient pas beaucoup des difficultée qu'il trouvait en sa route, écrivait à lord Castlereagh à Londres :

« —Si j'avais mieux connu la faiblesse de l'armée espagnole, l'apathie du peuple et l'égoïsme de son gouvernement, je ne me serais pas à coup sûr empressé de venir en Espagne. En un mot, je ne vois ici ni armée, ni généraux, ni gouvernement... il faut s'attendre à des malheurs. Je n'ai pas un schelling pour subvenir à l'entretien de l'armée... etc.

» Tout ce que je puis répondre à la question que vous me faites relativement à la défense du Portugal, c'est que ses frontières ne sauraient être défendues contre des forces supérieures ; les Français étant *victorieux en Espagne, on tenterait en vain de leur résister en Portugal.* On ne peut pas compter sur la résistance des Portugais; dans ce cas, il faut que les Anglais prennent promptement des mesures pour évacuer le Portugal... »

J'ai cité ces fragmens de lettres, pour deux raisons... mais l'une des plus importantes, c'est qu'elles sont une preuve elles-mêmes de l'aveuglement où l'empereur était relativement à l'Espagne, et combien il persistait à n'écouter aucun des avis qui lui étaient donnés par de fidèles serviteurs, connaissant bien la position de l'armée et la situation du pays. Ce n'était que par l'Angleterre qu'il voulait connaître l'Espagne ; du moins sa conduite le fait bien croire, puisque ces lettres que je viens de citer furent elles-mêmes sa règle et sa boussole, malgré les rapports que plusieurs de ses généraux lui envoyèrent ; rapports faits par eux-mêmes, comme je puis le certifier au moins pour mon mari qui, l'envoyant par *triplicata*, m'en fit un jour copier un pour que la chose allât plus vite. Ces lettres du général Moore ne tombèrent que plus tard à la connaissance de l'empereur ; ce fut au moment où il envoyait Masséna en Espagne ; mais depuis que ces lettres avaient été écrites, il y avait eu bien du changement en Espagne. Cet enthousiasme que Moore n'y avait pas aperçu, mais qui existait dans toute sa force, s'était développé. Les guérillas s'étaient organisés, et nous faisaient une guerre bien plus terrible qu'une armée régulière ; et la preuve c'est que nos armes furent toujours triomphantes lorsque des troupes réglées leur furent opposées, tandis que nous disparaissions, sans combats et sans gloire, devant le poignard du paysan, les sources empoisonnées et la lance des guérillas. J'en reviens à ce que j'ai dit bien souvent : c'est que l'empereur n'a jamais compris la guerre d'Espagne; le général Moore n'a pas compris davantage la nation espagnole... lord Wellington a eu la vue plus juste que tous deux dans les affaires de la Péninsule.

Lorsque l'empereur vint faire la guerre *lui-même* en Espagne, lorsqu'il commandait en personne ses troupes, sa garde, ces phalanges invincibles marchant de concert et écrasant sous leurs pieds d'airain tout ce qui ne fuyait pas à leur passage, lorsque l'empereur vit son canon détruire à son commandement cette armée anglaise dont le maréchal Soult acheva de jeter les restes dans la mer, il prit une opinion encore plus fausse de la guerre qu'on pouvait faire en Espagne. Il revint en France croyant que quelques hommes, même d'une habileté ordinaire, termineraient une guerre aussi peu redoutable. Et lorsque ces lettres du général Moore tombèrent en son pouvoir, il ne songea même pas qu'il y avait deux ans qu'elles étaient écrites, et il en citait des phrases entières dans les lettres qu'il écrivait à Masséna et à Junot ainsi qu'au maréchal Ney... Hélas! dans ce même moment où le *Moniteur* disait en France qu'il n'y avait en Espagne aucune force, aucune énergie[1], nous

---

[1] Voyez le *Moniteur* de janvier 1811.

parcourions péniblement une contrée ravagée par ses propres habitans, et où les premiers besoins de la vie nous étaient refusés.

J'ai déjà parlé de la position terrible dans laquelle je me trouvais. Elle devenait chaque jour plus anxieuse pour Junot, qui voyait avec terreur s'approcher le moment où il faudrait qu'il se séparât de moi. Nous avions toujours pensé que je pourrais facilement retourner à Valladolid pour y faire mes couches, et même à Madrid où j'aurais été sous la protection du roi Joseph dont la bonté parfaite m'eût certainement accueillie. Mais, je l'ai ditt out à l'heure, tout retour était impossible dans ma position, à moins d'une escorte au moins de cinq à six cents hommes... Junot presque en délire de cette inquiétude affreuse pour sa femme et l'enfant qu'elle allait mettre au jour, monta à cheval et fut trouver Masséna; ils étaient bien ensemble à cette époque, et Junot lui dit combien il était malheureux de songer qu'il allait être obligé de me laisser, au moment d'accoucher, au milieu de mille dangers, dans un village abandonné, sans moyens de défense et entouré de tout ce qui peut donner d'horribles craintes. Masséna avait alors un motif puissant de conciliation entre lui et moi surtout; deux amis communs avaient parlé d'un projet de mariage entre deux de nos enfans. Dans mes causeries du matin avec lui, mon enfant à moi avait été si souvent l'objet de mes discours, qu'il en vint lui-même à me parler *d'elle*, de son éducation, de sa beauté, et enfin il me dit qu'il pensait qu'une jeune fille telle qu'il voyait que ma fille serait à seize ans, serait pour lui *une bru* comme il la désirait. Alors je lui montrai des lettres de ma fille. Ces lettres étaient des réponses à ce que je lui demandais sur ses études, sur son intérieur, qui alors avait été transporté pendant mon absence chez la sœur de mon mari. Mes enfans étaient là avec leur gouvernante; ma fille, quoique enfant, était parfaite dans ses petits raisonnemens : tout cela avait amené une sorte d'intimité entre le vétéran d'Italie et moi, et cela à l'insu de *tous*, excepté de Junot. Ainsi donc Masséna, lorsqu'on lui parla du péril que je pouvais courir, ne voulut pas que cela fût même admissible.

— Que la duchesse vienne avec nous! dit-il à Junot.

— C'est impossible! répondit mon mari... Songe donc qu'elle va accoucher dans six semaines, et que dans ce moment elle est presque mourante.

— Eh bien! il faut la conduire à Salamanque;

c'est le lieu le plus près et le plus hospitalier pour elle.

— Non! non! dit Junot dont le front s'assombrit aussitôt... Je ne veux pas laisser ma femme à Salamanque... c'est une ville qui n'est pas à l'abri d'un coup de main... Don Julian y serait dans trois jours si ma femme y allait aujourd'hui.

— Diable! dit Masséna, tu as raison, mon pauvre Junot!... Mais comment faire?...

Et ces deux hommes, dont cependant les intérêts étaient en ce moment bien importans, étaient oublieux de ces mêmes intérêts pour s'occuper du sort d'une pauvre femme au moment de devenir mère...

— C'est affreux, dit enfin Junot; mais il n'existe qu'un asile où je puisse laisser ma femme sans mourir de mon inquiétude, c'est Ciudad-Rodrigo...

Masséna s'arrêta tout-à-coup, et regarda fixement Junot...

— Ciudad-Rodrigo! s'écria-t-il.

— Oui! Ciudad-Rodrigo... Du moins derrière ses remparts elle sera à l'abri de toute insulte de ce don Julian... et je la retrouverai avec mon enfant.

— Mais songe donc, lui dit le prince d'Essling, qu'il n'existe PAS UNE MAISON dont le plafond soit intact... partout les bombes ont fait un trou, partout elles ont démoli; et Ciudad-Rodrigo est d'ailleurs dépeuplé d'habitans.

— J'aime encore mieux la solitude, dit Junot, que la crainte de la société des guérillas... La duchesse ira à Ciudad-Rodrigo; seulement je vous demande de m'accorder une faveur pour elle : c'est de me permettre de lui laisser cent cinquante hommes du bataillon suisse de Neufchâtel... ils feront sa garde, et lorsque sa santé le lui permettra et qu'elle voudra nous joindre, ils formeront son escorte.

Masséna y consentit aussitôt, et c'était une faveur en effet, car l'armée était peu nombreuse, quoique l'on répétât bien haut qu'elle était composée de trois corps d'armée... Junot revint aussitôt à San-Felices plus calme, mais ne sachant comment m'annoncer qu'il me fallait aller à Ciudad-Rodrigo, dont lui-même m'avait fait une si affreuse description...

J'étais tellement abattue par la souffrance, que je fis à peine attention à ce qu'il me disait; ce qui me frappa seulement, ce fut d'apprendre que l'armée se mettait en marche dans deux jours, et que le surlendemain nous serions séparés.

Ce fut alors que je connus une personne qui fut long-temps en Espagne ma compagne de malheur, et qui ne m'a pas quittée pendant un an; c'est madame la baronne Thomières... Son mari avait fait les deux campagnes de Portugal; sa femme l'avait accompagné lors de la première, et elle ne voulut pas le quitter à la seconde. Le général Thomières était général de brigade; Junot l'estimait beaucoup, et lui avait confié un poste important lors de la première expédition. Le général Thomières avait été aide-de-camp du maréchal Lannes; or l'on sait que celui-là n'avait pour officiers d'état-major que des hommes sur lesquels il pouvait compter... Le général Thomières se trouvait donc encore sous les ordres de Junot cette fois, et il avait emmené sa femme avec lui. Ceux qui ont fait la guerre en Espagne savent que pour peu qu'on soit éloigné de deux ou trois lieues, et dans les terres, il est aussi difficile de se joindre qu'il l'est ici de le faire quand l'un est à Caen et l'autre à Paris. Je ne connaissais donc pas madame Thomières; mais lorsque Junot m'annonça qu'il y avait à trois lieues de moi une femme jeune, bonne, douce, aimable et Française, et que cette femme était celle de l'un de ses généraux, je le suppliai avec larmes de l'engager à demeurer avec moi pendant que j'allais passer les cruels momens qui s'approchaient... Junot s'en occupa sur l'heure même... la chose fut d'autant plus facile à conclure que le général Thomières pouvait difficilement emmener sa femme ; il voyait, en homme du métier, toutes les difficultés qui s'élevaient devant l'armée française. On entendait dire de tous côtés que lord Wellington ordonnait partout en Portugal de ravager, et d'emporter tous les moyens de logement et de subsistances, et de tout détruire en se retirant sur Lisbonne. Ces mesures, qui multipliaient ses forces à l'infini, étaient terribles pour nous... Le succès, au reste, a justifié sa conduite. Ce sont ces mesures-là qui ont vaincu Masséna... voilà le canon qui l'a tué...

Ce fut dans les premiers jours de septembre que l'armée française commença à défiler pour entrer en Portugal. Le 8° corps fit enfin sa manœuvre de route, et le moment de ma séparation avec mon mari arriva... il fut cruel!... Lui, tremblait pour son enfant et pour moi ; moi, je craignais pour mon enfant et pour lui... Je craignais pour moi-même, quoique mes souffrances m'eussent alors donné un grand dégoût pour la vie... mais j'étais nécessaire à l'être que je portais, et ma mort pouvait rendre orphelins les trois enfans qui priaient Dieu pour leur père et pour moi à cinq cents lieues du désert où je pleurais et priais pour eux...

Enfin nous nous séparâmes, lui pour entrer en Portugal, moi pour aller à Ciudad-Rodrigo... Le général Cacault, qui y commandait alors, avait été prévenu, et m'avait fait préparer un logement qui, disait-on, pouvait être convenable... c'est-à-dire que j'y étais à l'abri de la pluie, qui à cette époque de l'année tombe par torrens dans ces montagnes incultes et désertes.

Je puis parler de Ciudad-Rodrigo... mais rien ne peut donner une idée de ce qu'était ce monceau de décombres, au milieu desquels on voyait comme des jalons quelques maisons encore debout, soutenus par d'énormes blindages, qui donnaient une obscurité sinistre aux rues étroites, aux maisons déjà sombres de ce lieu horrible et désolé. Lorsque j'y entrai, un serrement de cœur me saisit et me contraignit à fermer les yeux... Le général Cacault m'attendait à la porte de la maison qu'on m'avait préparée ; c'était la meilleure de la ville. Elle avait été épargnée en raison de sa position écartée ; elle appartenait à un chanoine ; mais tout avait fui, tout était absent... On ne voyait errer sous les blindages que des soldats malades ou blessés, que Masséna avait laissés en arrière, et qui ressemblaient plutôt à des ombres qu'à des êtres destinés à défendre une ville... C'étaient eux cependant qui devaient se battre en cas d'attaque...

Ciudad-Rodrigo est de toute la Péninsule le lieu le plus sauvage et le plus aride : pas un arbre n'est autour de ses vieilles murailles... un anathème de la nature est tombé sur cette malheureuse cité... On dirait, à voir les montagnes sans verdure, sans végétation aucune, que la malédiction de Dieu est venue tout dessécher. C'était, au reste, à Ciudad-Rodrigo que la cour d'Espagne exilait autrefois les militaires dont elle était mécontente[1]...

Mais cette vue désolée n'était pas le seul malheur de notre séjour : nous n'avions *rien*... et des poignées d'or ne pouvaient nous procurer la plus légère, la plus commune nourriture. Les paysans avaient fui... tout le pays était désert...

Je m'étais arrangé une chambre dans l'étage supérieur de la maison, car les blindages rendaient le bas trop obscur... et là je travaillais à la layette de mon enfant, en mouillant bien souvent de mes larmes le fil qui cousait ses petits béguins. Je n'avais pas reçu de lettres de France depuis un mois que l'armée française était par-

---

[1] Ainsi qu'à Badajoz.

tie, et depuis cette même époque nulle nouvelle ne m'était parvenue de Junot, et même de l'armée!... C'est sans doute la première fois qu'on a vu une armée de soixante mille hommes passer une petite rivière, entrer dans un pays, et le lendemain de ce passage un silence profond régner après cette multitude d'hommes... Il ne s'entend au loin que le cornet des guérillas qui appelle et qui rallie ses bruns soldats sous la bannière de leurs chefs... mais rien du côté des Français; il semble que la mort les ait tous frappés... Le général Cacault était chez moi ce même jour dont je parle, et il me paraissait plus inquiet qu'habituellement, quoiqu'il me fît la grâce de parler plus souvent qu'il ne l'aurait fallu, devant une pauvre femme dans ma position, des dangers que je pouvais courir dans Ciudad-Rodrigo; car, ajoutait-il, don Julian sait que vous êtes ici, et il veut vous prendre : cela m'expose aussi, moi, ainsi que ma garnison...

Je ne pus m'empêcher de le regarder avec une expression qui lui fit baisser les yeux.

— Soyez tranquille, général, lui dis-je; si vous étiez attaqué, ce que je ne crois pas d'abord, je pense que les deux cents hommes que j'ai pour ma garde seraient plus utiles pour nous défendre même que les éclopés, que je vois errer dans ce moment comme des ombres sous ces blindages... ainsi, je pense que vous êtes plus tranquille même depuis que je suis venue à Ciudad-Rodrigo ; je ne crois pas, en vérité, que vous ayez à vous plaindre de mon séjour.

— Mais, reprit-il, car il n'était pas autrement *courtois*, savez-vous bien, madame la duchesse, que je suis fort malheureux pour les vivres depuis que vous et votre suite êtes venus augmenter ma garnison !

Je ne répondis rien. Qu'aurais-je pu dire?... j'ai toujours eu un premier mouvement assez vif, et je me serais laissée aller à lui dire quelque mot peut-être un peu dur... Mais, à partir de ce moment, je fus assaillie de mille renseignemens que je ne demandais pas et qui devaient m'alarmer... On parla de la peste ou de la fièvre maligne qui allait s'établir dans la ville, à cause de la multitude de cadavres qui avaient été enterrés presque à fleur de terre pendant le siége. On racontait que les chiens déterraient tous les jours des membres encore frais, et qu'ils les emportaient dans la campagne, qui était jonchée d'ossemens humains, spectacle épouvantable que je vis, en effet, la première fois que je fus me promener sur un chemin assez battu, et qui dure pendant deux cents toises le long d'un mur, à l'abri duquel les guérillas ne se pouvaient pas mettre, parce qu'il était en bon état... Le cœur était déchiré par une pareille vue.

Je reçus alors une lettre de Salamanque, dans laquelle on me donnait des nouvelles de ma petite orpheline, et où l'on me racontait une aventure qui me fit frémir.

La femme d'un officier français était grosse, et logeait avec son mari dans un gros bourg, près de Zamora. Au moment d'accoucher, le chirurgien-major du régiment se trouva absent, et cette jeune femme fut obligée de se servir d'une sage-femme espagnole... L'accouchement eut lieu ; mais quelque apparence heureuse qu'il eût, l'accouchée n'en mourut pas moins immédiatement après l'enfantement, et l'enfant la suivit au bout de quelques minutes. Le chirurgien-major inspecta les deux cadavres... Le pauvre innocent nouveau-né avait été étouffé, et une hémorrhagie avait été provoquée chez la mère... Cet exemple n'est pas le seul qui ait eu lieu.

Cette même lettre m'annonçait une nouvelle qui me ravit. C'était l'arrivée à Salamanque de la nourrice française que j'avais demandée, et de ma femme de charge, madame Heldt, ainsi que d'une femme de chambre, ayant perdu la mienne.

C'est une femme dont il faut que je parle, que

cette nourrice; car ce n'est pas une chose commune que d'avoir à dire d'une nourrice qu'elle était parfaite, et Rose l'était.

Lorsque j'accouchai de mon fils Napoléon, Junot, toujours très attaché à la Bourgogne, croyait que rien n'était bon s'il n'était bourguignon, et il voulut que la nourrice de son fils fût Bourguignone. Mes belles-sœurs m'en choisirent une, et l'on mit à la trouver le même soin que s'il se fût agi de donner une épouse au roi des rois. En raison de tous ces soins, de toutes ces recherches, il m'arriva une grosse, grande et assez belle personne, mais qui ne donna à mon fils qu'un lait bien clair, bien mauvais, et l'enfant se mit à dépérir. Baudelocque, qui était un homme de coup d'œil, se mit à entourer la nourrice de son regard investigateur. Le résultat de l'enquête fut de m'apprendre qu'elle était grosse de trois mois.

Il y avait neuf jours que j'étais accouchée : je ne voulus pas me fâcher. Seulement je demandai à mes amies de venir à mon aide. Toutes se mirent en chemin le lendemain matin, et avant midi j'avais vingt nourrices dans mon salon. C'était comme au bureau des nourrices, et cela sentait l'aigre à faire tomber de l'autre côté. Parmi ces femmes, il y en avait une grande, bien faite, ayant de belles dents, l'œil vif et riant toujours... Ses joues étaient rondes et vermeilles comme une pomme d'Api... Elle avait une petite ou plutôt une grosse fille qui était énorme. Cette femme ne savait pas où elle était... On lui proposait un nourrisson, et elle voulait, disait-elle, voir le nourrisson et savoir ce qu'on lui donnerait, car enfin, disait-elle, l'enfant peut mourir... Cette franchise me plut. Baudelocque la trouva aussi bonne que celles qui étaient là. Je la choisis aussitôt; et depuis ce moment jusqu'à celui où j'ai sevré mon fils, je n'ai jamais eu un reproche à lui adresser.

Lorsque Napoléon, mon fils aîné, fut sevré, Rose se retira chez elle. Sa nourriture avec les cadeaux nombreux que je lui avais fait lui formèrent une petite fortune... Un jour elle fut à l'hôtel pour savoir de mes nouvelles, car elle m'aimait, et me savoir en Espagne, au milieu de *ces démons*, comme elle les appelait, lui faisait l'effet d'un mauvais rêve... Elle monta chez l'intendant, et sut que j'étais enceinte et malade, et cela au fond de l'Espagne!... Elle demanda de combien j'étais grosse, on le lui dit... elle s'en fut sans rien dire. Le lendemain, elle vint apporter une lettre pour qu'on me la fît aussitôt parvenir.

Cette lettre était bien touchante ; elle contenaît la demande ou plutôt la prière que me faisait Rose de venir nourrir mon fils ou ma fille. Car elle savait bien, disait-elle, que, n'ayant pas nourri mon premier enfant, je n'en voudrais pas nourrir un autre... Elle se trouvait grosse comme moi et devait accoucher en octobre. Moi je devais être délivrée en novembre... La seule faveur que demandait Rose, c'était que je prisse à mon service son mari comme valet de pied. Elle ne pouvait le laisser en France; mais elle ne pouvait, disait-elle, se résoudre à penser que j'accoucherais dans *ce pays perdu de l'Espagne*, sans avoir un bon lait bien français à donner à mon enfant.

Excellente femme!... on pense si j'acceptai son offre!... son offre qui était elle seule une faveur pour moi plus que pour elle!... J'ordonnai que tout son voyage fût disposé pour qu'elle fût aussi bien que moi-même, et elle eut le bonheur d'arriver à Ciudad-Rodrigo vers le milieu d'octobre, sans avoir souffert autrement que d'une grande fatigue.

Quand elle me vit... quand elle vit ce logement triste et misérable... quand l'heure du dîner vint, et qu'elle vit ce que je mangeais... ma pauvre Rose fondit en larmes, et ne pouvait me regarder sans que le cœur lui faiblît... Quelle honnête et bonne créature!... bonne

Rose!... voilà un cœur attaché et sur lequel je crois pouvoir compter...

A quelque temps de là, le général Cacault me dit avec un air mystérieux :

—Il y a de grandes nouvelles... on dit que Masséna a donné une grande bataille, et qu'il a été écrasé...

Je ne pus retenir un cri!...

—Calmez-vous donc, me dit-il... le corps du duc n'a pas donné. C'est ce méchant maréchal Ney...C'est bien fait, il a de la jactance...ehbien! il a été frotté comme les autres...

Malgré l'assurance que me donnait le général Cacault, je me sentis atteinte d'une de ces inquiétudes terribles qui vous privent de sommeil et de nourriture... Je faisais toutes les démarches possibles pour obtenir une seule nouvelle... un mot qui m'eût tiré de l'inquiétude où j'étais sur Junot; *et rien... rien* ne me parvenait. Enfin, un jour j'étais plongée dans une rêverie plus sombre et plus sinistre encore, lorsqu'on m'avertit qu'un homme mal vêtu demandait à me parler... C'était un paysan portugais... il m'apportait une lettre de Junot... Sentant par lui-même combien je devais souffrir de n'avoir aucune nouvelle, il m'écrivit trois lettres, et en chargea trois paysans auxquels il promit que je donnerais douze cents réaux si la lettre me parvenait... c'était peu encore pour le bonheur d'un tel moment. Je mets ici la lettre de Junot, elle expliquera bien mieux que je ne le puis faire, comment se fit le malheur de la journée de Busaco.

« Le 28 septembre, au soir.

»Combien tu dois être inquiète, ma chère
»Laure, de n'avoir pas encore reçu de mes
»lettres! Si celle-ci te parvient, tu verras que ce
»n'est pas de ma faute. Je prends aujourd'hui le
»parti de t'envoyer un exprès pour empêcher
»que tu ne sois trop inquiète des bruits qui ne
»manqueront pas de se répandre sur la bataille
»d'hier. Nous avons attaqué l'armée ennemie dans
»une formidable position appelée la *Sierra d'Al-*
»*coba*, au couvent de *Bussago*, en avant du vil-
»lage de *Moïra*. Nous n'avons pas enlevé cette
»position, défendue par plus de 60,000 hommes.
»Deux divisions seulement du 2ᵉ corps ont
»donné, et une du 6ᵉ. Moi, je n'ai pas tiré un coup
»de fusil. Nous avons *quelques blessés*[1] qui nous
»embarrasseront, et nous prenons une autre

[1] Junot avait souligné cette phrase... au reste, l'original de cette lettre sera déposé chez mon éditeur comme toutes les autres lettres que j'ai citées.

» route ; voilà tout ce que je puis te dire en po-
» litique.

» Mais ce que je puis t'exprimer, ma chère
» Laure, c'est mon inquiétude de te savoir sans
» lettre de moi, sans lettres de tes enfans. Je t'en
» ai renvoyé plusieurs, mais elles n'ont pu te
» parvenir ; si les dernières ne sont pas parties,
» je vais les faire demander et te les envoyer[1].

» J'ai promis 1,200 reaux aux deux hommes
» qui se chargent de cette lettre. Fais-leur comp-
» ter cette somme bien religieusement ; ils m'au-
» ront rendu un trop grand service pour y man-
» quer. Les 1,200 réaux sont pour tous deux, et
» non pour chacun d'eux.

» Nous sommes bien mal pour les subsistan-
» ces. Nous n'avons *pas de pain* depuis quatre
» jours... la viande ne manque pas, et l'on a trouvé
» des légumes... au reste je me porte bien. Il n'y
» a que Prevost[2] qui ait attrapé une balle dans le
» bras droit ; mais il n'a rien de cassé, et ce sera
» l'affaire de quinze ou vingt jours.

» Il est neuf heures du soir... Je pars dans
» deux heures... Il fait noir en diable... Mais,
» n'importe, il faut marcher... Je vais me jeter

[1] Elles étaient parties, et furent prises par don Julian.
[2] Brave et excellent homme, qui était l'un de ses aides-de camp.

» sur la paille pendant cet intervalle... Si je peux
» m'y endormir, ce sera en pensant à toi, à mes
» enfans, en vous regrettant tous, et en songeant
» que vous êtes les seuls êtres sur la terre qui oc-
» cupiez essentiellement mon cœur.

» Adieu, mon amie; adieu, ma chère Laure.
» Je t'embrasse mille fois, et t'aime de
» toute mon âme.

» Le duc D'ABRANTÈS. »

Busaco est une montagne très escarpée, située au pied d'Alcobaça, à six lieues sud de Visen. Voici ce que j'ai ensuite recueilli dans une longue conversation avec le maréchal Ney, lorsqu'il passa par Salamanque en revenant en France.

Le maréchal Ney disait que c'était une faute, et une faute capitale, que d'avoir attaqué l'armée anglaise, qui était postée sur des hauteurs presque inaccessibles, et retranchée par les difficultés de cette même position. On pouvait, dit-il, la tourner, et cependant elle fut attaquée de front, en plein jour, et par de petites masses isolées... On prétend que près de cinq mille hommes, tant tués que blessés ou prisonniers, ont été perdus dans cette attaque maladroite. C'était, par exemple, bien pour celle-là que l'empereur pouvait dire : *qu'il ne fallait pas prendre le taureau par les cornes,* comme il l'observait à Valladolid, dans sa conversation avec le général Thiébault... Une chose remarquable, c'est que le lendemain de la bataille de Busaco, un paysan indiqua un sentier qui tournait la position, et qui, s'il eût été connu la veille, pouvait décider l'affaire sans coup-férir... On a remarqué comme un fait extraordinaire, dans le temps, que les Portugais employés dans l'armée française ne connussent pas eux-mêmes ce sentier ; cela n'a rien d'extraordinaire... les officiers portugais étaient fort ignorans de la position topographique du Portugal, dont, au reste, il n'existe aucune carte même passable... et puis ces officiers n'avaient parmi eux que quelques têtes capables, et celles-là étaient dévouées aux Français, comme, par exemple, deux ou trois que je pourrais nommer.

Maintenant il faut reprendre les évènemens d'un peu plus haut, pour expliquer plusieurs faits assez obscurs. Il y aura probablement des répétitions, mais qui sont utiles à l'intelligence des évènemens.

CHAPITRE VI.

Prise de Ciudad-Rodrigo. — Sévérité du maréchal Ney. — Indulgence de Masséna. — Almeida et les Portugais. — Silveira et les Suisses. — *Promenade militaire* de l'époque de l'empire. — De la Saxe à Astorga! — Prise d'Astorga. — Départ pour le Portugal. — Désastre de Busaco. — Horrible carnage. — Les martyrs. — Les rochers et la mitraille. — Masséna sur le Mondego. — Wellington plus habile que l'empereur. — Le maréchal Ney. — Le général Mermet. — Les âmes françaises sont des âmes de braves. — Perte du 8ᵉ corps, sans combattre. — Mort du général Sainte-Croix.

La prise de Ciudad-Rodrigo était, comme je l'ai dit plus haut, d'une extrême importance pour le résultat de la campagne à laquelle se préparait Masséna. La suite en était incertaine jusqu'au moment où cette ville serait en notre pouvoir; tandis que sa reddition devait aplanir tous les obstacles qui s'opposaient à l'invasion du Portugal par l'armée française. La garnison de Ciudad-Rodrigo fit autrement son devoir que celle d'Almeida; elle résista un mois, après l'ouverture de la tranchée, et le commandant ne capitula que lorsqu'il ne put faire autrement. C'était le général Hervasti, homme de cœur et de résolution; et lorsque le 10 juillet il fit arborer le drapeau blanc, c'est qu'il ne lui restait aucun espoir d'être secouru; le maréchal Ney, à qui Masséna avait laissé le commandement du siége, fut sévère pour cette garnison qui s'était vraiment noblement défendue. Il ne voulait pas accorder de conditions; il entendait qu'elle se rendît à discrétion; mais Masséna ne voulut pas, et comme, au fait, il commandait en chef, il eut la générosité, ou la politique si on l'aime mieux, d'accorder aux vaincus les honneurs de la guerre. Ensuite il s'occupa des dispositions ultérieures à prendre pour réunir toutes les forces afin de marcher sur le Portugal. Le général Reignier était alors en marche pour joindre l'armée de Portugal; il avait passé le Tage, et s'avançait par Almaraz et par Coria pour opérer sa jonction avec Junot et Ney. Lorsqu'une fois Masséna eut réuni ses trois corps d'armée, il divisa ses forces, ce qui fit présumer qu'il avait de vastes plans; j'entendis alors discuter souvent sur ce qui aurait lieu, et je me rappelle que Junot prétendait que ce que Masséna pouvait faire de mieux, était de faire attaquer la division du général Hill par le deuxième corps (Reignier), parce que si on attendait que les forces anglaises fussent réunies, la peine serait bien plus grande pour les détruire... J'ai encore un aperçu de cette opinion écrite par Junot... Le général Hill était alors, je crois, à Castel-Branco... Du reste, à cette époque, la confiance que l'armée avait encore dans Masséna était pleine et entière... On vivait dans le passé, et Junot et le maréchal Ney auraient insisté davantage, s'ils avaient pu savoir alors ce qu'ils surent trois mois plus tard... Une affaire brillante que les Français eurent alors, et dans laquelle ils battirent le général Crawford, dans les environs d'Almeida, donna, pour commencer, raison à Masséna. Ciudad-Rodrigo était pris; nous avions contraint les Anglais à faire sauter le fort de la Conception; nous avions pris Almeida, et sa garnison avait pris parti dans notre armée[1]. Tous les rapports

[1] Un fait assez remarquable pour l'étude de la politique portugaise, c'est que lorsque lord Wellington, indigné de la conduite des troupes portugaises, reprocha cette lâcheté au gouvernement de Lisbonne, ils dirent que les Portugais

arrivaient de l'ennemi ensuite, semblaient s'accorder sur un point : c'est que l'armée anglo-portugaise se retirait devant nous et se préparait à une retraite plus sérieuse encore... Masséna semblait donc autorisé en apparence à agir comme il l'a fait. Cependant les lignes inexpugnables de Torrès-Vedras étaient là; et le pays qu'il fallait parcourir pour les atteindre était entièrement ruiné... Ce que je sais, c'est que j'ai entendu Junot, la veille du jour du départ *de San-Felices el Grande,* dire que l'armée serait bien heureuse si elle revenait avec le quart de son monde.

Ce fut vers ce temps que l'on apprit une nouvelle qui fit un effet désagréable, tant nous étions peu accoutumés aux revers. La troupe de *Silveira* ayant été attaquée à *Parba*, fut victorieuse de nos troupes, et prit un bataillon suisse tout entier; il n'était que de cinq cents hommes. Ce n'était pas l'importance de cinq cents hommes de plus ou de moins dans les rangs de notre armée; mais le moral de la chose était immense en mal de notre côté, en bien de celui de l'ennemi.

avaient pris parti dans l'armée française pour avoir la facilité de *déserter* et de revenir chez eux... Notez qu'ils prêtaient serment, et volontairement.

Pour dire la vérité pour tous, il faut aussi dévoiler bien des petites intrigues qui vinrent empêcher Masséna d'agir. Masséna prétendait, et avec raison, que toute la Catalogne, l'Aragon et une partie de l'Andalousie étant entièrement libérées, toute la sollicitude devait actuellement se porter sur l'armée anglaise, et surtout pour la forcer à évacuer la Péninsule ; en conséquence, Masséna avait demandé avec instance qu'on lui envoyât le maréchal Mortier avec la plus grande partie de ses troupes. Mais le roi Joseph ne voulait pas dégarnir Cadix, qui avait devant ses murs alors une belle et forte armée.

Cependant Almeida, Ciudad-Rodrigo étaient en notre pouvoir, et Masséna résolut de poursuivre les Anglais sans attendre les renforts demandés [1]. Mais il se plut à déranger les plans que l'ennemi avait formés d'après ses propres prévisions. Il craignait pour sa droite. Masséna l'occupa sur sa gauche, et s'amusait à lui faire quitter une position aussitôt qu'il l'avait prise. L'armée anglaise était alors forte de soixante mille hommes à peu près, c'est-à-dire en y comprenant les

---

[1] Ils vinrent plus tard, mais de France. Ce fut un corps aux ordres du général Drouet comte d'Erlon.

troupes portugaises; car il est bon de dire que toutes les troupes anglaises envoyées en Espagne n'étaient pas avec lord Wellington. Par exemple, dans ce même moment dont je parle, il y avait un corps très nombreux enfermé dans Cadix [1]. Ce que lord Wellington avait d'Anglais avec lui devant Masséna pouvait se monter à trente mille hommes à peu près, cavalerie, infanterie et artillerie. Le reste de son armée, sous les ordres du général Hill et du général Leith, était détaché, et du côté, je crois, d'Almazar et de Coria. Quant à nous, nous n'avions pas plus de monde que les Anglais, quoiqu'ils se soient efforcés de dire que nous avions plus de soixante mille hommes; et où donc auraient-ils été pris? bon Dieu! L'armée de Portugal ne se composait, après tout, que des trois corps de Junot, Ney et Reignier. Le corps de Junot, qui était de vingt-six mille hommes en entrant en Espagne, était diminué de plus du tiers depuis notre séjour, et seulement pour avoir combattu partiellement; mais les maladies l'avaient décimé. Le corps de Ney était peut-être plus nombreux;

[1] On disait dix mille hommes, mais d'autres rapports plus exacts ont dit ensuite sept mille. C'est ce que j'ai vu du moins dans le rapport d'un espion, qui fut remis à Junot; et qu'il envoya à Masséna à l'heure même.

mais tout cela n'était pas présent, et de cela, il en était de même du 2ᵉ corps de Reignier. Voici, quant au corps de Junot, des renseignemens certains.

Le 8ᵉ corps, qui maintenant allait combattre sur les bords du Tage et du Mondego, venait de Bayreuth en grande partie, et ne s'était mis en route pour l'Espagne, en traversant Paris, qu'après *avoir été passé en revue par l'empereur*. Ce fut dans cette revue que l'empereur retint auprès de lui un régiment de ce corps d'armée, et le mit à la suite de la garde; c'était le régiment des chasseurs à cheval de Berg. La cavalerie du 8ᵉ corps fut en partie réformée, et refaite par douze régimens provisoires qui s'organisèrent à Versailles, Tours, Orléans, Angoulême et Saumur, et se rendirent ensuite à Bayonne, où ils entrèrent avec nous en février 1810 en Espagne. Ce qui commença par faire un grand mal au 8ᵉ corps, ce fut le service auquel il fut d'abord commis à son entrée en Espagne, particulièrement tout ce qui fut envoyé à Logroño, et qui fut spécialement employé à poursuivre les brigands. Ce genre de guerre fit une vive impression sur des troupes qui venaient d'habiter l'Allemagne, et qui avaient vécu au milieu des meilleures gens de la terre, et de la quantité de maladies du pays qui frappèrent de mort nos soldats. Je dis *nos soldats*, car les malheureux m'inspiraient une telle pitié, que je me regardais comme obligée de venir à leur aide, autant qu'il était en moi ; et toutes les fois que je pouvais leur être utile auprès de Junot ou de quelques uns de leurs chefs, je n'avais garde d'y manquer. Heureusement pour le 8e corps, qu'il quitta Logrono pour se rendre à Burgos, ainsi que je l'ai dit plus haut [1]. Il fut alors réparti sur la communication de Madrid, par *Lerma, de Valladolid, de Saint-Ander*, de Bilbao, et toujours donnant des détachemens pour poursuivre les brigands [2]. Le 8e corps demeura à Burgos depuis le 11 février jusqu'au 24 ; le 24, il partit pour se rendre à Valladolid. Ce mouvement fut effectué en six jours, et nous arrivâmes dans cette ancienne capitale de l'Espagne le 1er mars. La deuxième division du corps d'armée occupa *Palencia* et *Rio Seco* ; la première, Benavente, la Báneza et Léon ; quant à la troisième, elle occupa Valladolid, où elle demeura avec le duc. Les brigades de cavalerie suivirent les divi-

---

[1] Le 8e corps quitta Logrono le 8 février, et arriva le 11 à Burgos.

[2] C'est ainsi que nous appelions tous les guérillas en Espagne.

sions. La première, sous les ordres du général Sainte-Croix, la Baneza; le général Bessières[1] à Valladolid même, et le général Bron eut la correspondance entre la première division et le quartier-général.

Ce fut dans les douze jours qui suivirent l'arrivée de nos troupes à Valladolid que la première division, aux ordres du général Clauzel[2], se rapprocha de la place d'Astorga, et releva les postes de la division Loison[3], qui, à son tour, se replia sur Salamanque, pour y joindre le 6ᵉ corps dont elle faisait partie.

Le 12 mars même, la première division s'empara des moulins autour d'Astorga, et la place fut bloquée. Le 17, la tranchée fut ouverte, les ouvrages poussés avec vigueur, et le 6 avril, les munitions destinées à amener la reddition de la place se mirent en route. Junot partit de sa personne le 14 avril au matin de Valladolid. Il établit son quartier-général à *Castrillo de los Polbazes*, et reconnut lui-même la place le 19; le 20, le feu fut des plus vifs depuis cinq heures du matin jusqu'à sept heures du soir; mais aussi la

---

[1] Frère du maréchal.
[2] Aujourd'hui maréchal de France.
[3] Le général Loison retournait pour la troisième fois en Portugal, quoiqu'il y fût détesté.

brèche était entamée... Ce fut à ce siége, et le 21 avril, que la brèche fut emportée d'assaut par un aide-de-camp du duc, brave et loyal jeune homme s'il en fut jamais : c'est M. de La Grave. Sa conduite fut remarquable de bravoure et de bouillant courage, malgré son sang-froid habituel. Junot faisait de lui le plus grand cas. Le 22, la place capitula, après trente-cinq jours de tranchée ouverte. La garnison, forte de quatre mille hommes, fut dirigée sur la France avec le général *Santosildès* qui commandait la place. Le corps d'armée reçut ordre de reprendre ses cantonnemens, et Junot revint à Valladolid, après avoir été seulement passer quelques jours dans l'antique ville de Léon. La brigade Godard avait été détachée pour communiquer avec le général Bonnet dans les Asturies, et avait rempli sa mission. On voit que les troupes du 8ᵉ corps n'avaient pas un moment de repos. Je cite toute cette marche ainsi jour par jour, pour faire voir comment l'empereur *utilisait* ses hommes. Il est curieux de voir partir ce corps d'armée des frontières de la Saxe, où il est cantonné au mois de novembre, pour le suivre au mois de mars suivant au siége d'Astorga au fond du royaume de Léon en Espagne.

Ce fut à son arrivée à Valladolid que Junot

apprit la nomination de Masséna. Le prince d'Essling arriva de sa personne le 12 mai à Valladolid. Sans revenir ici sur ce que j'ai déjà dit, je suivrai seulement l'itinéraire de marche. Le 29, Junot quitta Valladolid pour se rendre à Salamanque, où déjà, depuis le 19 ou le 20, la deuxième division s'était rendue avec le parc d'artillerie; la première division avait été à Ledesma, et la troisième à Zamora et à Toro. Ce mouvement était destiné à remplacer le 6° corps, commandé par le maréchal Ney, qui s'approchait de Ciudad-Rodrigo pour en faire le siége. Masséna, qui vint avec nous à Salamanque, fut, le lendemain même de son arrivée, reconnaître Ciudad-Rodrigo. Dans le même temps, les troupes de la troisième division avançaient toujours, et prenaient position en occupant Bejar, Endrinal, Linares, et le col de Baños. On demeura ainsi jusqu'au 10 juin dans l'inaction. Le 10, on eut l'alarme faussement donnée que les Anglais voulaient reprendre Astorga. Les divisions Clauzel et Solignac reçurent ordre de s'y rendre; mais, dès le 11, cet ordre fut révoqué, et il se borna à *prévenir l'armée qu'elle aurait un mouvement à faire sur San-Felices el Grande et el Chico*, pour soutenir le 6° corps qui commençait ses opérations sur Ciudad-Rodrigo. Le général Sainte-Croix eut alors une belle affaire après avoir passé *la Tera*. Il battit l'ennemi, et lui fit deux cents prisonniers après avoir tué cinq cents hommes. C'était à *Lianisas*.

Junot eut alors un déplaisir, ce fut de voir dissoudre la division Lagrange : il aimait le général Lagrange, et j'avais aussi une grande amitié pour lui. Il fut alors nommé gouverneur de Salamanque. Tout cela fut l'effet des intrigues d'un homme qui devait faire faire bien des sottises à Masséna dans cette campagne. Du reste, l'évènement fut heureux dans ses suites pour le général Lagrange, car il évita les désastres du Portugal.

Ce fut le 24, jour de la Saint-Jean, que Junot quitta Salamanque pour se rendre à *Santi-Espiritus*, et de là à *San-Felices el Chico*. On a pu voir précédemment dans les lettres de Junot tout ce que nos troupes eurent à souffrir pendant ce siége ; quant à lui, il passait l'Agueda, et reconnaissait l'armée anglo-portugaise. Il y avait toujours échange de meurtres *légalement faits*, et selon les lois de la guerre dans ces rencontres, ou dans les reconnaissances sur Almeida. Le général Ménard, le général Taupin, appuyaient bien avec leurs brigades ; mais lorsque Junot était en tête d'une reconnaissance, il se souvenait encore des guerres d'Italie, et son cheval n'était pas retenu. Ce fut ce qui arriva dans la reconnaissance du 15 juillet sur Almeida; il y eut quatre hommes tués, quinze blessés, dont sept officiers. C'était la brave brigade Sainte-Croix, et Junot commandait la reconnaissance en personne. L'ennemi éprouva une grande perte, et fut vivement ramené aux retranchemens. J'ai déjà dit que Ciudad-Rodrigo capitula le 10 juillet, et j'ai dit aussi comment nous avions été à Ledesma, à San-Felices el Grande, puis enfin, comment, dans la première quinzaine de septembre, le 8e corps avait commencé son mouvement pour profiter de la prise d'Almeida et de Ciudad-Rodrigo, et entrer en Portugal. Déjà depuis le 23 août la division Clauzel occupait *Barba del Puerco*, et le 6e corps avait passé la Coa, et s'était emparé de *Pinhel*. Ce fut alors que l'armée anglaise fit de son côté ce mouvement, qui nous parut timide, et n'était qu'un appât pour attirer au piége; lord Wellington se retira sur Guarda et Celerico.

A partir du 15 septembre, je ne vis plus rien par moi-même; Junot me quitta pour entrer en Portugal, et moi je vins à Ciudad-Rodrigo. Le 8e corps suivit la route de Viseu en passant par Almofalo, Pinhel, Otogal;... mais que trouvait-il sur cette route?... la disette et la mort, pour ceux qui restaient en arrière.... *San-Miguel d'Oteiro, Casal de Maria, Berbenosa,* n'offrirent pas plus de ressources; et ce fut ainsi que le 8ᵉ corps, après avoir passé le 26 le torrent de la Crise, arriva le 27 septembre au pied de la serra d'Alcoba, où il bivouaqua pendant la nuit, et le lendemain eut lieu cette terrible affaire dans laquelle l'armée de Portugal perdit de bons soldats et de bons officiers, pour exécuter une volonté insensée. J'ai entendu dire depuis, et en Espagne même, par des officiers anglais et portugais prisonniers, que lord Wellington avait été fort étonné que Masséna eût suivi la droite du Mondego et la route de Viseu, parce que cette route étant fort mauvaise, il l'avait jugée impraticable, surtout pour l'artillerie... Mais les Français en avaient franchi bien d'autres lors de la première campagne de Portugal... En apprenant cette nouvelle, il paraît positif que lord Wellington, qui s'était retiré de Celerico et avait pris une autre position, repassa le Mondego, et vint alors prendre pied à Busaco, qu'il lui était loisible d'occuper après avoir opéré sa jonction avec les généraux Hill et Leith, chose des plus malheureuses pour nous, et qu'on prétend que l'on pouvait empêcher.

Cette position de Busaco est formée par une montagne fort élevée, au sommet de laquelle est situé le couvent de Busaco, habité par des religieux trappistes. Cette montagne peut avoir quatre lieues de France, environ, d'étendue, depuis les bords du Mondego jusqu'à la route d'Oporto. Elle est sillonnée dans presque toute cette étendue par de profonds précipices et des défilés tellement étroits, que les troupeaux de chèvres n'y peuvent quelquefois passer que sur deux et trois de front. Ce fut cependant par ces défilés que Masséna fit passer ses soldats, au lieu de leur faire prendre la route de Mealhada pour tourner la gauche de l'armée anglaise, au risque de les faire foudroyer par les troupes qui occupaient le haut de la montagne. J'ai eu à cette époque en ma possession, et pendant fort long-temps, un plan et une vue de la montagne de Busaco. Ce plan était fait par un Français; mais j'en avais un autre tout aussi curieux, car il était fait par un Anglais. Un jour, en 1812, quelque temps avant le départ pour la Russie, Junot me les demanda tous trois, et il ne me les rendit pas. J'ai lieu de croire que c'était pour expliquer à l'empereur l'affaire de Busaco.

Un officier-général anglais de mérite, et dont ses ennemis reconnaissaient eux-mêmes le talent, le marquis de Londonderry, dit dans son ouvrage sur la guerre de la Péninsule :

« Quand bien même Masséna aurait agi d'après les avis de Wellington, il n'aurait pu préparer sa défaite par un moyen plus efficace. »

Mais ce qui ne fut pas connu alors en France, parce que le silence de la tombe environna les cadavres des malheureuses victimes de Busaco, ce fut l'admirable intrépidité des régimens et des officiers-généraux qui fournirent la première attaque faite le 27 à six heures du matin. C'étaient le 52°, le 36° et le 70°, qui, sous les ordres du général Merle, un de nos officiers-généraux les plus distingués, entreprirent de forcer la position occupée par les Anglais. Ces héros admirables, sans faire un murmure, sans observer qu'ils marchaient à la mort, furent l'affronter avec le courage qui est un don du ciel dans des âmes françaises. Ils gravirent les rochers de Busaco sous une pluie de mitraille, une grêle de boulets qui les mettaient en morceaux!... Les membres palpitans de ces infortunés tombaient sur le crâne déjà fracassé de leurs frères d'armes qui étaient au-dessous d'eux, et souvent des rangs entiers roulaient ensemble dans les abîmes. Cependant ils parvinrent au sommet du plateau, ces vaillans hommes, et là, à peine échappés à une mort terrible, ils la retrouvèrent sous une forme encore plus certaine. Ils furent reçus par des troupes anglaises et portugaises... Là eut lieu un carnage affreux!... Nos soldats, chassés par des forces supérieures, et d'ailleurs fatigués, essoufflés, n'en pouvant plus, furent culbutés par l'ennemi et roulèrent de rochers en rochers jusqu'au fond des précipices dont les pointes aiguës portèrent dans cette cruelle journée d'affreuses et de sanglantes dépouilles, tandis que non seulement les sabres et les baïonnettes ennemies étaient rouges du sang français, mais les mains des soldats anglais en étaient baignées!... Oh! ce fut une horrible journée!...

Ce furent les troupes du général Reignier qui reçurent d'abord en ce lieu la couronne de martyre... Puis ensuite deux autres divisions de Ney, sous les ordres du général Loison, et l'autre du général Mermet, se portaient vers le corps du général Crawford[1]. Celui de Junot ne donna pas ce jour-là. Il fut mis continuellement en présence de l'ennemi. Mais comme lord Wellington, dans son plan de campagne, ne voulait

---

[1] Je ne sais pourquoi, à la suite du siége d'Almeida ou de Ciudad-Rodrigo, le général Crawford reçut de nos généraux le surnom du *brave étourneau*. Je l'ai entendu nommer ainsi par Masséna lui-même.

qu'attirer son ennemi et ne pas combattre, autant du moins qu'il le pourrait, il paraît que l'arrière-garde anglaise avait ordre d'éviter tout engagement avec l'avant-garde française. Cela paraît si positif, qu'à Coïmbre et à Condeixa il y eut un engagement très vif entre les deux partis, et que le huitième corps eut l'avantage, comme cela arrive toujours quand des troupes ont la volonté d'éviter une rencontre; et à Condeixa les Anglais préférèrent abandonner leurs magasins de vivres, que de combattre pour les défendre. Cependant ils forçaient dans ce même moment les habitans d'abandonner leur asile, d'emporter jusqu'au dernier grain de blé ou de tout brûler, pour que nous ne pussions rien trouver... Nos soldats, furieux de ne rencontrer qu'un sinistre isolement, marchaient encore sans murmurer, car dans de semblables situations le soldat français est sublime dans sa conduite; mais sa physionomie devenait plus sombre, et il y avait dès lors une méfiance dans l'armée qui ne pouvait qu'ajouter à ses autres malheurs.

On trouvait le long des routes des débris de meubles et de vêtemens que les malheureux fugitifs, contraints par les Anglais d'abandonner leurs maisons, ne pouvant emporter avec eux, car les moyens de transport manquaient, préféraient jeter dans le Tage ou dans les torrens, que de les laisser à l'ennemi commun, et que les vagues du Tage et les eaux des torrens repoussaient sur la rive, mais en lambeaux et hors d'état de servir. Souvent nos soldats prêtèrent assistance à de malheureux vieillards, à des femmes dont l'enfant se mourait sur leur sein où il n'y avait plus de lait, et qu'ils trouvaient dans les fossés... abandonnés de tous... et sans secours ! J'ai vu plusieurs exemples d'humanité vraiment admirables, lorsque le 8ᵉ corps revint en Espagne et que nous passâmes quelques semaines à Toro... Mais la conduite des Anglais ne fut pas, en cette circonstance, ce qu'elle aurait dû être, comme humanité et comme justice. C'est ainsi que lord Wellington se retira sur les fameuses lignes de Torre-Vedras, et que Masséna, comme frappé de vertige, le suivit à travers un pays désolé et désert.

Le lendemain de la bataille de Busaco, Junot, qui me savait déjà arrivée à Ciudad-Rodrigo, mais qui ne pouvait avoir d'idée de la privation totale de nouvelles dans laquelle nous étions, et craignant que je n'en eusse de fausses relativement à l'affaire du 27, fit venir trois paysans portugais et espagnols, et leur donna une lettre à chacun d'eux.

« Celui de vous qui arrivera le premier, leur dit-il, aura douze cents réaux. Si vous arrivez en même temps, la duchesse vous donnera la récompense promise. Soyez fidèles, et vous n'aurez qu'à vous louer d'elle. »

Un seul de ces hommes parvint auprès de moi à Ciudad-Rodrigo, où j'étais alors dans des inquiétudes dont il faut avoir été victime pour en comprendre toute l'horreur. On était alors à la fin d'octobre, et l'affaire de Busaco avait eu lieu à la fin de septembre... Un seul de ces hommes eut le bonheur de passer... Les deux autres périrent, l'un en passant un torrent, l'autre fut assassiné par les Espagnols, qui trouvant sur lui la lettre de Junot qu'il avait mal cachée, le traitèrent comme espion... La récompense promise fut presque doublée par moi à l'homme qui me donna la lettre qu'on a lue au commencement de ce chapitre... Hélas ! c'était la seule consolation que je devais recevoir avant la naissance de mon fils...

Je terminerai cette relation, peut-être un peu longue pour ceux qui n'ont eu aucun intérêt dans la guerre de la Péninsule, mais qui, je crois, ne peut manquer d'être de quelque importance pour ceux qui y retrouvent et d'anciens souvenirs et des motifs de souvenirs par relations, par un tableau des pertes du 8ᵉ corps, depuis le jour seulement de son entrée en Portugal, c'est-à-dire du moment où il quitta San-Felices el Grande, jusqu'au 1ᵉʳ novembre :

A Coïmbre............	400 hommes.
Aux hôpitaux de Santarem.	600
Prisonniers de guerre...	127
Tués à Sobral.........	71
A Ferias............	252 (d. 34 tués.)
Blessés à Sobral.......	163
En arrière et assassinés...	946
TOTAL......	2559 hommes

Chevaux tués et morts, artillerie comprise, 419.

Et l'on remarquera qu'excepté à Sobral où la ville fut enlevée par la première division du 8ᵉ corps, il n'y eut que des engagemens partiels, plus funestes, au reste, qu'une bataille rangée... Ce fut donc dans de semblables affaires que notre armée commença à laisser derrière elle des ossemens français... Le reste périt par la misère... par le poignard... et pour achever sa ruine, le moment des pluies survint pendant le plus important de sa marche... Ces pluies, que connaissent seuls ceux qui ont été en Portugal, inondaient les plaines, détruisaient les routes, comblaient les ravins et les changeaient en torrens, tandis que les torrens eux-mêmes devenaient des cataractes effrayantes et presque impossibles à franchir... Oh! quels souvenirs!... quels souvenirs épouvantables!... Et pourtant, malgré nos désastres, malgré tout le poids du malheur qui pesait sur nous, il paraît positif que si Masséna avait poussé avec vigueur l'armée anglaise dans sa retraite, et l'avait enfin poursuivie au lieu de se laisser attirer et de la suivre avec mollesse et indécision, il paraît que l'armée anglaise pouvait être perdue. Sans doute ses lignes de Torres-Vedras étaient formidables, mais toutes les redoutes n'étaient pas défendues par des troupes anglaises, et à cet égard les antécédens devaient donner de l'espoir, au moins assez pour tenter ce qui pouvait sauver une armée et perdre l'autre, et leur faire ainsi changer de position à l'une et à l'autre. Cette opinion n'est la mienne, on le pense bien, que d'après l'avis bien souvent recueilli de personnes qui pouvaient certes le donner. Ce que je viens de mettre plus haut m'a été dit par un officier-général anglais et par deux membres importans du parlement d'Angleterre. Quant à l'opinion des Français, j'ai été guidée dans la mienne par mon mari et le maréchal Ney: celles-là en valaient bien une autre.

Un malheur particulier, mais qui fut vivement senti par l'armée, fut la mort du général Sainte-Croix, qui fut tué à Alenquer, sur les bords du Tage, tandis qu'il cheminait sans même songer à la mort. Un boulet parti d'une des chaloupes canonnières qui étaient sur le fleuve, frappe un rocher, et vient, par ricochet, couper en deux le malheureux Sainte-Croix, qui tombe atteint mortellement, sans que le noble jeune homme entendît gronder le canon répondant à son dernier soupir... Ce n'était pas ainsi qu'il devait mourir...

Après ces divers évènemens, après la défaite de Busaco, après avoir passé le Mondego, avec une presque certitude de voir se lever sur les derrières de son armée une multitude de corps de partisans qui devaient couper toute communication, Masséna continua néanmoins de s'avancer, et sa conduite fut vraiment inexplicable.

CHAPITRE VII.

Je reçois une lettre de Junot. — Ma joie. — Elle est courte.
— Don Julian *geôlier* de la route. — Larmes et chagrins.
— Madame Thomières. — Sa bonté. — Sa douleur. —
M. Lhuyyt. — Ce qu'il était. — Impression de l'Espagne.
— M. Lalance. — Ce qu'il était. — Sa femme. — Elle est
jolie et bonne. — Son portrait. — M. Désanges, ami de
M. Lhuyyt. — Son énergie le sauve. — Joie inattendue. —
Armée du 9° corps. — Le comte d'Erlon. — M. de Montesquiou. — Le général Fournier. — Dîner burlesque. —
Le 14 novembre. — Désespoir d'un homme brave. — Nous
pleurons et pourtant nous chantons ! — Les premières
douleurs.

Il faut avoir été dans la situation où je me
trouvais, pour apprécier tout le bonheur que
j'éprouvai en recevant la lettre que Junot m'écrivit par le paysan espagnol !... Un pareil moment compensait bien des mauvaises heures. J'étais joyeuse comme une enfant qui n'aurait eu

que des fêtes pour le jour suivant... Cette joie ne pouvait être durable ; mais je fus bien heureuse un jour... Ce ne fut que le lendemain, lorsque, voulant répondre à Junot par le même aventureux courrier, qui répondait de passer, que je retombai dans toute ma tristesse... La lettre de Junot avait un mois de date... Que d'évènemens avaient pu se passer depuis lors!... Et moi... qu'avais-je à lui dire ?... Depuis mon arrivée à Ciudad-Rodrigo, je n'avais eu qu'une fois des nouvelles de nos enfans!... Don Julian était comme le geôlier du chemin par où passaient les courriers, nul ne sortait de la route si don Julian l'y avait vu entrer... J'écrivis... Mais je ne pus trouver de paroles pour peindre toute ma joie, si vive il n'y avait que quelques heures... Je ne pus que pleurer sur la désolation qui m'entourait, et si je n'écrivis pas un dernier adieu à mon meilleur ami, au père de mes enfans, c'est que je craignis de l'affliger; car j'étais sûre de mourir...

Oh! que je souffrais dans de semblables momens d'une aussi terrible rêverie !... Alors, je posais la main sur mon sein, je sentais les mouvemens de mon enfant; et ce rapport, si parfaitement une joie du ciel dans la position ordinaire de la vie où sont toutes les mères, devenaît pour moi un sujet de larmes amères... Comment mon enfant allait-il naître ?... Le mettrais-je au jour même ?... Non... Tout ce qu'une imagination délirante peut inventer pour donner des scènes d'émotions excitantes pâlirait devant le récit que je puis faire de ce que je souffris dans ces veilles de la douleur, où de longues nuits se passaient pour moi à prier Dieu comme on le prie avant le viatique... C'est ainsi que j'ateignis le 14 novembre ; ma vie était triste et monotone ; et n'eussé-je rien eu à craindre, elle n'en eût pas moins été insupportable. Le général qui commandait à Ciudad-Rodrigo était aussi désagréable pour moi qu'il est possible qu'un homme le soit. Je n'avais de société que madame Thomières, dont le cœur était aussi plein de douleur et d'inquiétude que le mien, et que je devais plutôt soutenir et consoler, que je ne devais m'attendre à en avoir de l'appui, non qu'elle ne fût parfaite et bonne, mais elle était plus faible que moi... Junot avait aussi laissé à la garde de mon amitié un homme aimable qu'il aimait beaucoup : c'était M. Lhuyyt. M. Lhuyyt avait été chargé du ministère de la marine et de la guerre dans la première invasion du Portugal. C'était un homme d'esprit et de manières tout-à-fait *comme il faut*. Il m'aurait été d'une grande ressource ; mais c'était en lui qu'il fallait étudier l'effet de l'impression que produisait l'Espagne avec son insurrection effrayante, ses poignards, ses poisons et ses continuels dangers!... M. Lhuyyt était un homme de cœur, de tête forte et carrée ; il connaissait le monde et avait beaucoup vu... savait beaucoup... eh bien ! il était tombé comme un faible enfant sur une couche de souffrances qui n'avaient d'autres causes qu'une terreur renouvelée sans cesse ; et, depuis trois mois, il n'avait pas quitté son lit. Trop souffrante moi-même pour l'aller voir, puisque je sortais à peine pour prendre l'air, je ne l'avais pas aperçu depuis mon arrivée à Ciudad-Rodrigo. Je savais qu'il était parfaitement entouré, parce qu'il avait près de lui un ami, M. Desanges, qui le soignait comme un fils aurait soigné son père, et qui lui communiquait en même temps un peu d'énergie de son caractère, ce que le pauvre malade avait une grande peine à comprendre. Je crois que c'est à M. Desanges que M. Luhyyt doit la vie.

Il y avait encore à Ciudad-Rodrigo M. Lalance, inspecteur aux revues, avec sa femme, jeune et charmante personne. Mais que pouvaient ses talens dans un lieu où la vue ne se reposait que sur des cadavres à demi rongés par les chiens et sur des monceaux de décombres noircis par la fumée ou rougis par le sang !... Non, dans ce séjour affreux il fallait des larmes et rien que des larmes.

Un jour, c'était le 14 novembre, il faisait un temps assez beau, quoique froid. Un soleil pâle comme s'il eût lui sur une province de la Sibérie, éclairait les environs désolés de ma triste retraite. Je fis mettre les chevaux à ma calèche, et j'engageai madame Thomières à venir faire une promenade jusqu'au bout du petit mur qui était en dehors de la porte de Salamanque. On plaçait d'avance deux ou trois piquets dans la campagne, et pendant une heure je pouvais au moins respirer un air plus pur que celui du cloaque de Giudad-Rodrigo. M. Lhuytt avait eu le courage de suivre dans sa calèche, que M. Desanges escortait à cheval. Nous cheminions ainsi tout paisiblement, lorsque l'un des hommes du premier piquet vint en courant avertir qu'on voyait au loin, dans le défilé qui termine la plaine, une multitude de troupes. Le premier mouvement fut de faire tourner bride aux chevaux... Cependant les Espagnols qui presque chaque jour venaient autour de la ville, ne prenaient jamais cette direction, ils venaient par les hauteurs... M. Desanges, voyant l'incertitude inquiète où nous étions, piqua des deux sans rien dire, et s'en fut tout simplement, lui tout seul, en reconnaissance. Nous lui criâmes de revenir, mais il n'en tint compte ; et comme il est d'une bravoure même téméraire, il fit cette action tout naturellement... Nous le vîmes d'abord franchir la plaine comme une flèche ; puis il ralentit son pas... Tout-à-coup il reprit sa course et joignit la troupe que nous apercevions enfin dans l'éloignement... A peine l'eut-il atteinte, que nous vîmes la plus forte partie de ce groupe s'ébranler et se mettre au galop, en se dirigeant vers nous... A mesure que cette troupe approchait, il jaillissait des éclairs étincelans de ses armes et des harnais de ses chevaux.

— Mon Dieu ! dis-je enfin, ce sont des Français !...

Et à peine avais-je parlé, que ma calèche était entourée par ces uniformes qui alors nous faisaient palpiter le cœur de joie et d'orgueil, comme ils le faisaient battre de peur à nos ennemis... Et ma main était pressée par ce bon Eugène de Montesquiou, ce brave général Drouet, et vingt voix me demandaient avec intérêt comment je me trouvais dans ce désert, cette Thébaïde.... et ces voix me parlaient avec l'accent de la patrie... Oh ! que j'ai pleuré dans ce moment-là... mais pleuré de joie... de douce joie...

Le général Cacault arriva.

— Et comment ne m'avez-vous pas annoncé l'arrivée du général? lui demandai-je en lui montrant le comte d'Erlon.

— C'était un secret, madame...

— Comment, un secret!... Vous êtes donc seul avec ces messieurs? demandai-je au général Fournier qui était alors près de la voiture.

— Nous sommes 150,000, répondit poliment le général Fournier en levant les épaules.

— Mais êtes-vous seuls enfin?

— Avec vingt mille hommes [1]... et nous allons joindre le maréchal prince d'Essling, duc de Rivoli, pour lui prêter assistance.

C'était un singulier homme que ce général Fournier. Je parlerai de lui tout à l'heure plus en détail.

Je rentrai dans la ville avec ma brillante escorte. J'étais heureuse, mille fois heureuse!... Je fis arrêter ma voiture à côté de celle de M. Luyyt, et nous nous saluâmes avec un sourire de bonheur... M. Luyyt voyait, ainsi que moi, et mieux que moi, les résultats les plus heureux de cette arrivée du comte d'Erlon... Hélas! tout cet ho-

---

[1] Il y en avait un bon tiers de moins, mais il me dit le soir même : il faut bien un peu mentir avec ses ennemis, et même avec ses amis.

rizon qui nous apparaissait si radieux ne tarda pas à s'assombrir.

J'engageai tous les arrivans à venir dîner chez moi.

— Je vous ferai faire mauvaise chère, leur dis-je ; mais à moins que vous n'ayez des provisions avec vous, c'est encore chez moi que vous ferez le moins chétif dîner.

En effet depuis quinze jours la surveillance exercée par don Julian était si forte, que les paysans n'apportaient plus rien à la ville. Nous avons quelquefois payé un œuf jusqu'à sept et huit réaux la pièce[1]... La volaille était non seulement d'un prix hors de toute proportion, mais il n'y en avait pas... Le pain était la seule chose qui fût bonne, et que nous eussions à discrétion ; mais pour autre chose il fallait y renoncer ; les légumes, par exemple, et les fruits, on en perdait là jusqu'au souvenir... Les jardins avaient été ravagés au moment du siége ; et comme, depuis, les habitans avaient évité de rentrer dans la ville, rien n'avait été ensemencé ni replanté. Enfin, pour donner une idée de la manière dont nous

Quarante sous... La viande n'était plus supportable, et cependant elle coûtait un prix fou. Celle que nous avions comme distribution d'armée n'était pas bonne, et cependant elle était la seule que nous eussions pour nous nourrir.

vivions, lorsque mon cuisinier, désolé de ne pouvoir me donner que du mauvais bouillon, parce qu'un vieux taureau ou une mauvaise et maigre vache ne peuvent en donner de bon; lorsque cet homme voulait enfin ne pas *trop perdre sa main*, il envoyait mon chasseur avec un fusil se promener sur les bastions, les cavaliers encore couverts de décombres, et là il guettait au passage de ce qu'il appelait des alouettes, et qui n'étaient que de détestables moineaux durs, amers, et d'un goût sauvage; mais il importait peu à *mon maître queue* : il arrangeait les oiseaux au gratin avec des croûtes bien façonnées, *servait chaud* dans une casserole d'argent, et demeurait tout aussi content de lui que s'il m'eût servi des ortolans ou des becs-figues. Ce pauvre Simon me rappela un jour le festin que Brand organisa chez le baron de Felsheim : il avait eu un chevreau; ce chevreau, qui pouvait passer pour chèvre, et comme il était mâle, on sait comment cela s'appelle, était la seule pièce qu'il eût, et sur laquelle il devait *tailler* pour faire à dîner pour plusieurs personnes (nous étions déjà à Ciudad-Rodrigo); il ne fut pas arrêté par cette difficulté, et mit le chevreau à toutes les sauces, et le tortura dans toutes les formes; mais il eut beau faire, il fut impossible de mettre la dent au milieu d'aucun morceau... la chose en vint au point d'être risible... Mon Dieu! si nous n'avions pas eu d'autre sujet de tristesse que celui de privations aussi matérielles!... mais celles-là étaient la conséquence de toutes les autres, et alors elles devenaient d'autant plus douloureuses.

En revoyant M. de Montesquiou, je n'avais d'abord songé qu'au plaisir de le retrouver dans ce désert, où depuis deux mois je pleurais l'absence de la patrie, et de tous ceux que j'y avais laissés... Mais lorsqu'il revint pour dîner... lorsque je le regardai plus attentivement, je fus frappée du ravage qui avait bouleversé cette belle figure depuis que j'avais quitté Paris : ses yeux étaient caves et son regard presque farouche; ses joues plombées, et le haut des pommettes d'un rouge vif et changeant; sa parole était brève, et son accent avait quelque chose de solennel qui allait au cœur. Il chantait les romances avec un goût et une grâce que je n'ai connus qu'à lui et à M. de Flahaut, avec qui, au reste, il avait assez de ressemblance; il était moins régulièrement beau qu'Anatole son frère, et pourtant il plaisait autant que lui. Eugène de Montesquiou était un homme dont l'âme a eu un côté mystérieux qui est descendu avec lui dans la tombe... je l'ai connu, moi, ce mystère, quoique je n'y fusse que relativement intéressée, et que même nous nous vissions moins souvent que je voyais d'autres personnes de ma connaissance ; mais il est mort sans m'autoriser à le dire, et je ne parlerai pas... C'était un noble et digne jeune homme.

Nous ne nous étions pas revus depuis le bal de Mareschalchi : je lui en parlai, et lui en parlai en riant ; car, dans cette journée, en revoyant des Français, toutes mes idées étaient joyeuses, et toutes les fois que mon enfant faisait un mouvement, je serrais mes deux bras autour de ma taille comme pour lui donner une première caresse, et lui dire : — Sois tranquille, nous reverrons bientôt la patrie, et tu connaîtras tes sœurs et ton frère.

Mais ce pauvre jeune homme ne partageait pas mes sensations joyeuses ; il me regardait avec une expression indéfinissable de tristesse agitée; il portait ses yeux autour de la chambre mal *carrelée* dans laquelle nous étions alors, dont les fenêtres disjointes, et évidemment faites pour une autre place, laissaient parvenir un vent glacé, dont le froid semblait plus piquant et plus âpre lorsqu'on pensait qu'on était en Espagne. Quelques chaises de paille garnissaient cette pièce qu'on appelait *le salon*, et dans laquelle pourtant on voyait une épinette qu'on décorait du nom de piano.

— Et vous ne *mourez* pas ici? me dit-il enfin, après m'avoir long-temps regardée avec une sorte de pitié presque indignée.

L'expression de sa voix, de son regard, me rappela à toute l'horreur de ma position. Je voulus lui sourire, je voulus lui répondre; mais je ne pus parler... je ne pus sourire...

— On ne peut pas vivre en Espagne, ajouta-t-il en serrant avec une force convulsive la chaise qui était devant lui... il faut mourir lorsqu'une fois on y est entré.

Il m'effraya. Ses yeux étaient rouges... gonflés... il y avait des larmes dans ses paroles... Je lui pris la main.

— Qu'avez-vous? lui dis-je tout bas.

Hélas! je le savais bien ce qu'il avait!... mais je voulais provoquer un mot qui, une fois dit, l'aurait soulagé, parce qu'il aurait dit toute la peine qui lui foulait le cœur, le malheureux, et qui l'a *tué* avant trente ans... puis il s'en fut à l'autre bout de la chambre, et s'assit devant le piano.

— Vous avez été surprise, n'est-ce pas, madame, de voir Eugène dans cet état de marasme profond? me dit le général Fournier qui s'approcha de moi quand l'autre se fut éloigné... nous en sommes également étonnés... Mais ce qui vous surprendra bien plus, c'est que depuis le jour où il est entré en Espagne, il a dit avec un sérieux inconcevable qu'il n'en sortirait pas vivant... Je ne l'aurais pas jugé susceptible de superstition...

Dans ce moment, des sons doux, plaintifs même, et d'autant plus harmonieux qu'ils étaient inattendus dans cette chambre dévastée, se firent entendre du côté du piano; c'était M. de Montesquiou qui chantait une romance avec une voix tellement expressive que chacun fit silence, et se rapprocha doucement du chanteur; car c'est une magie bien attractive que celle de la musique, et dans la musique c'est une autre magie plus attirante encore que celle du chant.

Je ne me rappelle plus ce qu'il chanta. Il me souvient seulement que je pleurai, mais que mes larmes ne me faisaient aucun mal... Le général Fournier chanta ensuite. Il avait une voix admirable, de ces voix de ténor, belles, pleines, sonores, et harmonieuses comme *un harmonica*. Mais il chanta *une chanson*, *le Marquis Olivier*, composée par d'Alvimar; et il aurait fallu en conscience avoir une ferme volonté de pleurer pour lui donner des larmes... tandis qu'en écoutant cette voix frémissante sous une vive émotion intérieure, on partageait cette émotion et on lui donnait toutes les siennes provoquées par ces chants si doux et si plaintifs... Voilà de ces souvenirs que rien n'efface... Bien des années se sont écoulées depuis ce jour-là; eh bien! je pourrais encore aujourd'hui retracer jusqu'aux plus légères impressions qui me frappèrent dans cette soirée, et pourtant ce qui se passa quelques heures après était plus que suffisant pour éteindre en moi tout autre souvenir.

Avant que ces messieurs me quittassent, je voulus savoir du colonel Montesquiou quelques unes des particularités de son départ de Paris. La faveur où son père et sa famille entière étaient auprès de l'empereur me paraissait plus que suffisante pour empêcher un voyage sans gloire dans ses résultats, tandis qu'il se présentait hérissé de dangers... J'appris de lui qu'il avait reçu l'ordre de partir sans s'y attendre, et qu'aussitôt il avait été frappé de la pensée qu'il ne sortirait pas de l'Espagne.

—Car rappelez-vous bien mes paroles, me dit-il avec un regard qui m'a depuis long-temps poursuivie dans mes rêves... rappelez-vous que je ne sortirai pas de cet infernal pays... Si j'échappe au boulet, à la balle, au sabre, à la lance, je tomberai sous le couteau... je mourrai de poison... mais je mourrai... Que mon sang retombe sur ceux qui ont voulu le verser!...

Il me parlait bas, très rapidement... Ce peu de mots fut dit en quelques secondes... Dans ce moment j'étais debout, appuyée contre une chaise... Le colonel me regardait, et, malgré son émotion, il fut frappé du bouleversement de tous mes traits. Je pâlissais, et ma main avait saisi la chaise en s'y cramponnant fortement... Une douleur venait de se faire sentir... J'allais accoucher, c'est-à-dire que le travail venait de commencer... Comment, grand Dieu! devait-il se terminer!...

Je me hâtai de prendre congé de ces messieurs. J'avais heureusement préparé une lettre pour Junot dans l'intervalle de ma rentrée au dîner, parce que le comte d'Erlon m'avait annoncé qu'il partait le lendemain au point du jour, pour joindre le prince d'Essling, comme il laissait des troupes derrière lui; les communications allaient se rouvrir, du moins nous devions le croire, et j'espérais faire parvenir promptement enfin la nouvelle de mon accouchement à Junot, si je survivais à ce moment pour lequel on rassemble tant de soins autour d'une femme, et qui pour moi allait se passer au milieu des premières privations !...

Aidée de M. Magnien, qui jadis ayant été, je crois, chirurgien-major dans quelque régiment, lui avait donné des soins à sa manière, ma bonne Rose était accouchée heureusement, trois semaines avant, d'une grosse fille qu'elle nourrissait, en attendant mon enfant. Ses soins étaient le secours sur lequel je comptais le plus... mais le ciel m'en envoya un autre auquel je suis convaincue que je dois la vie...

Il était onze heures du soir lorsque ces messieurs sortirent de chez moi.

— Priez pour moi, me dit M. de Montesquiou en me baisant la main; priez pour moi, je ne vous reverrai probablement jamais...

Je me sentis défaillir... Cette parole prononcée avec un ton d'assurance par un homme qui, en sortant de chez moi, allait monter à cheval pour affronter cette mort dont il parlait comme s'il la voyait à ses côtés, tandis que moi, pauvre femme, j'étais en ce même moment en face d'un danger positif et imminent qui plaçait un de mes pieds sur la terre et *l'autre dans la terre ;* cette parole me frappa au cœur, et lorsque je fus retirée dans ma chambre, poussant des plaintes que la crainte d'être entendue ne me faisait plus retenir, alors cette vision de mort vint m'obséder et se placer entre mon lit et le berceau de mon enfant.

Les douleurs furent *d'abord* ce qu'elles furent au dernier moment. La nuit fut cruelle, et le jour parut sans que le travail fût plus avancé. J'étais inquiète... Pour la première fois de ma vie j'eus peur pour moi. Si je mourais dans ce travail d'enfantement que nul secours habile ne venait aider, que devenait le fruit que je portais, que je savais exister dans mes flancs, et que j'avais déjà sauvé de tant de désastres? Mais comme ce n'est pas *mon histoire* que j'écris, je dirai seulement que vers le matin on acquit la certitude que l'enfant était mal placé et que l'accouchement présentait une sorte de difficulté[1]. Alors je repris toute ma fermeté si elle m'avait un moment abandonnée... Et enfin, après des souffrances inouïes, je mis au jour un garçon que j'ai eu le bonheur de conserver, et qui aujourd'hui contri-

[1] L'enfant était dans la position inverse de celle qu'il prend ordinairement au moment du travail. Si le pauvre petit être s'était placé quelques lignes plus à gauche ou plus à droite, nous étions perdus tous deux... nous l'étions, je crois, également si j'eusse perdu la tête.

bue à augmenter le peu de joie et de bonheur que le ciel m'ait laissé.

C'est maintenant qu'il me faut parler de l'ange qui alors se trouva dans mon chemin et me soutint dans cette route si pénible ; il me faut dire qu'une femme fut pour une autre femme ce qu'aurait été une sœur, une mère, une fille, et enfin l'amie la plus tendre ; et pourtant cette femme me connaissait à peine... Oh ! les femmes, si elles sont haïssables et repoussantes quand elles sont comme quelques unes que je pourrais nommer, comme elles sont adorables, quand elles remplissent sans calcul, mais par effusion, la mission que Dieu leur a donnée en les mettant sur terre, celle de consoler, de soigner ceux qui souffrent : oh ! celles-là doivent être aimées, et aimées de cœur...

J'ai parlé plus haut de la baronne Thomières, femme du général Thomières, qui, à la première invasion du Portugal, était déjà sous les ordres de Junot. A la troisième expédition, il joignit le 8e corps lorsque Junot était déjà à Burgos. Je ne sais alors où lui-même se trouvait. Le duc l'aimait et l'estimait fort. Aussi en 1808, lui avait-il confié le commandement de *Péniches*, en Portugal, comme l'un des points les plus importans de l'armée. A cette première campagne, sa femme l'avait toujours accompagné. Son affection pour son mari était une des choses les plus touchantes qu'il fût possible de voir.

Madame Thomières avait à cette époque quelques années de plus que moi; mais c'était, je crois, peu de chose. Elle était blonde, d'une physionomie douce et bonne, et d'une timidité gracieuse, qui avait beaucoup de charme. Sa parole ensuite en avait un puissant dans l'inflexion de sa voix et dans son accentuation. Elle était instruite, et d'une manière plus profonde que les femmes ne l'étaient ordinairement à cette époque. Elle dessinait et peignait bien, et faisait ensuite cette foule d'ouvrages de femmes, pour lesquels il est nécessaire d'avoir de petites mains blanches et adroites, ce qu'elle possédait aussi.

Mais le vrai trésor de la femme qui était caché sous tout cela, c'était une exquise sensibilité, une âme ayant toujours une parole consolante à faire entendre à l'oreille de la souffrance... une continuité et une persévérance dans ce qu'elle entreprenait pour arriver à ce but, qui à elle seule consolait déjà... Il est si doux de voir s'occuper de soi lorsqu'on sent son cœur saigner !.. Lorsque je me rappelle les soins dont elle m'entourait alors, dont plus tard elle entourait aussi le berceau de mon Alfred... je sens dans mon âme que les années peuvent s'écouler, les évènemens, la distance se placer entre deux êtres qui se sont aimés, mais que rien ne peut effacer de tels souvenirs.

Mon fils était faible au moment de sa naissance ; j'avais tant souffert !... Pauvre fleur, venue là au milieu des orages, dans un désert, et sans le plus chétif abri... Oh ! que de fois j'ai pleuré sur ton petit visage encore bleuâtre par les souffrances que j'avais éprouvées !... mais ces larmes, elles étaient bien douces ; elles remplaçaient d'autres larmes amères qui me brûlaient les joues... maintenant je n'étais plus seule... j'avais un être auprès de moi auquel je me devais... Dans ces heures terribles, où il me semblait que tout avait péri dans l'univers autour de moi, cette gracieuse figure d'ange m'était envoyée par Dieu pour me dire de vivre, et que je devais la ramener dans sa vraie patrie. Depuis deux mois je n'avais aucune nouvelle de France. Les estafettes allaient chercher Junot, et mes lettres étant dans le paquet de l'armée, ou tout au moins du 8ᵉ corps, il me fallait attendre que j'eusse écrit en France pour que mes lettres me fussent envoyées directement. Depuis l'affaire de Busaco, je n'avais aucune nouvelle de mon mari, et j'éprouvais tous les genres de tourmens... mais mon enfant était né, et la plus douloureuse de mes peines était calmée.

Souvent, dans les jours qui suivirent d'abord mon accouchement, je me surprenais dans une délicieuse rêverie à contempler cet être adoré qui, pour moi, était plus qu'un autre enfant ainsi que pour son père, car il nous avait été donné par Dieu, comme une compensation de souffrance dans ce lieu d'affreux exil... Junot avait désiré qu'il s'appelât Rodrigue.

—Nomme-le Rodrigue, m'avait-il dit. En me rappelant tout ce que sa mère a souffert, il aura lui-même le sentiment de tout ce qu'il te doit. Appelle-le Rodrigue.

J'avais voulu le nommer Rodrigue... mais ensuite ce nom ne me plut pas, et je l'appelai Alfred.

Avant que la fièvre de lait me privât des moyens de nourrir[1], que de fois en tenant mon fils dans mes bras, je le regardais avec une tentation frénétique de lui donner le sein... je le serrais contre moi... je le baisais à le faire crier, pauvre amour !... Et puis je le reposais sur mes genoux,

---

[1] La mort de ma mère dont la cruelle agonie dura plusieurs semaines, et une fièvre puerpérale m'empêchèrent de nourrir ma fille aînée Joséphine. Ne l'ayant pas nourrie, je ne voulus pas nourrir les autres.

et ma main allait machinalement dénouer le ruban de ma camisole de nuit, je dérangeais la double mousseline et le coton qui couvraient ma poitrine, et je voulais donner à téter à mon enfant... Je voulais être tout-à-fait mère, et là... au milieu de ce désert, de cette Thébaïde, il me semblait que c'était l'ordre de Dieu. — Un jour la tentation devint si forte, que la bouche de mon fils allait prendre mon sein, lorsque ma pauvre Rose se mit à genoux près de mon lit, et me dit en pleurant :

— Et moi, j'aurai donc quitté mon pays, ma mère, ma maison, pour venir donner mon lait au frère de mon premier nourrisson, et vous me l'ôtez des bras... il a pourtant déjà tété de mon lait... ne me l'ôtez pas, madame... vous l'aimerez déjà bien assez, celui-là... vous l'aimeriez plus que les autres si vous le nourrissiez...

Je ne dis rien, mais je ramenai sur ma poitrine la mousseline ouatée... je renouai le cordon de ma camisole... je baisai mon fils, et je le donnai à sa nourrice... mais mon cœur était froissé et bien gros de larmes...

Pauvre Rose !.. elle avait raison de tenir à son nourrisson !.. Sa fille mourut à quelque temps de là... il fut sa consolation...

— Le jour où j'eus la fièvre de lait, j'avais,

comme c'est assez ordinaire, un mal de tête violent, accompagné d'une sorte de vertige et d'un peu de délire. Cet état du reste fort naturel était augmenté par la privation de médicamens[1] : nous n'en avions pas du tout. Et pour remplacer l'eau de cannes ou toute autre boisson qui se donnait alors dans de pareils momens, on avait pris d'une sorte de jonc qui croissait dans les fossés de la ville, et dont on m'avait fait une tisane. Nous n'avions aucun sel, nulle chose, et la nature agissait en souveraine. C'est bien la meilleure manière de gouverner sa personne; mais comme il arrive souvent qu'il faut guider un roi, tout absolu qu'il soit, ou peut-être parce qu'il l'est, il faut aussi un guide et un régent à la nature. Mais ici il y avait impossibilité, aussi fus-je très souffrante et fort tourmentée par mon lait. Dans une de ces rêveries douces qui présentent tant d'images fantastiques, je crus entendre des cris, et reconnaître la voix qui les poussait !...

— Mon Dieu! me disais-je tout en retournant

---

[1] Car je n'appelle pas ainsi ce que contenait ma pharmacie portative : c'étaient de l'éther, de la fleur d'orange, du tilleul, et des niaiseries pareilles ; on avait négligé d'y mettre ce qui eût été nécessaire, parce qu'on avait, comme je l'ai déjà dit, compté être à Lisbonne ou tout au moins à Coïmbre pour mes couches.

ma tête brûlante sur mon traversin... mon Dieu... il vient me chercher!..

Et cette idée, chose étrange! me poursuivit avec une suite qui n'a pas ordinairement lieu dans un accès fièvreux, surtout de la nature du mien.

Le jour d'après, le souvenir de ce rêve vint m'obséder toute la matinée... Vers le soir[1], comme la ville était calme, et qu'on n'entendait que le bruit régulier des sentinelles et des patrouilles, le même cri sauvage, aigu, douloureux, que j'avais entendu la veille, revint encore me frapper l'oreille... je me soulevai... j'écoutai... je ne me trompais pas...

— Mon Dieu, dis-je à monsieur Magnien, qui donc peut crier ainsi?..

— On ne crie pas, me dit-il... vous vous trompez...

— Non, non, lui dis-je... on crie, j'en suis sûre... et... il me semble... que je reconnais cette voix...

— C'est impossible, s'écria-t-il.

— C'est celle du colonel Montesquiou, poursuivis-je d'une voix altérée, car je commençais

---

[1] C'était la nuit du même jour que Junot commençait à effectuer sa retraite par Alenquer, Golgâo et Sobral... Le comte d'Erlon entra en Portugal par Fuentes-d'Honoro, et le colonel Montesquiou devait nécessairement être frappé par l'aspect sauvage de ce lieu, ayant déjà l'esprit prévenu.

à comprendre que c'était en effet lui que j'entendais.

— Non, non, mille fois non, me dit Magnien. Allons, dormez, et ne rêvez plus ainsi tout haut.

Je passai une nuit étrange... je n'avais plus la fièvre, et pourtant ce *rêve* me poursuivait toujours. Il me semblait même qu'autour de mon lit le nom d'*Eugène* était prononcé... Je croyais entendre des paroles de danger mêlées à ce nom. Le lendemain matin, je parlai à M. Magnien, et je lui dis qu'il fallait qu'il me dît la vérité, car elle me ferait moins de mal que cette incertitude inquiète qui me tourmentait. Je n'avais plus de fièvre, et tout cela pouvait me la redonner. Il le comprit, et m'apprit ce qui était arrivé.

— Le comte d'Erlon était entré en Portugal, le 15 au matin. C'était sans doute une grande chose que de tenter de forcer le passage pour parvenir jusqu'à Masséna; mais on avait encore augmenté cette difficulté, et, dans Ciudad-Rodrigo même, ceux qui n'auraient dû parler que pour encourager, travaillèrent comme de concert à doubler l'inquiétude de tout le 9ᵉ corps. Eugène de Montesquiou, déjà frappé qu'il n'en reviendrait pas, reçut avec avidité tout ce qui fut dit autour de lui ; et lorsqu'on arriva le soir à Fuentes de Oñoro, le mal était déjà fait. La vue de ce lieu sauvage acheva de le perdre. Il en parlait au reste souvent dans son délire, et son aspect semblait en effet l'avoir vivement frappé. Je vais essayer d'en donner une esquisse.

Fuentes de Oñoro est un misérable village bâti dans le fond d'une vallée très agreste. L'intérieur du village est embarrassé par une foule de petits murs construits avec des pierres rocailleuses des montagnes environnantes, et donne à son aspect quelque chose d'inquiétant pour celui qui, arrivant en Espagne, est prévenu que derrière le moindre abri se cache un homme pour donner un coup de couteau ou tirer un coup de fusil. Au milieu de la vallée coule un ruisseau bordant un marais et un bois, qui tous deux se trouvent entre Ciudad-Rodrigo et Fuentes de Oñoro. Tout autour du village s'élèvent par gradins de petites collines pierreuses et arides qui offrent l'aspect de la désolation. La vallée est traversée par la route de Ciudad-Rodrigo à Gallegos. Mais ce qu'on ne peut rendre, tout en peignant ici la position topographique du pays, c'est sa physionomie lugubre et les dangers qu'en effet il peut masquer. Cependant il est peu de lieu en Espagne et en Portugal qui offrent, disent les militaires, plus de sécurité pour s'y défendre à celui qui l'occupe, et plus de difficulté à celui qui l'attaque.

Je n'ai jamais revu le colonel Montesquiou ; mais je suis sûre que la vue de ce lieu vraiment sinistre, où il devait, je crois, rester, avait contribué à faire déclarer la fièvre dont il fut attaqué le lendemain même. Il fut terrassé dès la première pulsation ; sa tête s'égara, un délire terrible s'empara de lui ; il poussait d'horribles cris, et disait toujours qu'on allait l'égorger. Le malheureux fut aussitôt ramené dans Ciudad-Rodrigo, qui du moins offrait quelques secours plus efficaces que le lieu sauvage et dévasté où il était tombé frappé subitement par la maladie !... C'était bien lui que j'avais entendu ; son premier cri m'était parvenu.

Ses souffrances furent cruelles... Son délire avait surtout quelque chose de déchirant, particulièrement pour ceux qui pouvaient le comprendre... M. Magnien y avait été par mon ordre, pour offrir à ses gens tout ce qui pouvait soulager son mal, du moins en ce qu'il m'était possible de faire ; et je l'y envoyais plusieurs fois le jour. J'avais en outre de ses nouvelles d'une autre manière encore plus certaine, parce qu'elle était naturelle¹. J'ai donc suivi la maladie du malheureux jeune homme dans toutes ses phases avec l'intérêt le plus profond et le plus tendre.

Un jour il exigea de ses garde-malades (c'étaient des chasseurs de son régiment, et l'on ne pouvait en avoir de meilleurs) de le laisser habiller en grand uniforme... On le laissa faire... Et puis il manda tous ses médecins, et leur dit : — Jusqu'à présent vous avez cru que j'étais malade?... Eh bien vous êtes tous des niais!... je me suis moqué de vous; je me porte bien... et vous allez me donner tout à l'heure un certificat de bonne santé...

L'infortuné avait une fièvre cérébrale jointe à une autre fièvre d'une espèce maligne, et toutes deux envenimées par cette pensée terrible : Je n'en reviendrai pas!...

Il mourut au bout de huit ou neuf jours de maladie... Il était pieux comme un ange... Quelque temps avant sa mort, il eut sa connaissance, et profita de cet instant pour demander un confesseur. On eut grand'peine à en trouver un

¹ J'avais alors une femme de chambre qui avait été au service de madame de Montesquiou, et Louis, le valet de chambre du colonel, venait lui donner des nouvelles de son maître. Cet homme fut un modèle de dévouement et d'attachement.

qui pût le comprendre ; mais enfin il l'eut, et se confessa.

Il avait perdu, l'année précédente, un enfant, qu'il adorait, et qu'il regrettait avec passion. Dans son délire, il parlait continuellement de cet enfant : — Il est au ciel... disait-il, il m'attend... il m'appelle... C'est un ange.

Après la mort de cet excellent et digne jeune homme, on voulut faire revenir son corps en France. Je ne sais pourquoi cela ne se fit pas ; on dit dans le temps que l'empereur ne le voulut pas ; je le croirais assez ; il n'aimait pas qu'on fît *apparat*, pour ainsi dire, autour des cercueils qui se remplissaient à la guerre ou par suite de la guerre... Je conseillai alors aux personnes qui avaient été attachées au colonel Montesquiou de faire faire une boîte en vermeil, et d'y mettre son cœur, pour le rapporter à sa famille.

Ce fut au milieu de l'impression que m'avait fait éprouver cette mort si tragique, que je reçus une nouvelle attaque, mais plus directement sur moi. Le général C...... envoya un jour chercher M. Magnien, et lui dit, après quelques circonlocutions, qu'il souffrait de la rareté des vivres, et que l'arrivée du comte d'Erlon lui ayant enlevé toutes ses réserves, il était presque obligé de me demander de m'en aller à Salamanque, moi et mes Suisses.

C'était bien mon intention. Je voulais partir, mais je voulais attendre au moins que les trois premières semaines fussent écoulées après mon accouchement, car j'étais accouchée le 15 novembre, et nous n'étions qu'au 24. Mais la grossièreté du procédé me fit trouver des forces... Et puis ma nourrice souffrait de la mauvaise nourriture; il me fallait trouver un meilleur pâturage pour mon pauvre agneau... Il pouvait, *lui*, voyager sans crainte; dès lors ma personne était peu de chose.

— Je ferai la route à cheval, dis-je à Magnien... cela me fatiguera moins que d'être cahotée sur cette horrible route.

Il y avait alors à Ciudad-Rodrigo un homme dont la bonté était presque proverbiale dans l'armée; c'était un général d'artillerie de la garde impériale, le général Coin. Je ne sais plus comment il était resté à Ciudad-Rodrigo, mais il y était. C'était le plus excellent et le plus digne des hommes. Il n'était plus jeune et avait toujours été fort laid; mais il était si bon qu'on n'y prenait pas garde. Il me demanda de m'accompagner à Salamanque.

— Vous verrez que je maintiendrai votre escorte sur un pied respectable, me dit-il; et lorsque les brigands sauront que vous êtes accompagnée par un officier général, ils se garderont bien de vous attaquer; ils vous prendront pour une avant-garde.

J'acceptai, comme on peut le penser, avec reconnaissance. M. Luyyt fut prévenu, et M. Désanges organisa le voyage de son ami. Quant à ma bonne Agathe, elle ne me quittait pas; et pourtant, si ce n'eût été moi, elle suivait le comte d'Erlon, pour tenter de passer et de retourner près de son mari... Pauvre femme aimante et souffrante!... Elle avait perdu son unique enfant... sa mère!... il ne lui restait que son mari.

— Oh! si je le perdais! me disait-elle quelquefois!...

Pauvre Agathe!... elle l'a perdu en effet.

Ce fut le 25 novembre que nous nous mîmes en marche pour Salamanque, et que nous quittâmes Ciudad-Rodrigo, dont les murs seuls m'avaient été hospitaliers... Le général C...... avait mis dans ses manières avec moi autant de mauvaise grâce que possible. Il ne réussit pas à me fâcher; mais, en revanche, il nous fit bien souvent rire par ses prétentions, comme GOUVERNEUR, et surtout quand il se mêlait de vouloir être affable. Ce fut le lendemain de mon accouchement qu'il en donna la meilleure représentation : j'eus le malheur de ne la pas voir ; mais il eut pour auditoire la baronne Thomières, le général Fournier, le baron Lalance, inspecteur aux revues, et M. Magnien. Je ne compte pas ses aides-de-camp, ils étaient accoutumés à ces représentations-là.

Il s'agissait de l'état civil de mon fils. M. Lalance, inspecteur aux revues, vint chez moi pour dresser l'acte qu'ensuite je devais changer en France pour l'extrait de baptême, autrement dit de naissance, à la mairie de mon arrondissement. On appela des témoins, et ces témoins furent le gouverneur de la ville, et le général Fournier, qui, allant à Zamora, était demeuré encore ce jour-là à Ciudad-Rodrigo. Le général C...., jugea qu'il était de sa dignité de signer l'acte de naissance du fils d'un grand-officier de l'empire, qui était gouverneur de Paris, et partant son collègue ; et il vint. Dire tout ce qu'il fit et ne fit pas serait trop long ; je rapporterai un seul fait.

On parlait de moi. Le général C...... entendant dire à M. Magnien que la fièvre de lait me prendrait le soir même, s'en fut à madame Thomières, et lui prenant la main avec un air doctoral tout paternel, il la pria de lui donner attention.

— Lorsque madame C...... se trouve dans le cas où est maintenant madame la duchesse d'Abrantès, lui dit-il, elle fait toujours faire une omelette...

— Une omelette?... s'écria Magnien.

— Voulez-vous me laisser achever? dit le général. Madame C...... fait faire une omelette avec des *violettes* bien fraîches, et puis elle l'applique sur ses..... (et comme il ne trouvait pas de terme honnête, il fut long-temps à chercher) sur ses... mamelles... cela conserve cette partie du corps de la femme.

Il y avait matière à rire même pour les plus sérieux. Le général Fournier éclata d'une façon à faire froncer le sourcil au général; mais il n'était pas homme à s'en effaroucher, et le regardant ensuite d'un air moqueur, il lui demanda comment il ferait une *omelette aux violettes* dans sa bicoque écroulée où il n'y avait *ni violettes ni œufs* ...

Le général C...... le regarda sans rien répondre, et puis il dit :

—Comment! ni violettes ni œufs ?... C'est parbleu vrai!... Mais écoutez donc, poursuit-il d'un air triomphant, je le crois bien!... nous sommes en novembre.

—Ah!... pour que les appas de madame votre femme soient conservés, il faut donc qu'elle accouche au printemps?

Et pirouettant sur un pied, il passa devant le général C......, avec cet air insolent qu'il avait presque toujours avec ceux qui l'ennuyaient.

Le fait est que madame C...... sera accouchée au mois de mars ou d'avril, qu'elle aura fait ce remède de bonne femme, et que son mari, frappé seulement du fait, l'aura conservé comme *recette* n'importe à quelle époque de l'année.

Le jour de mon départ, il faillit causer un malheur en donnant ses ordres d'une manière obscure et bizarre. Il avait un aide-de-camp nommé M. Augier, fils de M. Augier de la Saushaye, homme de beaucoup d'esprit et de savoir. Ce monsieur Augier, aide-de-camp du général C......, était dès lors le mari d'une personne bien connue, qu'on appelait avant son mariage mademoiselle Lapleigne, et qui est mère d'un fils de l'empereur, qu'on nomme M. le comte Léon. M. Augier s'en vint à la porte de Ciudad-Rodrigo, où je le vis au moment où je la passais avec le doux espoir de ne jamais y revenir. Je pensai qu'il était là pour me faire politesse de la part de son général, et, à vrai dire, cela me paraissait du Louis XIV tout pur, ce qui était surprenant de la part de gens qui avaient plutôt agi envers moi comme des habitans des îles Sandwich... Mais ce n'était pas cela : M. Augier était là pour *me conduire à Salamanque*, et, en conséquence des ordres de son général, il s'avança vers la tête de la colonne et voulut donner un ordre : tout cela sans m'en parler, sans en dire un mot à Magnien, ou au général Coin.

Mes Suisses étaient commandés par un officier d'un grand mérite dont je n'avais eu qu'à me louer depuis le départ de Junot. Il avait choisi cet homme lui-même dans le corps d'armée, et il avait bien réussi. En voyant arriver auprès de lui M. Augier, il lui demanda ce qu'il lui voulait; l'autre le lui dit, avec peut-être un peu trop de légèreté; le Suisse se fâcha, l'autre répliqua. Le Suisse dit que ses soldats étaient à lui, et que nul autre ne leur dirait une parole; à moins que je ne lui donnasse l'ordre de le faire. M. Augier répondit que son général lui avait donné l'ordre de m'escorter à Salamanque, et qu'il m'escorterait. Ils s'échauffèrent, tous deux étaient braves; le résultat de cette lutte de paroles fut une autre lutte plus sérieuse. Ils se mirent derrière un mur, tirèrent leurs sabres, se battirent, et M. Augier reçut un coup de sabre tout au beau milieu du front. L'affaire faite, on vint me demander ce que je voulais qu'il en advînt; je dis aussitôt que j'étais très fâchée que M. Augier eût reçu une telle apostrophe pour mon service, moi qui le connaissais à peine; mais que je ne pouvais lui laisser commander mon escorte; que ce droit appartenait au chef des soldats qui m'escortaient; et puis qu'ensuite il y avait là le général Coin, qui s'en chargerait encore avant tout autre. Et c'était vrai, il était là, le brave homme, écoutant et souriant. M. Augier rentra dans sa vilaine ville pour se faire panser, et moi je me mis en marche pour Alba de Tormès et pour Salamanque sous la garde de mes braves Suisses. A peine fûmes-nous engagés dans la route, que nous vîmes au-dessus de nos têtes briller au soleil pâle de novembre les pointes aiguës des lances espagnoles, tandis que les plumes rouges des chefs voltigeaient au vent piquant du matin. Je jetai alors un coup d'œil sur la voiture qui renfermait mon fils... *mon trésor* à moi, ma vie... le général Coin suivit mon regard. Cet homme était vraiment un excellent homme: il me comprit sans que j'eusse parlé... Nous étions alors près l'un de l'autre, et son cheval touchait le mien.

—N'ayez pas peur, me dit-il... Ces hommes-là, et il me montrait les soldats... ces hommes-là ont vu naître votre enfant, il vous *ont vue vous* promener au milieu d'eux en le portant... soyez sûre qu'ils le défendront bien... Mais nous ne serons pas attaqués... voilà qui nous en empêchera : tenez.

Et il me montra une pièce de campagne qu'il avait prise à Ciudad-Rodrigo. Un petit caisson suivait par derrière avec un canonnier. Je n'étais pas fort habile en affaires militaires, mais je lui dis cependant qu'un canon dans la position où nous étions était aussi utile que s'il eût été en ce moment sur les tours Notre-Dame.

—C'est peut-être vrai ce que vous dites là, me répondit-il en riant, mais c'est toujours bon à une chose... à montrer qu'on veut se défendre.
— Il avait raison, c'est beaucoup.

CHAPITRE VIII.

Le général Thiébault remplace le général Lagrange dans le commandement de Salamanque. — Motifs de ce changement. — Les généraux Coin et C.... — Convoi de malades. — Bois de Matilla. — Imprudence. — HALTE ! — Inquiétudes affreuses. — Souvenirs du général Thiébault sur notre passage dans le bois de Matilla. — Lettre du maréchal Bessières. — Nouvelles de France. — Ouverture du canal de Saint-Quentin. — Les villes anséatiques et la Hollande réunies à l'empire français. — Rapport de M. de Sémonvillle. — Cent vingt mille conscrits. — Prise de possession du duché d'Oldembourg. — Impression qu'elle produit sur l'empereur Alexandre. — *Maintenant le bâton de maréchal est dans Tarragone.* — Le duc de Galles est nommé régent par le parlement anglais. — Retraite du comte Dubois, préfet de police. — Duc de Rovigo. — Aperçu du général Thiébault sur les affaires de la Péninsule. — Don Julian.

Ce n'était plus le général Lagrange qui commandait à Salamanque, c'était le général Thiébault, à qui le roi Joseph avait confié avec raison le septième gouvernement. La manière remarquable dont il avait conduit les affaires dans la Vieille-Castille, lorsqu'il avait le gouvernement de Burgos, justifiait entièrement une confiance absolue. Il y avait de plus une raison très forte: le général Thiébault avait été avec Masséna; il connaissait l'homme, et savait comment se conduire avec lui, et la chose était des plus importantes du moment où le 9ᵉ corps rouvrait les communications entre l'armée de Portugal et l'Espagne. La désunion des uns, et l'insubordination des autres, étant certainement une des causes des désastres de la Péninsule.

L'arrivée du 9ᵉ corps avait un peu éclairé la route de Salamanque à Ciudad-Rodrigo; cependant elle était loin d'être sûre. Des coups de fusil furent tirés sur nos traîneurs dans la soirée du premier jour de marche. Nous protégions un petit convoi de malades que le général C...... renvoyait à Salamanque; comme il embarrassait prodigieusement notre marche dans ces défilés sauvages, le général Coin voulait que je refusasse, et que le général C...... attendît quelques semaines. Mais ces hommes étaient si mal à Rodrigo!... ils étaient si mal, et méritaient d'être si bien!... J'avais tant appris à estimer le soldat français... à l'admirer pour sa noble conduite... que je ne voulus pas refuser à ces pauvres malades de leur procurer quelques jours plus tôt les soulagemens que devaient leur donner les hôpitaux de Salamanque et de Valladolid¹... Mais il est de fait que les charrettes où étaient les malades n'allant que très lentement, pensèrent nous être fatales... une autre circonstance tenant à l'insouciance du soldat faillit nous être encore plus dangereuse.

Le temps était sombre et mauvais le second jour de notre route. J'étais fatiguée comme pouvait l'être une pauvre femme relevant de couches, et faisant quarante lieues à cheval dans un pays dévasté; j'avais donc grand'hâte d'arriver à mon gîte pour entrer à Salamanque le lendemain d'aussi bonne heure que cela pourrait se faire. Il fallait pour cela traverser les bois de Matilla, l'un des endroits les plus dangereux de l'Espagne²... cela n'empêcha pas le général Coin d'arranger notre route de façon que nous entrâmes dans les bois de Matilla au jour tombant.

J'ai déjà parlé, je crois, de l'aspect sinistre d'un bois en Espagne, surtout dans la partie du nord, et je place les Asturies, Léon et la Vieille-Castille dans cette région relativement au reste de la Péninsule... L'impression qu'on reçoit en entrant dans une forêt de ces chênes verts est

---

¹ C'étaient presque en totalité des dragons et des chasseurs.

² C'est près de Matilla que se trouvait la caverne des voleurs de Gilblas... *c'était une belle tradition.* Mais ce qui était plus positif, c'était don Julian.

une des plus pénibles que j'aie ressenties de ma vie : cette fois elle fut redoublée.

Les Espagnols ont une telle aversion pour tout ce qui est *chemin*, qu'à moins que le gouvernement ne leur fasse une route comme les *deux seules* qui existent en Espagne, ils n'ont soin ni cure de pareille chose ; et de plus ils embarrassent celle que la nature a faite au milieu des bois, en coupant, comme les sauvages, les arbres à un pied de terre, de façon que les racines forment autant de petits tertres contre lesquels nos chevaux buttaient à chaque pas, ce qui devenait vraiment dangereux pour la calèche où était mon fils... C'était une voiture extrêmement légère, qui supportait très bien les cahots de la route, mais qui devait se briser contre de telles secousses. Je ne pus m'empêcher de témoigner mon inquiétude, et dans le moment les soldats qui m'entouraient imaginèrent, pour la calmer, un moyen qui l'eût bien redoublée si j'eusse d'abord compris tout son danger.

Il n'y a point d'herbe en Espagne dans ces tristes forêts de chênes verts ; la terre est seulement couverte par une sorte de fougère qui alors était tout-à-fait sèche : les soldats en ramassèrent plusieurs gerbes, battirent leur briquet, et tout aussitôt le muletier qui conduisait la calèche put discerner parfaitement où il engageait ses mules... Je fus également ravie de voir où mon cheval posait le pied, et je m'empressai de remercier les soldats de leur belle invention... Mais ce ne fut pas tout... le bataillon entier, les muletiers des charrettes... tout le petit convoi enfin, éprouvait le même inconvénient; ils jugèrent comme nous que le moyen était bon pour le détruire, et tout aussitôt, dans un intervalle que je ne puis décrire, notre petite ligne entière présenta la plus brillante illumination : cela fut si promptement exécuté, que le général Coin, qui marchait en tête de la colonne, ne put empêcher cette imprudence qui pouvait nous coûter la vie... En effet, quand on connaît les lieux, et qu'on se rappelle comme il était facile à l'ennemi de descendre doucement et d'arriver près de nous à portée de fusil, et de là nous ajuster et tirer presque à bout portant sans que nous vissions seulement d'où venait la mort; car nos meurtriers étaient sauvés par l'ombre, tandis que la lueur que je jugeais d'abord libératrice ne servait en effet qu'à leur montrer où ils devaient tirer... je ne puis m'expliquer l'inaction des Espagnols que d'une manière.

Nous approchions de Matilla, toujours éclairés par nos torches de fougère sèche que les soldats avaient soin de renouveler, et nous cheminions en silence, lorsque tout-à-coup ce silence fut troublé par un bruit de chevaux au galop, et le cri DE HALTE!... se fit entendre... puis ce fut un bruit de voix... un tumulte, au milieu duquel je n'entendis plus rien, car mon trouble me donna tout aussitôt la plus affreuse des visions... Je me vis attaquée, prise avec mon enfant! mon cher trésor que j'avais sauvé de tant de périls; il me fallait le voir prisonnier des guérillas!... lui qui ne comptait sa vie que par des jours et pas encore par des semaines... Ce moment fut court, mais il fut affreux... Je fus réveillée de ce cauchemar par des voix amies... des voix françaises... j'étais entourée de protecteurs quand je me croyais perdue. C'était enfin le général Thiébault qui était venu au-devant de moi en apprenant mon imprudence. Heureusement qu'il l'avait su à temps pour faire flanquer la route aux environs de Matilla; mais je vais le laisser parler lui-même [1].

[1] Le général Thiébault a conservé d'immenses notes qui doivent servir à un travail d'une grande importance; il a eu la bonté de m'en communiquer quelques unes qui me concernent ainsi que le duc d'Abrantès, qui du reste avait pour lui la plus sincère amitié.

.....«Je retrouve dans des matériaux pour mes souvenirs ce qui suit...

» Madame la duchesse d'Abrantès avait suivi le duc jusqu'à Rodrigo, où elle arriva grosse de sept mois. Forcée de s'y arrêter, elle y fit ses couches au milieu des décombres, des privations de toute epèce et d'une affreuse épidémie. C'est là que naquit son fils Alfred, que d'abord on nomma Rodrigo.

» Cette position n'était pas tenable. La duchesse vint à Salamanque, où je me trouvais alors comme gouverneur général du septième gouvernement du nord de l'Espagne... mais j'ignore si sans moi elle y fût arrivée... En effet, informé de sa venue, je l'avais été également que don Julian, chef d'une formidable troupe d'insurgés, avait formé le projet de l'enlever dans les bois de Matilla. Je savais que l'escorte de la duchesse était insuffisante pour la défendre contre une pareille agression ; je fis donc aussitôt flanquer la route par quelques colonnes, et je montai moi-même à cheval pour aller au-devant d'elle...»

On voit par ce que je viens de transcrire que mon amitié et ma reconnaissance pour le général Thiébault sont fondées sur une base qu'une femme, une mère surtout ne peut jamais oublier... c'est pour moi un devoir, et un devoir sacré, dont, au reste, il m'est doux de m'acquitter.

Nous fûmes le reste de la route dans une entière sécurité. Nous couchâmes à Matilla, et nous arrivâmes le lendemain matin à Salamanque.

J'occupai à Salamanque une grande maison située dans une partie de la ville fort retirée, et qui avait été habitée par le maréchal Ney. Elle était dégarnie de meubles comme toutes les maisons espagnoles qui n'ont pas une spécialité d'élégance, ce qui ne se trouve guère qu'à Madrid, à Cadix, à Valence, ou bien encore à Barcelonne. Du reste, le général Thiébault avait fait arranger ma demeure aussi bien qu'on le pouvait faire à Salamanque, et je me trouvai à merveille. Madame Thomières fut également bien logée, au moins pour l'Espagne. Et certes, je n'eus pas à me repentir d'avoir choisi Salamanque pour mon lieu de retraite et d'attente. Peu de jours après mon arrivée, je reçus une lettre du maréchal Bessières : il était alors à Valladolid, et me pressait instamment de l'aller joindre.

« Vous aurez ici mille ressources pour vous et
» votre fils, dans le cas où l'un ou l'autre vous
» auriez besoin de secours, et puis vous serez en-
» tourée d'une armée qui vous protègera. Vous
» aurez à l'instant une escorte pour France si vous

» y voulez retourner au lieu d'attendre Junot. Et
» je puis ajouter que vous aurez auprès de vous
» un excellent ami pour vous garder et vous soi-
» gner. Venez, je vous le demande en grâce pour
» vous et votre enfant. »

« Mon cher maréchal, lui répondis-je dès le
» lendemain, je suis venue à Salamanque parce
» que je n'avais plus de pain blanc à donner à ma
» nourrice à Ciudad-Rodrigo, et que les blinda-
» ges ayant été brûlés, je serais morte de froid
» et de faim dans cet odieux cimetière; mais, une
» fois ici, je n'en sortirai plus qu'avec Junot, et je
» l'y attendrai. Je lui ai écrit par le comte d'Erlon,
» il doit compter sur ma parole... »

J'avais en effet écrit à Junot qu'étant mal à
Ciudad-Rodrigo, il était possible que je le quit-
tasse, mais seulement pour aller à Salamanque,
et qu'il pouvait compter qu'il m'y retrouverait,
et que la France ne me reverrait pas sans lui...

Madame Thomières était dans les mêmes sentimens que moi; elle avait même fait un sacrifice à notre amitié et à sa bonté parfaite en ve-
vant avec moi à Salamanque... Elle voulait aller
joindre le général Thomières avec le comte
d'Erlon... Il est, au reste, bien heureux qu'elle
n'ait pas pris ce parti, car le comte d'Erlon

fut encore bien long-temps sans pouvoir passer...

Je fis donc toutes mes dispositions pour m'établir convenablement à Salamanque; mon fils se portait à merveille, et *venait*, comme disent les bonnes femmes, comme un bouton de rose...: J'avais des nouvelles de France, assez récentes et fort heureuses, de mes trois enfans... Nous avions l'espoir de voir s'ouvrir enfin ces murs vivans qui s'étaient élevés entre nous et l'armée du Portugal. Tout était beau dans l'avenir; j'étais jeune alors, et je ne savais pas encore ce que j'ai appris depuis... c'est qu'il ne faut jamais bâtir sur ce qu'on croit une *certitude* de bonheur...

Les nouvelles que je reçus de France, et qui me furent également données par le duc d'Istrie, avaient une singulière couleur : on pouvait surtout juger de cette *étrangeté*, lorsque, comme moi, on décachetait à la fois des nouvelles de plusieurs mois. C'était le plus extraordinaire mélange de succès, de revers, de pertes, d'accroissement, de disgrâces, de faveurs... C'était la disgrâce de Fouché, dont les détails ne nous étaient pas parvenus d'abord[1]; c'était la prise

[1] Il fut disgracié en juin 1810... Je donnerai plus tard les détails *vrais* de cette disgrâce, qui n'ont pas été bien connus dans le temps.

de l'Ile-de-France par les Anglais[1]... et puis l'ouverture du canal de Saint-Quentin annoncée avec grande pompe, ainsi que le sénatus organique qui porte que les Villes Anséatiques, la Hollande, et une foule de petits Etats font partie de l'empire français; tout cela proclamé à grand bruit pour couvrir les voix gémissantes de tous ceux qui perdaient leur fortune à ce bouleversement entier de choses qui meurent ordinairement comme Dieu les a créées... Dans le même temps nous prenions aussi le Valais, dont nous nous bornions à faire *seulement un département*. A cette époque l'empire français embrassait du 54ᵉ au 42ᵉ degré de latitude... c'est alors aussi que M. de Sémonville disait dans un de ses rapports au sénat :

« Après dix ans d'une lutte glorieuse pour

---

[1] Les Anglais prirent à l'île de France cinq frégates à nous et vingt-huit bâtimens de leur compagnie des Indes que nos corsaires avaient capturés... Quelqu'un m'écrivait à cette occasion, que la perte de l'île de France ainsi que celle de l'île Bourbon entraînaient la perte de toutes nos possessions dans l'Inde; et, en effet, Madagascar tomba au pouvoir de l'Angleterre avant la fin de la même année... M. Decrès a de grands reproches à se faire pour le dénuement total où il laissa toujours nos colonies; on peut l'en accuser. Au surplus ce n'est pas le seul compte que nous ayons à régler avec lui.

» la France, le génie le plus extraordinaire
» qu'ait produit le monde réunit dans ses mains
» triomphantes les débris de l'empire de Char-
» lemagne!... »

Mais un autre *sénatus-consulte organique* proclamait aussi à cette même époque que l'Etat devait donner cent vingt mille conscrits de 1810[1]; un autre sénatus-consulte, également du même mois, avait ordonné que les départemens du littoral de l'empire cesseraient de fournir à la conscription de terre, et donneraient pour le service maritime un contingent mis dès lors à la disposition du gouvernement. La promulgation de ce *sénatus-consulte* fut d'un effet tout autre que celui produit par la conscription ordinaire. Dans celle-ci, l'espoir d'un prompt avancement, celui d'être mis par le hasard sous les yeux de l'empereur, faisaient partir le conscrit avec moins de chagrin de son toit paternel. Mais ici, c'étaient des enfans... de treize à seize ans!... ce sont les classes de 1813, 1814, 1815 et 1816 qui sont

---

[1] Ce sont ceux qui étaient nés du 1ᵉʳ janvier au 31 décembre 1791... Cette mesure fut bien nuisible et fit beaucoup de mal à l'empereur. Il faut y ajouter le *malheur* d'être mieux servi qu'il ne le demandait, par des préfets qui croyaient faire merveille en envoyant cinquante hommes, quand on en demandait vingt-cinq.

accordées par ce sénatus-consulte!... Qu'on juge de la douleur, et surtout des pleurs et des plaintes des mères!...

Voilà ce que me disaient les lettres que je recevais... elles s'accordaient également sur un point... c'est que, depuis son mariage, l'empereur n'était plus le même sous beaucoup de rapports... peut-être aussi sa position lui faisait-elle éprouver des inquiétudes. Plus le colosse de l'empire prenait d'accroissement, plus il étendait ses membres immenses autour de lui, et plus il devait inspirer de soucis à celui qui l'avait ainsi amené à une si fantastique et si glorieuse puissance... On en était arrivé à ce point, que les conquêtes elles-mêmes ne donnaient plus qu'une joie mêlée d'alarmes. Voilà du moins ce qui me fut dit lors de la prise de possession du duché d'Oldenbourg par notre empereur... Il avait bien un motif, qui était toujours son système continental, et son blocus continental sur tout le littoral de la mer du Nord; mais l'empereur Alexandre ne se pouvait payer de pareilles raisons. Le prince dépossédé était son beau-frère, et, en apprenant cette nouvelle, il ne put retenir un vif mouvement de colère.

— *L'empereur Napoléon est aussi par trop*

égoïste, dit-il à la personne qui était alors près de lui...

Ces paroles sont bien remarquables dans l'année qui précède les désastres de Russie.

La vie avait à cette époque un mouvement tellement actif, qu'en vérité lorsque la pensée retourne pour fouiller dans ces temps extraordinaires, on est de nouveau travaillé par une fièvre de souvenirs... Notre gloire surgit encore souvent par éclairs... On est fier du nom français... Ce nom prononcé faisait à lui seul ouvrir les portes et tomber les murailles... Suchet venait de prendre Tortose après treize jours de tranchée ouverte... La garnison était nombreuse... bien approvisionnée, et le matériel contenu dans la place était immense...

— Maintenant, dit l'empereur, le bâton de maréchal est dans Tarragone.

Et Suchet s'en fut mettre le siége devant Tarragone.

— Oh! pour celle-là, me disaient les Espagnols et les Anglais prisonniers qui étaient avec nous, pour celle-là, il ne la prendra pas!...

Mais c'étaient des paroles magiques que celles dites par l'empereur à Suchet!... Le bâton de maréchal!... rien n'arrête pour le conquérir... Aussi Tarragone tomba, comme les autres villes fortes d'Espagne, sous notre canon; seulement ses décombres recouvrirent aussi bien des cadavres français[1]!...

Ce fut vers cette époque que le parlement d'Angleterre déféra, par un acte solennel, la régence au prince de Galles. J'ai déjà parlé, je crois, de la répulsion que Napoléon éprouvait pour lui, et même pour les plus simples actions de sa personne. Il n'accueillait son nom qu'avec une épithète peu honorable. Le prince de Galles y répondait avec esprit, parce qu'il en avait, mais sans tact et comme malavisé, parce qu'il n'était pas à la hauteur d'un tel homme, et que souvent dès lors il ne le comprenait pas... Quand pareille chose arrive, il y a confusion complète; et lorsque des empires sont l'enjeu d'une telle partie, alors les peuples sont victimes et gémissent... Il est constant que les libelles qui se répandirent des deux côtés depuis la rupture de la paix d'Amiens ont puissamment contribué à envenimer des plaies déjà bien douloureuses[2]. Une particularité fâcheuse égale-

---

[1] Le siége de Tarragone dura plus de deux mois... on lui donna cinq assauts, et Suchet perdit du monde à cette conquête d'une haute importance il est vrai. Mais nous en arrivions au point de compter les hommes que nous perdions.

[2] Ce ne fut qu'en 1812 que le prince de Galles entra en

ment eut lieu alors : l'une fut la retraite du comte Dubois, préfet de police de Paris, dont l'activité, le talent, et l'attachement, ne pouvaient être remplacés pour l'empereur ; l'autre fut l'arrivée de M. le duc de Rovigo au ministère de la police. Je développerai ces deux opinions plus tard, et par les preuves, *les résultats conséquences* de leur *départ* et de leur *venue*.

Pendant que la scène des évènemens voyait chaque jour se jouer un drame plus important que la veille, nous avions aussi nos représentations, et certes elles ne manquaient pas d'intérêt, d'autant plus que leur effet était contagieux pour le reste de l'Europe.

Une des parties les plus importantes de la guerre de la Péninsule, et l'une des moins bien connues peut-être, c'est notre lutte avec les guérillas... c'est-à-dire que la chose mérite une telle attention, que je suis étonnée que quelque officier de mérite n'ait pas entrepris ce travail... Ce serait d'un intérêt bien curieux à suivre que cette marche toujours égale pour atteindre son but, et cela malgré les passions

---

exercice de la puissance royale : quelque limitée qu'elle soit en Angleterre, elle est encore assez étendue pour que celui qui l'exerce ait une grande influence en Europe, lui, de sa personne.

éveillées et dans toute leur frénésie... Sans doute il y a eu parmi ces bandes des hommes atroces qui ont commis des horreurs!... mais il en est aussi dont on peut citer la conduite : le marquis de Villa-Campo ; le fameux don Julian... plusieurs autres furent plutôt *chefs de parti* que chefs de brigands, comme nous les appelions toujours en France, et même sur les lieux, parce qu'on mettait ensemble Mina, le vieux, le cruel Mina, et don Julian qui fut vraiment un homme distingué, auquel il ne manqua qu'un théâtre... Je sais sur cet homme un fait assez singulier par le résultat qu'il pouvait avoir sur les affaires françaises en Espagne. Je préfère laisser parler celui qui était le principal acteur en tout ceci... Cette aventure prouve à quel point la *séduction* et la corruption sont de puissans auxiliaires par tous pays et dans toutes les positions de la vie... Mais ceci est surtout curieux pour les affaires d'Espagne, et même d'un haut intérêt.

Je transcris ce que m'a donné le général Thiébault : c'est lui qui parle...

« .... Peu après avoir été investi du septième gouvernement, je me trouvai avoir à peu près vingt mille hommes sous mes ordres ; troupes formées, et de celles de mon commandement, et des bataillons et des escadrons de marche des trois corps de l'armée de Portugal... Je n'étais aux prises qu'avec cinq ou six mille Espagnols, et quoiqu'ils formassent le corps de don Julian, chef intrépide, capable et actif, je n'en étais pas moins, dix fois pour une, en état d'exécuter contre lui de ces mouvemens dont partout les guérillas étaient l'objet, mais qui n'aboutissaient qu'à les aguerrir en fatiguant nos troupes... J'adoptai un autre plan... je renforçai mes garnisons... j'augmentai la force de mes escortes de convois et de courriers; mais je ne mis pas un homme en campagne... je disais au contraire que la guerre ne se terminerait en Espagne que par une entière conviction et le temps... enfin, mon inaction devint totale... ce fut au point que les autorités espagnoles, les *affrencesados*, et des Français eux-mêmes, blâmaient mon système... Et quant aux bandes de don Julian, elles parcouraient les campagnes en faisant des gorges-chaudes de moi... Enfin, le duc d'Istrie, qui était alors à Valladolid, m'en écrivit... Lui-même n'eut pour réponse que cette phrase :

» *Je supplie Votre Excellence de permettre que je garde le silence le plus absolu sur l'objet de la lettre d'hier...*

» Tandis qu'on commentait ma conduite, et qu'ainsi que cela arrive toujours on me prêtait tous les motifs, excepté le véritable, j'avais complété mes dispositions; et à un jour donné, dix colonnes d'infanterie avaient débouché de Salamanque, de Lédesma, d'Alba de Tormès; et quatre bataillons partis la veille de Salamanque même, sous prétexte d'aller renforcer les garnisons d'Alméida et de Rodrigo, et ayant couché à Matilla, s'étaient divisés en quatre colonnes mobiles agissant avec les dix autres... D'après le plan adopté et l'itinéraire prescrit, deux de ces colonnes longèrent la Tormès... brisèrent ou brûlèrent toutes les barques, et gardèrent quelques ponts après en avoir brûlé le plus grand nombre... tandis que les autres colonnes se jetèrent alors dans les parties boisées qui s'étendent entre *la Tormès* et *l'Agueda*, traquèrent dans tous les sens les bandes de don Julian, les forcèrent à se jeter dans la plaine, où neuf colonnes de cavalerie, sous les ordres du général Fournier, les abîmèrent en quelques charges, car cette attaque n'avait été nullement prévue par eux... La terreur fut tellement forte, qu'en peu de jours plus de dix-sept cents hommes firent leur soumission, et que don Julian vit sa troupe réduite à deux mille cinq cents hommes, après l'avoir eue de la force d'une belle brigade.

» Mais quelque grand que fût ce succès... bien qu'il fût sans exemple même contre des guérillas... il ne remplissait pas mon espérance, et n'atteignait pas mon but... En effet, au plus fort du bouleversement que don Julian avait éprouvé, un émissaire l'avait abordé... et lui avait dit..
« *Quel dommage qu'un brave homme comme vous*
» *ne consacre son courage, son activité, ses moyens,*
» *qu'à accroître les malheurs de son pays, quand il*
» *pourrait si puissamment contribuer à les terminer!*
» *Tout le monde, et le gouverneur plus que personne, vous rend la justice que ce regret exprime... Si donc vous voulez quitter un parti dans*
» *lequel vous ne serez jamais qu'un paysan, vous rallier à une cause qui seule peut faire le bonheur de*
» *l'Espagne, et terminer les calamités qui l'accablent, le gouverneur se ferait fort de vous faire*
» *nommer maréchal-de-camp, de vous faire donner*
» *une décoration* (c'était l'objet de son ambition),
» *de faire organiser, et mettre sous vos ordres un*
» *corps régulier de six mille hommes infanterie et*
» *cavalerie... de vous garder auprès de lui, et*
» *enfin de ne conserver dans le gouvernement que le*
» *nombre de troupes nécessaires aux garnisons des*
» *places.* »

» Ces offres faites d'une manière adroite flattèrent don Julian; ce qu'on lui dit de mon estime pour lui le toucha... ce qu'il savait de mon caractère, et de la manière dont je traitais les Espagnols, et notamment un escadron dont j'avais fait mon escorte, et auquel je me confiais entièrement... et dont plus tard, avec un autre chef que le général Dorsenne, j'aurais fait un régiment dévoué, fortifia sa confiance... Enfin, ébranlé peut-être aussi par la terrible leçon qu'il venait de recevoir, don Julian entra en négociations!... *Trois jours encore, et tout était conclu!...* et j'étais le seul chef français ayant rallié à notre cause une troupe nombreuse d'insurgés et une des plus formidables!... et par cet effet je me trouvais avoir pacifié tout l'ouest de l'Espagne... Le résultat devait en être immense! il devait être décisif!... Ce fut alors que le prince d'Essling évacua le Portugal, et rentra en Espagne poursuivi par l'armée anglo-portugaise aux ordres du duc de Wellington. Dès lors tout fut dit... et le ut d'autant plus irrévocablement, que la guerre régulière ayant recommencé au cœur de la Péninsule, rendit aux insurgés, avec l'espoir de voir triompher leur cause, un appui formidable dans l'armée anglaise, et ils le savaient bien!... Des hommes de don Julian ayant tué des soldats de l'armée de Portugal trouvèrent sur eux jusqu'à cent quatre-vingts quadruples ! La cupidité vint alors se joindre au patriotisme ayant pour auxiliaire une armée victorieuse forte au moins de quatre-vingt mille hommes. Ce fut au point que tous ceux qui avaient quitté les armes les reprirent à l'instant... de nouveaux enrôlemens se multiplièrent, et les assassinats devinrent plus fréquens que jamais. Ce triste résultat d'un plan bien conçu, bien exécuté, dont la réussite a tenu à si peu de momens, et à des circonstances que je ne pouvais prévoir, a toujours été regardé par moi comme une des fatalités de ma vie, etc. »

Ce qu'on vient de lire est transcrit par moi sur une note que je possède entièrement de la propre main du général Thiébault[1].

Je terminerai ce chapitre par un fait qui me concerne, et qui peut faire juger à quel point était cruellement agitée la vie qu'on menait en Espagne. C'est encore le général Thiébault qui parle.

« ..... Peu après l'arrivée de la duchesse d'Abrantès à Salamanque, je résolus de conduire moi-même douze mille hommes de renfort à

---

[1] Je n'ai mis cette note du général Thiébault que pour montrer dans tout son jour l'existence terrible qui était imposée à chacun, même à une pauvre femme, pendant cette guerre malheureuse.

l'armée du maréchal Masséna à Santarem. J'allai en informer la duchesse, et lui dire que cette résidence ne serait plus tenable pour elle, et que je regardais comme indispensable pour elle qu'elle se rendît à Valladolid. J'ajoutai que le petit nombre d'hommes que je laisserais à Salamanque devait, en cas d'attaque, évacuer la ville, et se jeter dans le fort, où ils seraient à l'abri, mais qui ne pouvait lui offrir, à elle, un asile seulement supportable. J'ajoutai encore que je savais (ce qui était vrai) que toutes les bandes de guérillas la guettaient, et rivaliseraient d'ardeur pour la faire prisonnière avec son fils... Enfin, je lui offris de lui donner par écrit toutes ces déclarations, dont mon respect pour elle, mon dévouement pour le duc, me faisaient un devoir. Mais quelque chose que je pusse faire et dire, elle fut inébranlable...

» Quoique je fusse bien mal à Ciudad-Rodrigo, me répondit-elle, je ne l'ai quitté que parce que le défaut de nourriture, et pour ainsi dire d'abri, m'y a contrainte; mais en venant à Salamanque j'ai promis au duc de l'y attendre, et de ne pas quitter *la ville sans lui.* Je le lui ai écrit par le comte d'Erlon; je tiendrai ma promesse... je la tiendrai, quoi qu'il puisse m'en arriver. S'il survenait en votre absence un danger qu'il fallût éviter, eh bien! je saurais *moi aussi* me retirer dans le fort avec mon fils, et m'y mettre sous la protection de ces mêmes soldats qui m'ont déjà sauvée... Je ne vous en remercie pas moins, général, de vos avis et de vos instances; mais je vous prie de ne pas laisser ici un homme de plus à cause de moi... Le fort sera, en cas de danger, une retraite assez sûre.

» Mon départ n'eut pas lieu; mais il n'en est pas moins vrai que madame la duchesse d'Abrantès donna dans cette occasion la preuve d'un courage et d'une fermeté extraordinaires; car, pendant mon absence, presque tous les fonctionnaires devaient quitter Salamanque. »

CHAPITRE IX.

Marie-Louise. — Le cardinal Maury. — Enthousiasme ridicule. — Amour de l'empereur. — Lune de miel. — Soirées des Tuileries. — Avis différens. — L'oreille de Marie-Louise. — Ordre de l'empereur. — Exil des hommes. — Colère de l'empereur. — Biennais. — Le serre-papier. — *C'est toujours un homme.* — Reproche de l'empereur. — Masséna et le général Foy. — L'armée portugaise. — Le comte Sabugal. — Le marquis de Valence. — Le général Fournier. — Blessure de Junot. — Le nez de M. *de Ville-sur-Arse.* — Le cousin de Marmont. — Lettre du duc de Wellington.

Toutes les nouvelles que je recevais me parlaient de la nouvelle impératrice, et combien de sentimens différens émis sur son compte!... Une lettre singulière à cet égard était une lettre du cardinal Maury :

« Ce serait une entreprise inutile que de tenter de vous faire comprendre combien l'empereur aime notre charmante impératrice, m'écrivait-il. C'est de l'amour, mais de l'amour de bon aloi, cette fois-ci. Il est amoureux, vous dis-je, et amoureux comme il ne l'a jamais été de Joséphine, car, après tout, il ne l'a jamais connue jeune; elle avait au-delà de trente ans quand ils se sont mariés; au lieu que celle-ci est jeune et fraîche comme le printemps. Vous la verrez, vous en serez enchantée. »

Il paraît que ce qui avait séduit le cardinal, était cette abondance de couleurs dont étaient couvertes les joues de Marie-Louise; quant à moi, je ne la vis qu'après ses couches; elle avait beaucoup pâli, et je la trouvais encore bien trop rouge, lorsqu'elle avait chaud surtout; car c'était *rouge* plutôt que *rose* qu'elle était.

« Et puis, me disait encore le cardinal (il était fort son admirateur, quoiqu'il ait voulu faire épouser un grande-duchesse à l'empereur), si vous saviez comme l'impératrice est gaie, *gracieuse*, et surtout *familière* avec les personnes que l'empereur admet dans son intimité!... Vous verrez comme elle est aimable. On parlait tant des soirées de la reine de Hollande, je vous assure que l'impératrice est charmante pour ceux à qui l'empereur a fait la faveur d'accorder les petites entrées aux Tuileries. On y va le soir faire sa cour, on joue avec

Leurs Majestés, soit au reversis, soit au billard; et puis l'impératrice fait *tant de petites grâces*, tant de petites gentillesses, qu'on voit aux yeux de l'empereur qu'il meurt d'envie de l'embrasser. C'est là où je vous désire, vous et M. le gouverneur de Paris, parce que vous verriez comme l'empereur est heureux. »

On m'écrivait en même temps d'un autre côté qu'un des grands plaisirs des soirées impériales, avant que l'empereur arrivât dans le salon, c'était l'impératrice qui le procurait, en faisant tourner son oreille sur elle-même. Cette faculté, au reste, est assez singulière, et je crois bien qu'elle est la seule personne que je connaisse qui la possède [1].

L'empereur avait voulu obvier, autant que cela pouvait s'accorder avec l'étiquette, aux inconvéniens qui l'avaient si souvent, non seulement impatienté, mais rendu malheureux avec l'impératrice Joséphine : je veux parler de son entourage. Marie-Louise étant jeune, ignorante des usages du monde, quoiqu'elle connût l'étiquette de la cour, et puis habituée à une grande retraite

---

[1] C'est-à-dire que par un mouvement de muscles de la mâchoire, l'impératrice faisait tourner son oreille presque en un cercle entier. Ce mouvement de rotation n'est pas fort comprenable... mais elle en possède la possibilité.

intérieure, et à une vie toute de famille, celle qui lui fut prescrite ne l'étonna ni ne l'ennuya. L'empereur avait prescrit qu'elle ne devait *voir aucun homme* dans son intérieur; *Paër* était le seul excepté, parce qu'il était maître de piano, et encore fut-il ordonné à la dame du palais de service ou bien à une dame d'annonce de ne jamais quitter l'impératrice. Un jour l'empereur arriva à l'improviste chez Marie-Louise : c'était à Saint-Cloud. En entrant dans l'appartement, il aperçut à l'extrémité de la chambre un homme dont il ne reconnut pas d'abord les traits. Son premier mouvement fut celui de la colère; il s'emporta jusqu'à dire un mot très dur à la dame de service; je crois que c'était madame Brignolé... Elle s'excusa en disant que c'était *Biennais*[1], qui avait dû *venir lui-même* expliquer à l'impératrice le secret d'un *serre-papier* qu'il venait de faire pour Sa Majesté.

L'empereur ne dit rien d'abord... il regarda Biennais, et puis se promena, mais le front tou-

---

[1] Biennais était orfèvre de l'empereur, comme Odiot et plusieurs autres; mais il était surtout son marchand de nécessaires et de meubles dans ce genre-là, que personne, au reste, n'a jamais faits comme lui. Il n'était plus jeune à cette époque, et je pense que même à vingt ans il n'a pas été plus dangereux qu'il était alors.

jours soucieux... ensuite il dit toujours avec humeur :

— C'est égal... *c'est un homme*, et aux ordres que j'ai donnés à cet égard il ne peut exister d'exceptions, ou bientôt il n'y aura plus de règles.

Il avait raison, et la suite l'a bien prouvé.

Au reste, Paris était fort gai, m'écrivait-on, cette année-là. On dansait beaucoup, la grossesse de l'impératrice s'annonçait de la manière la plus heureuse, et l'avenir semblait être ce que jamais il n'avait paru en effet : aussi chacun espérait-il enfin de meilleurs jours... Nous n'en étions pas là encore en Espagne. Les communications n'avaient pas été rétablies par le 9ᵉ corps[1]. Cette armée de Portugal, composée de trois corps d'armée, forte de plus de cinquante mille hommes, eh bien! elle était à cinquante lieues de nous, et nous n'en avions aucune nouvelle. L'empereur était aussi fort inquiet; il en était au point d'avoir pris de l'humeur contre moi de ce que je n'avais pas envoyé la lettre que Junot m'avait écrite après la bataille de Busaco. La dépêche que Masséna avait expédiée en France

---

[1] Elles le furent, mais plus tard, et pas par le 9ᵉ corps... Ce fut la retraite de Masséna qui, forçant les troupes à se replier, concentra davantage les forces, et fit que les routes devinrent plus sûres.

ayant été interceptée par les Espagnols, et remise aux Anglais : c'était une sorte de communication faite à Berthier; car il n'aurait pas osé annoncer d'aussi belle besogne à l'empereur... L'empereur ne sut donc rien qu'imparfaitement avant le général Foy; c'est pour cela que, présumant que Junot m'en disait sûrement beaucoup plus que Masséna ne lui en aurait raconté, il fut fâché que je n'eusse pas envoyé ma lettre à Duroc; mais comment pouvais-je prévoir que ce que mon mari faisait pour moi, Masséna ne le ferait pas pour l'armée?... Quoi qu'il en soit, je reçus des reproches et assez vifs qui me parvinrent par M. de Narbonne, qui les tenait, *lui*, de Duroc.

Cette dépêche de Masséna à Berthier était du reste assez remarquable, d'après ce que m'ont dit des officiers anglais. Le prince d'Essling accusait assez juste le nombre des hommes qu'il avait perdus, c'est-à-dire qu'il disait quatre mille hommes, tandis qu'il est presque certain qu'il en a sacrifié six mille dans son attaque du rocher de Busaco. Il errait d'ailleurs, à ce que prétendaient les Anglais, dans tout ce qu'il disait de leurs forces et de leurs positions.

J'avais revu à Ciudad-Rodrigo, quelque temps après mes couches, plusieurs de mes amis de

Lisbonne qui faisaient partie de l'armée portugaise, et qui avaient été envoyés par l'empereur pour parler *au moral du pays*. Quelques uns d'entre ces Portugais étaient de nobles et de loyaux garçons, et j'avoue que je fus glorieuse de trouver parmi eux mes amis et ceux que j'estimais le plus : c'étaient le comte Sabugal et le marquis de Valença. Le comte Sabugal a un esprit fort supérieur, et n'approuvait aucunement la bêtise du gouvernement portugais ; il n'avait et n'a pas davantage à présent la stupide superstition et le fanatisme de plusieurs de ses compatriotes ; mais il ne voulut pas être un enfant parricide, et me montra toute sa douleur si on le forçait à entrer hostilement dans sa patrie : il parlait à un être qui pouvait le comprendre. J'intervins d'abord auprès du général Cacault, qui voulait l'envoyer je ne sais où, et ne parlait rien moins que de le fusiller s'il n'obéissait pas. J'écrivis au général Fournier, qui était alors à Zamora, et ne faisait plus partie du 9ᵉ corps, et je le priai de prendre avec lui le comte Sabugal, ce qu'il fit à l'instant même avec une grâce parfaite. Le comte Sabugal s'en fut donc à Zamora pour y attendre une occasion, soit de rentrer en Portugal, mais sans combattre, ou de revenir en France si la chose ne se pouvait faire... Quant aux autres, le marquis de Valença et le marquis de Ponte de Lima, le premier revint à Salamanque, où il demeura à la disposition du général Thiébault... Je ne puis dire du marquis de Ponte de Lima ce que j'ai dit des deux autres...

Ce fut alors que la nouvelle de la blessure de Junot me parvint... elle me fut apportée par un jeune neveu de Casabianca le sénateur, qui me remit en même temps une lettre de Junot, mais d'une écriture fort altérée. Cela était comprenable, puisque cette lettre était écrite deux heures avant l'opération; voici cette lettre:

N° XV de la Correspondance d'Espagne,

« Pernès, le 20 janvier 1811.

» Je m'empresse, ma chère Laure, de t'écrire
» moi-même pour te rassurer; car j'espère que
» cette lettre te parviendra avant que tu aies pu
» apprendre par un autre mon accident d'hier.
» J'ai été blessé au visage d'une balle, qui, en me
» cassant le nez, est entrée dans la joue droite,
» et s'est arrêtée à l'os de la pommette. Ce coup
» est des plus heureux, puisque, un demi-pouce
» plus haut ou plus en face, j'étais mort. J'en se-
» rai quitte pour garder ma chambre quelques
» jours, et quelques instans de souffrance quand

» on extraira la balle. Maintenant je suis très bien, et ne souffre presque pas, quoique j'aie fait hier
» quatre lieues à cheval après ma blessure, et au-
» jourd'hui tout autant dans des chemins affreux.
» On me fait espérer que mon nez restera plus
» droit que celui de M. de Ville-sur-Arse¹, ce
» qui me console; et pour la cicatrice de la joue,
» il suffira d'un baiser de mes enfans et de toi
» pour me la faire oublier. Voilà toute mon am-
» bition, toutes mes espérances. Qu'elles se réa-
» lisent, que je lise dans vos cœurs que je suis
» nécessaire à votre bonheur, et je puis encore
» aimer la vie.

» Adieu, ma chère Laure; fais donner de mes
» nouvelles à ma famille : je ne puis plus écrire,
» car mes yeux sont tellement gonflés que je n'y
» vois plus, etc., etc. »

Voici comment Junot avait reçu cette blessure.

Depuis le 14 novembre, Masséna se retirait devant le duc de Wellington, mais ce ne fut qu'au mois de janvier que sa retraite fut entièrement résolue par lui... Alors il voulut donner le change aux Anglais en faisant des démonstrations hos-

---

¹ Cousin du duc de Raguse, et sous-inspecteur aux revues; il a le nez tout-à-fait de travers. Il était attaché au 8ᵉ corps.

tiles et les continuant sur le flanc gauche de la position de l'armée ennemie. Le duc de Wellington ne se laissa pas prendre à ce leurre tout au plus bon pour un jeune sous-lieutenant. Il connaissait malheureusement trop bien l'état précaire et même malheureux de l'armée française, et il opposa à la grande reconnaissance de Junot, qu'il commandait en personne, les chasseurs de Brunswick et les chasseurs à pied hanovriens, ainsi que quelques escadrons. Junot était à cheval avec le général Boyer, son chef d'état-major, un peu en avant de Rio-Mayor, en face d'un bois assez épais. Il était en grand uniforme, et son grand cordon par-dessus son habit. Aussi un chasseur de Brunswick, posté dans la forêt, l'ajusta parfaitement avec sa carabine, et lui envoya sa balle juste au milieu du nez. Junot ne tomba pas; il porta la main à son visage, et dit aussitôt :

« Parbleu, Boyer, voilà des gens qui tirent mieux que vous... Ils ajustent mieux un homme que vous un lièvre... »

Il voulut encore faire quelques pas, mais le sang coulait abondamment, et en peu d'instans il se sentit défaillir... On fut obligé de le descendre de cheval; et on le porta dans le village de Rio-Mayor. Là, il s'évanouit tout-à-fait. On le déposa dans un endroit clos, sur un tertre de gazon, et l'on fut aussitôt chercher le chirurgien en chef de l'armée, pour qu'il mît un premier appareil. Il s'évanouit encore pendant le pansement... Quand il revint à lui il tressaillit ; on l'avait porté dans le cimetière, et c'était une sur tombe qu'il avait reposé !...

Ce ne fut que le lendemain qu'il put être opéré. Lorsque M. Malraison, chirurgien en chef du huitième corps, arriva auprès de son général pour extraire la balle qu'il avait reçue la veille au milieu du nez, il ne la trouva pas. Cependant le trou existait intact, et rien n'était refermé... Enfin, à force de chercher, la balle se trouva dans la pommette de l'os maxillaire de la joue gauche. Les os propres du nez avaient été écartés par le coup, sans que RIEN fût brisé. Il faut pour cela qu'il ait été ajusté avec une admirable précision. La balle était entrée par l'effort de la déviation tellement avant dans la pommette, qu'il fallut un effort pour l'arracher, et un tel effort, que l'incision que fit *la tenaille* est encore marquée sur la balle.

Lorsqu'on fut au moment d'opérer Junot, M. Malraison lui demanda s'il voulait que l'extraction de la balle se fît à l'intérieur, ou bien s'il lui était égal qu'elle fût enlevée au dehors. De cette dernière manière, il aurait une cicatrice sur la joue [1].

— Cela m'est bien égal, répondit-il lorsqu'il sut qu'il était douteux que la plaie se refermât étant faite au dedans de la bouche. Une cicatrice de plus ou de moins ne m'est d'aucune importance ; je la verrai même avec une sorte de coquetterie.

Et il avait raison : il y en avait effectivement à recevoir, à son âge et dans sa position, une balle dans une reconnaissance. J'ai conservé bien long-temps cette balle. Elle portait la marque de l'instrument de chirurgie qui l'avait enlevée. L'extraction en fut tellement douloureuse, que M. Prévost, cet aide-de-camp de Junot dont j'ai parlé plus haut et dont il tenait les mains au moment de l'opération [2], les eut malades pendant plusieurs jours de la terrible pression que la douleur fit faire au duc, parce qu'il ne voulut pas crier. Au reste cette blessure, en laissant de profondes et funestes traces, n'en fit paraître que

---

[1] En opérant à l'intérieur, la plaie pouvait ne pas se refermer, en raison de l'humidité constante de la bouche.

[2] On sait qu'on donne souvent quelque chose à serrer à ceux qui subissent une opération douloureuse... et la main d'un homme dévoué était ce qui pouvait certes le mieux convenir.

de légères à l'extérieur. Junot ne demeura pas fort changé par ces deux cicatrices : seulement le nez fut légèrement enflé.

Il faut, à ce propos, que je raconte une anecdote tout-à-fait à la louange de lord Wellington, et qui le montre sous ce jour favorable qui est vraiment la lumière qui éclaire le vrai gentilhomme anglais.

L'armée française était en pleine retraite au moment où Junot reçut sa blessure. Les désertions étaient assez fréquentes chez nous, et puis le pays donnait à nos ennemis tous les renseignemens qu'il nous refusait, de manière que les Anglais connaissaient parfaitement l'état de nos affaires, tandis que nous ignorions les leurs et même les nôtres. Lord Wellington savait tout cela ; il savait bien plus encore : il n'ignorait aucun des malheurs qui frappaient sur l'armée de Masséna, et de ce nombre il faut certes mettre le défaut de médicamens. Cette connaissance de notre triste position porta le duc de Wellington à faire, auprès d'un homme qu'il estimait et dont il savait être estimé, une démarche dont je fus reconnaissante dans l'âme. Il écrivit au duc d'Abrantès, dont les troupes touchaient les siennes, la lettre dont je joins ici le *fac simile*.

Au quartier-général, le 27 janvier 1811.

« Monsieur,

» J'ai appris avec grande peine que vous avez
» été blessé, et je vous prie de me faire savoir si
» je puis vous envoyer quelque chose qui puisse
» remédier à votre blessure ou accélérer votre
» rétablissement.

» Je ne sais pas si vous avez eu des nouvelles
» de madame la duchesse. Elle est accouchée à
» Ciudad-Rodrigo, à la fin du mois de novembre,
» d'un garçon, et elle a quitté Ciudad-Rodrigo
» et a été à Salamanque pour aller en France
» dans les premiers jours de ce mois [1].

» J'ai l'honneur d'être, Monsieur, votre très
» obéissant serviteur.

» WELLINGTON. »

Et sur la suscription,

A Monsieur

*Monsieur le duc d'*ABRANTÈS,

WELLINGTON.

---

[1] J'avais fait en effet répandre le bruit que je retournerais en France dans les premiers jours de janvier. Je l'avais même dit autour de moi. Mais c'était par des considérations de sûreté qu'il est trop long et d'ailleurs inutile de retracer ici... Mon entretien avec le général Thiébault prouve le contraire d'ailleurs.

De tous les hommes auxquels le duc de Wellington pouvait faire cette politesse de *frère d'armes*, Junot était peut-être celui qui devait le mieux le comprendre. Il ne perdit, en recevant cette lettre, aucune des douces impressions qu'elle devait faire éprouver à une âme comme la sienne. Mais si *l'homme* fut touché, *le Français, le soldat français* devait souffrir, et son orgueil ne parler que militairement. Il répondit donc à lord Wellington avec reconnaissance, mais en refusant ses offres. Quant à ce qui me regardait, il répondit qu'il savait également que j'étais accouchée d'un garçon. Mais pour cela c'était vrai : il le savait depuis le 25 décembre, jour auquel le comte d'Erlon rejoignit Masséna.

Jamais je n'oublierai cette conduite du lord Wellington. Maintenant, il me faut ajouter que j'ai appris depuis, et pas du tout par lui, qu'il avait fait dire à don Julian qu'on ne faisait pas la guerre aux femmes; qu'il était fort mécontent d'apprendre que j'étais exposée à quelque danger de la part de sa troupe, et qu'il lui faisait dire, en conséquence, qu'il ne verrait qu'avec beaucoup de mécontentement qu'il m'arrivât la moindre chose.

En voilà plus qu'il n'en faut pour expliquer à beaucoup de gens, dont la conduite personnelle ne pourra jamais l'être, pourquoi lord Wellington fut accueilli par moi comme il le fut lors de son arrivée à Paris. Si Junot en avait été le gouverneur, sans doute le duc de Wellington n'y serait entré que sur son cadavre... Mais avant d'expirer, il ne lui en aurait pas moins serré la main, comme à un noble et généreux ennemi.

Tandis que les communications étaient interceptées entre la France et nous, tandis que je languissais sans nouvelles de mes enfans, il se passait dans ma famille un évènement pourtant assez remarquable.

J'ai déjà dit que l'empereur ne faisait *de baptêmes* que lorsqu'il y avait un nombre suffisant d'enfans. Il était pour cela comme pour beaucoup de choses qui ont passé inaperçues dans sa vie toute immortelle. Il pensait avec justesse, qu'après la première, il n'est rien de plus auguste, de plus grand que cette seconde paternité accordée par la volonté d'un roi au fils de son sujet. Il était donc indispensable d'entourer cette cérémonie, qui la sanctionnait, de tout le luxe, de toute la solennité convenable. Renouveler cette cérémonie, et la faire comme il le devait, devenait donc un objet excessivement coûteux, bien que l'empereur eût tenu fort peu d'enfans, si l'on considère la foule immense de gens qui sollitaient cette grâce de lui. Il n'ordonnait de baptêmes que lorsqu'il y avait à peu près douze ou quinze enfans à nommer. Cet intervalle, qui nécessairement devait être quelquefois entre le moment où l'empereur accordait, et celui où l'enfant était baptisé, fut cause d'une particularité singulière dans la vie de mon fils aîné le duc d'Abrantès... Il a pour marraine les deux impératrices, et voici comment.

On a vu dans le précédent volume, que Junot me chargea de demander à l'empereur de nommer son fils. L'empereur en l'accordant parut hésiter sur la marraine ; il me parla même DE MADAME-MÈRE. Enfin, il choisit l'impératrice Joséphine. On sait que dans le *baptême* civil, si je puis dire ce mot, il n'y a pas de marraine, parce que la signature fait tout pour l'acte civil et légal ; mais en portant les registres aux Tuileries, pour que l'empereur signât sur celui de l'acte de naissance de mon fils, on le présenta à l'impératrice comme cela se fait toujours, et elle signa. Ceci se passait un an avant le divorce. Comme il n'y avait pas assez d'enfans pour *faire une cérémonie*, l'empereur avait ajourné pendant deux ans cette cérémonie. Enfin, dans un voyage de Fontainebleau, et à l'époque de la grossesse de Marie-Louise, il s'informa, et sut que ses filleuls étaient en nombre suffisant; en conséquence, le vénérable troupeau fut convoqué, et comme mon fils était l'un des acteurs de cette jolie représentation, il reçut *sa lettre close*. Nous étions alors absens, et tous deux en Espagne, Junot et moi, et mes enfans étaient en Bourgogne; mais il y avait chez moi M. Cavagnari, qui, en apprenant cette nouvelle, calcule le temps qui lui restait, voit qu'il est suffisant, monte en voiture, court jour et nuit, en payant les guides le double et le triple, arrive à Dijon où mes enfans étaient avec ma belle-sœur, madame Maldan, prend mon fils et sa bonne, les ramène à Paris avec une telle rapidité qu'ils versent en route, et courent risque de se casser la tête; mais il *fallait* arriver, et ils surgirent heureusement sains et saufs. Une fois à Paris, on s'occupa de la toilette de l'enfant. M. Cavagnari fut aux informations, car il y avait bien *un costume* d'indiqué sur la lettre de convocation; mais depuis, on avait changé deux fois d'avis, et cela fort heureusement, car les pauvres petits catéchumènes auraient eu l'air de *Mardi-Gras*; et puis un autre point important, c'était de choisir une *mère momentanée* pour mon Napoléon. La saison n'était pas favorable, tout le monde était à la campagne; on n'était pas revenu des eaux. La duchesse de Raguse comportait à cette époque tout ce que je pouvais désirer et demander; elle était non seulement mon amie de cœur, mais celle de mon choix, et mon cœur et mon esprit étaient également fiers d'elle; mais elle était absente. Madame Lallemand était trop malade[1] pour soutenir une longue cérémonie. Ensuite d'autres femmes de mes amies qui auraient accepté avec plaisir cette tutelle temporaire du plus bel enfant qu'il y eût certainement alors à Paris, avaient elles-mêmes des présentations à faire. Enfin, M. Cavagnari aurait pu prendre madame Juste de Noailles, qui venait d'être nommée dame du palais de Marie-Louise, en même temps que son mari avait été fait chambellan de l'empereur, et qui, en sa qualité d'amie d'enfance, eût été une vraie mère pour mon fils; mais il n'y songea pas, non plus qu'à madame la duchesse de Montebello, dont les vertus maternelles eussent été bien douces à mon pauvre enfant, alors orphelin; mais, du reste, il fit un choix dont mon fils fut très heureux, car elle lui donna tous les soins qu'il eût reçus de moi. Ce fut madame la duchesse de Rovigo; elle était bien belle alors, et ce fut

---

[1] Et puis elle n'était pas encore présentée à cette époque; elle ne le fut qu'en 1812.

un beau tableau que de la voir portant un amour comme l'était alors mon fils Napoléon. Le dernier costume finalement adopté, était une chemise de batiste brodée, et garnie avec une dentelle de point d'Angleterre. Mon fils avait une profusion de beaux et blonds cheveux, soyeux, bouclés, qui venaient entourer son col bien blanc et bien rond, et puis ses petits bras si potelés, si fermes, avec de charmantes petites mains, faisaient vraiment de lui une ravissante créature. Sa beauté frappa l'empereur.

— Mon Dieu! quel bel enfant! s'écria-t-il!... et depuis quand avez-vous un garçon, madame Savary?... et un beau garçon comme celui-là?...

Il fut dit alors qu'il était mon fils.

— Parbleu! s'écria-t-il, ce Junot est bien heureux!...

Et pendant toute la cérémonie, il ne cessait de regarder l'enfant, dont vraiment la beauté était merveilleuse avec sa tunique de lin, ses blonds cheveux et son rose et blanc visage. L'empereur, en le regardant, parlait quelquefois bas à l'impératrice et le lui montrait de l'œil et du geste... Hélas! il lui parlait sûrement de celui qu'elle portait alors, de cet espoir de la France et du monde dont tous ceux dont il était entouré devaient être un jour les compagnons!... comme leurs pères l'avaient été de lui-même... Oh! comme il devait battre dans sa poitrine à de pareilles pensées, son noble et grand cœur[1]... Un fils... un fils... à lui!... à lui que j'ai entendu souvent souhaiter être père, l'être seulement quelques années, quelques mois, et puis que Dieu ajoutât à la vie de son enfant tout ce qu'il retrancherait de la sienne. Je suis certaine que cette journée de la cérémonie des baptêmes fut une des plus remarquables de la vie de l'empereur, et non seulement de sa vie intellectuelle, mais de sa vie *impériale et politique*. Que de rêves, que de plans ne dut-il pas faire en voyant autour de ce trône sur lequel il siégeait à côté d'une fille des Césars, portant dans ses flancs un enfant de lui... de lui, Napoléon, vainqueur du monde, et pouvant rallier à lui dans ses plans d'avenir toute une belle et florissante génération, qui par avance semblait venir se grouper autour de son héritier... Oui, oui, je le connaissais bien, et je suis certaine que les émotions qui l'agitè-

---

[1] Encore et toujours l'ode admirable de Victor Hugo... NAPOLÉON II!...

> Non, ce qui l'occupait c'est l'ombre blanche et rose,
> D'un bel enfant qui dort la bouche demi-close,
> Gracieux comme l'orient, etc.

rent dans cette journée furent à la fois des plus douces, et des plus immensément glorieuses.

La cour était alors à Fontainebleau. Aussitôt que la cérémonie fut terminée, M. Cavagnari adressa ses remerciemens à madame la duchesse de Rovigo, remit Napoléon et sa bonne en voiture, reprit la route de la Bourgogne, et mon fils se revit à Dijon, chez sa tante, après en avoir été absent seulement pendant huit jours.

La beauté de mon fils avait tellement frappé l'empereur, que lorsqu'il me revit à mon retour d'Espagne, dix mois après, ce fut le premier mot qu'il me dit, et pourtant alors il n'était nullement d'humeur gracieuse. Comme chacun sait, les affaires du Midi étaient bien mauvaises, et celles du Nord commençaient à se gâter. *La spoliation* du duché d'Oldembourg, car enfin il faut nommer chaque chose par son nom, avait fait froncer le sourcil de l'autocrate du Nord, et ce n'était plus avec un sourire d'amitié qu'il accueillait le nom de Napoléon. Comment l'empereur ne fut-il pas averti par ces premières lueurs d'orage! Le tonnerre gronde toujours sourdement avant d'éclater... mais il croyait que lui seul pouvait le lancer...

CHAPITRE X.

Musique. — Autres passe-temps. — *Pauvre* voyageur. — M. Jules de Canouville.— Bal manqué.— *Armée perdue!* — Talma.— Gianni.—La princesse. — Notre gaieté redouble. — Caractère de M. Jules de Canouville.— Brevet de proscription. — Pourquoi. — Fourrure de zibeline. — La revue.— Berthier. — Départ. — Tendres adieux. — Position homérique. — Tête et jambe perdues. — M. de S.....l.

Nous étions en carême. Notre carnaval avait été assez triste, comme on peut l'imaginer, et nos récréations n'avaient même pas changé depuis que l'austérité de l'époque semblait nous l'ordonner. On se réunissait chaque soir chez moi. Le général Thiébault et toutes les autorités françaises, ainsi que plusieurs Espagnols, venaient passer leur soirée à causer, entendre et faire de la musique, et jouer aux échecs. Le marquis de Valença, qui possède un des plus beau talens de musique que je connaisse à un amateur, et même à beaucoup d'artistes, chantait et jouait du piano; puis il accompagnait le général Fournier, qui avait une voix ravissante, quoiqu'il chantât sans aucune méthode; mais sa voix était si harmonieusement vibrante, il accentuait si dramatiquement ce qu'il chantait, qu'il causait un véritable plaisir. Le général Thiébault[1], musicien consommé, qui a donné au public un ouvrage remarquable sur la musique, nous apportait de ses romances... on les chantait, nous causions, nous discutions sans jamais *disputer* (ce qui avait bien quelque mérite avec e général Fournier); nous lisions les journaux nouvellement arrivés, les lettres que chacun écri-

---

[1] Le général Thiébault a eu la bonté de parler, dans ses Souvenirs, de l'agrément de ma maison à Salamanque. Je pourrais dire que lorsqu'une maîtresse de maison a le bonheur de voir chez elle des hommes comme lui, il faudrait qu'elle le fît exprés pour avoir une société déplaisante. Mais je dirai aussi, et je l'ai éprouvé dans tous les différens lieux de l'Europe que j'ai habités, il est un sûr moyen d'avoir partout une maison agréable, c'est de donner une extrême liberté, et de veiller à ce que jamais il n'y ait *licence*, ce qu'une femme peut aisément faire en veillant sur son cercle; il est

vait, et qui se pouvaient communiquer; on jouait aux échecs ainsi que je l'ai dit, et la soirée se passait encore avec quelque agrément

Un soir, c'était le premier jeudi de carême, je finissais une partie d'échecs avec le général Thiébault, et comme je la perdais, j'y mettais une grande attention, dont le bruit qui se faisait dans le reste du cercle ne pouvait me distraire, lorsque tout-à-coup j'entends une voix dire d'un ton que rien ne peut exprimer :

— Veut-on, par charité, donner asile à un pauvre voyageur ?

Cette voix venait de la pièce qui précédait mon salon, et dans laquelle se trouvaient mes gens... Je ne fis donc qu'une légère attention à ce qui avait été dit, et je crus que c'était un de ces messieurs qui voulait s'amuser. Il y avait alors

ensuite une condition de *rigueur*, c'est de l'indulgence pour chacun. Si vous n'en apportez pas dans la cotisation que vous devez fournir dans le monde, vous y êtes détesté et bientôt abandonné. Jamais je ne fus ainsi, et si dans mon salon il y a eu quelque inconvénient de *tracasserie*, c'est que je l'ignorais et qu'il s'y exerçait une influence étrangère. Quand je m'en suis aperçue j'y ai mis ordre... ce qui est facile à une femme, parce que dans sa maison elle y doit être reine, et non pas reine *détrônée*... C'est notre seul royaume, notre intérieur..

à Salamanque un gros capitaine qui faisait le ventriloque, ce qui, par parenthèse, était assez ennuyeux, je crus que c'était lui; mais après quelques minutes de silence, car chacun était fort étonné de ce qu'il avait entendu, on prononça, mais d'une voix plus haute, et d'un ton plus suppliant :

— Madame la duchesse... ayez pitié d'un malheureux qui se meurt de fatigue et de faim.

— Mon Dieu! m'écriai-je, je connais cette voix!

Et laissant là l'échiquier, je cours à la porte, et je trouve là, mais à genoux, les mains jointes, avec l'expression la plus humblement comique, Jules de Canouville.

— Eh! mon Dieu! que faites-vous ici? lui dis-je en lui donnant la main pour le faire lever.

— Je suis un suppliant... Voulez-vous me recevoir, et me donner à manger?

— Mille fois oui... mais levez-vous donc!...

Il se leva, et s'avança dans le salon, mais avec la plus drôle de tournure que j'aie jamais vue, quoique je puisse dire aussi qu'il était bien le plus charmant jeune homme, non seulement de son époque, mais de toutes celles qui l'ont suivie; il venait, nous dit-il, de Paris *à franc étrier*, et il était crotté depuis les pieds jusqu'à la tête, c'est bien le cas de le dire : sa belle pelisse était déchirée, souillée, ses cheveux tout bizarrement arrangés, et puis sa physionomie si expressive, et si drôlement pathétique dans le même moment, qu'il n'y avait pas moyen d'y résister. Mon ancienne gaieté eut le dessus, et je me mis à rire. Ce fut un écho général.

— Oui, oui, riez bien, dit M. de Canouville... si comme moi vous veniez de faire trois cents lieues sur un mauvais bidet de poste...

— Oh! par exemple, pour mauvais! nous écriâmes-nous...

— Allons donc! reprit-il, n'allez-vous pas me parler de vos rossinantes, de vos mazettes espagnoles?... Mais...permettez... est-ce que j'ose?...

Il regardait ses bottes chargées de boue, ses vêtemens crottés, et en même temps le fauteuil qui était le plus près de lui... Mais en voyant qu'il n'était que de jonc des Indes, comme beaucoup de meubles en Espagne, il fit un mouvement de tête qui redoubla notre joie, et se laissa tomber dedans comme un homme qui n'en peut plus.

— Oui, riez bien de moi, nous dit-il... nous verrons si vous rirez toujours quand je vous raconterai tous mes malheurs... Figurez-vous, poursuivit-il en me prenant les deux mains, et secouant lentement la tête... figurez-vous que *moi*... *moi*... le plus infatigable danseur, et je puis ajouter le plus agréable, je crois, de tous leurs bals... eh bien! ils m'ont fait partir le jeudi-gras... le jeudi-gras!... Il y avait un bal délicieux chez la reine Hortense... Oh!... et le prince, qui n'a pas le pouvoir de défendre ses officiers!... qui ne peut pas les empêcher de partir pour un coupe-gorge comme cette Espagne, quand on entend l'air de la *Mazourka*...

Pour le coup, il n'y avait plus moyen d'y tenir... Berthier, accusé de n'être pas sensible à l'air de la Mazourka, pour empêcher un de ses aides-de-camp de partir pour affaire de service, nous parut si bouffon, que ce fut un rire, mais de ces rires qui font tant de bien... Quant à M. de Canouville, il était sérieux, et paraissait réfléchir comme s'il eût cherché la solution d'un problème.

— Ah çà! et où allez-vous? lui demandai-je enfin.

— Eh mais, où je vais... chez le maréchal Masséna, prince d'Essling, duc de Rivoli, apparemment... Il faut bien que je vienne savoir ce qu'il est devenu, puisqu'on n'en sait rien à Paris, et qu'on affiche:

— *Une armée perdue!...*

— Et me voilà à sa quête... pas volontairement, par exemple... Mon Dieu! que j'ai faim!... je vous en prie, madame la duchesse, faites-moi donc donner à manger!...

— Mais voilà une heure qu'on vous a dit que vous étiez servi...

— Ah! c'est différent... je n'avais pas entendu... je croyais que vous repoussiez un malheureux exilé!...

— Comment! vous êtes exilé? m'écriai-je...

— Oh! si vous saviez comme le grand homme me persécute!... Je vais vous dire tout cela ; mais n'en parlez pas!...

Il croyait peut-être qu'il parlait bas, mais tout le monde entendait. Au surplus, comme il contait ses affaires à tout le monde aussi, il était égal qu'il fixât le diapason de sa voix... Nous assistâmes à son souper... C'était merveille de le voir manger... il dévorait... et pendant ce temps il parlait toujours; mais, entre une aile de perdrix et l'autre, il n'y avait pas moyen de saisir le sens de ses paroles. Avide de nouvelles comme je l'étais, et devais l'être nécessairement, j'avais beau placer mes questions par ordre, je n'en obtenais pas davantage. Il me parlait de Talma, qui lui montrait à déclamer le français ; de Gianni, qui lui apprenait *à improviser en italien,* de l'empereur, *de la princesse...* oh! la princesse surtout, c'était, comme le disait le général Fournier, *son grand cheval de bataille.*

— Ah çà! lui dis-je enfin, pourquoi êtes-vous venu ici? car ce n'est pas uniquement *pour retrouver* le prince d'Essling.

Il me regarda, puis clignant de l'œil, il me dit avec un sérieux impayable:

— En parlant de celui-là, je vous dirai qu'on le pendra quand il sera retrouvé... Je sais cela de lieu sûr.

Et il remuait la tête du haut en bas, avec une expression d'importance.

— Bon; mais cela ne me dit pas pourquoi vous êtes ici.

— Ah!... ah!...

Et il mit sa tête dans ses deux mains, en soupirant encore de manière à éteindre les bougies.

Lorsque nous fûmes de retour dans le salon, il me fit une histoire dans laquelle il jouait un peu le rôle de Galaor. Ce n'est pas qu'il ne fût assez joli garçon pour cela, car je n'ai jamais vu, je le répète, une plus charmante figure, une tournure plus distinguée, et puis joignant à cela beaucoup d'esprit, beaucoup de bravoure, une extrême insolence avec ceux qui l'ennuyaient, et une politesse recherchée pour ceux qui lui plaisaient; tout cela faisait de Jules de Canouville un jeune homme fort agréable, et le plus amusant du monde. J'avais beaucoup d'amitié pour lui, parce que sa malice n'était pas méchante; *il jappait sans mordre.*

Mais s'il ne me dit pas son histoire tout-à-fait comme elle était, je la sus presque en même temps, et d'une manière tout aussi sûre.

Quoique l'empereur fût certes bien le maître de former l'état-major du prince de Neufchâtel comme bon lui semblait, puisque cet état-major était presque le sien, il est de fait que parmi tous les jeunes aides-de-camp du major-général, il en était fort peu qui eussent le bonheur de lui plaire; et plus ils étaient jolis garçons, agréables dans leurs manières, leur tournure, plus il les avait dans une sorte de grippe. MM. Jules de Canouville, Fritz Pourtalès, Alexandre de Girardin, Achille de Septeuil, Sopranzi, Ferreri, Lecouteulx-Canteleux, Flahaut, une foule d'autres jeunes gens élégans, agréables, qui composaient l'état-major de Berthier, étaient un peu sous l'anathème de l'empereur, et en avaient reçu un brevet de proscription; toujours est-il que cette sorte de prévention ne diminua pas en faveur de Jules de Canouville, lorsque l'empereur le vit distingué par l'une de ses *parentes*.

Alors la prévention *se motiva*, et la colère du lion n'était pas facile à braver : mais M. de Canouville était amoureux, et amoureux véritablement. Celle qu'il aimait eût-elle été dans la condition la plus obscure, eût été préférée, et le pauvre jeune homme se donna à elle avec abnégation même de sa vie. Ce n'était pas là un de ces amours de princesse, où l'amant dit qu'il aime parce qu'on le lui ordonne. C'était de l'amour, et de l'amour de cœur, celui-là... La princesse le lui rendait à sa manière, cependant il n'y avait pas *parité*. Un jour l'empereur de Russie envoya à l'empereur Napoléon un présent de fourrures, de ces martres zibelines, qu'on ne peut pas même payer, car les Samoïèdes qui les donnent en tribut au czar, ne les vendent pas même pour le poids de l'or. Aussi la valeur de ces fourrures est-elle exorbitante, et leur beauté en effet très remarquable. L'empereur en envoya à toutes les princesses de la famille impériale ; et comme il connaissait le goût de l'amie de M. de Canouville pour tout ce qui tenait à la toilette, il eut soin de choisir la pièce de fourrure la plus belle et la plus fournie. Dans le même moment, M. de Canouville faisait faire un uniforme de hussards. La princesse et lui trouvèrent que la belle fourrure ferait admirablement sur la pelisse, et tout aussitôt elle fut coupée par bandes et appliquée : et la pelisse précisément prête le jour d'une revue dans la cour des Tuileries. Ce même jour, M. de Canouville montait un cheval anglais d'une grande beauté et équipé je ne puis pas expliquer comment; mais ce que je sais, c'est qu'il ne l'était pas comme l'ordonnance le voulait, et surtout l'empereur, car l'ordonnance n'aurait rien dit. Or donc le cheval, les étriers, la selle, la bride, l'aide-de-camp, la pelisse, la fourrure surtout, enfin tout cela, l'un portant l'autre, se trouva dans la cour des Tuileries de service auprès de son prince. Chacun sait que lorsqu'on est amoureux, on est d'une difficile humeur, et que la contrainte surtout qui vous retient loin de ce que vous aimez est un supplice dont il faut se venger sur ce qui est le plus près de vous... M. de Canouville, ne pouvant s'en prendre qu'à son cheval, s'en prit si bien à lui, que le cheval qui ne pouvait, *lui*, se plaindre et demander ce qu'on lui voulait positivement, ennuyé d'être *picoté*, tracassé, fut se mettre dans la tête qu'on lui demandait de reculer. En conséquence, et en cheval bien appris, il se mit en effet à reculer, mais si bien que son maître ne put lui faire comprendre que ce n'était pas cela qu'il lui voulait. Le cheval s'en alla toujours, toujours, et si bien toujours, qu'il arriva dans le groupe principal où il mit un affreux désordre, car il alla donner du derrière dans le flanc même du cheval de l'empereur. Je laisse à penser quelle fut la colère de Napoléon.

— Quel est cet officier ? s'écria-t-il...

Mais sa vue perçante avait à l'instant reconnu le jeune aide-de-camp, et le même regard d'aigle avait aussitôt envahi toute sa personne et distingué la fourrure, l'équipement du cheval et tout ce qu'il y avait pour provoquer sa colère... Après la revue il fit appeler Berthier.

— Que font ici tous ces étourneaux que vous avez autour de vous? lui dit-il avec humeur. Pourquoi ne sont-ils pas à l'école de la guerre?... Que signifie cette inaction quand le canon gronde quelque part? Voilà comme vous êtes, vous, Berthier... Il faut tout vous dire, et vous ne voyez rien... Ce n'était pas à moi à faire partir ce jeune homme...

Berthier s'inclina en rongeant ses ongles... Il était dans une perplexité tout anxieuse, car la *grande dame* lui avait demandé avec instance déjà deux ou trois fois de ne pas faire partir M. de Canouville, ce que du reste celui-ci ignorait entièrement. Berthier se savait coupable, et tremblait que l'empereur le sût. Heureusement que Napoléon ne le savait pas...

— Que M. de Canouville soit parti ce soir même pour l'Espagne. Il y a, je crois, des dépêches à envoyer au prince d'Essling; que ce soit lui qui les porte.

Berthier s'inclina sans oser dire un mot en faveur de son aide-de-camp, et s'en revint chez lui tout heureux d'en être quitte pour une ou deux paroles un peu dures : et tout aussitôt les ordres furent expédiés... Hélas! ce même soir où il fallut quitter Paris, était en effet le jeudi-gras 1811. M. de Canouville pensa devenir fou de désespoir en recevant ses ordres... Il courut chez le prince et voulut lui parler... Il ne put entrer; enfin il le joignit :

— Je n'y peux rien, je n'y peux rien, s'écria-t-il du plus loin qu'il le vit... C'est l'empereur qui le veut... c'est l'empereur qui le veut... Aussi, que diable allez-vous porter de ces choses-là!... Allez-vous-en, allez-vous-en, et partez plutôt avant minuit qu'après.

Le pauvre Jules vit bien qu'il n'avait aucun secours à attendre de son général. Il courut chez la princesse, et la trouva tout en larmes... Duroc en sortait et lui avait porté deux lignes terribles de l'empereur... Ils pleurèrent tous deux, et se consolèrent en pensant qu'en faisant diligence on pouvait être de retour avant 15 jours... Jules sauta de joie :

— Une carte !... un livre de poste !...

Et le voilà mesurant, comptant, additionnant, et trouvant au fait qu'en arrivant auprès de Masséna et le suppliant de ne pas le retenir plus de temps qu'il n'en fallait pour écrire sa réponse, il pouvait être de retour en 15 jours... Quand le bouillant jeune homme eut trouvé cette possibilité, le chagrin disparut ; il riait, baisait les belles petites mains de la princesse, qui, émue elle-même, se sentait doucement heureuse d'être aimée ainsi...

— Mais pour revenir il faut partir! dit elle enfin...

Cette raison était sans réplique. M. de Canouville lui-même, tout en enrageant, n'y trouvait rien à dire, et il partit. On prétend (c'est-à-dire lui) qu'il fut au bal de la reine Hortense et que l'empereur n'en sut rien. Cela, je ne l'affirmerai pas. Je le rapporte d'après son propre dire.

M. de Canouville s'en fut avec le général Thiébault, qui exerçait envers lui *les devoirs de l'hospitalité;* ils s'en allèrent avec le général Fournier et quelques autres. Dans le court trajet qu'ils avaient à faire de ma maison à celle du gouverneur, M. de Canouville les arrêta plus de vingt fois.

— Savez-vous bien que ma position est *homérique*, leur disait-il...

Et il déclamait des vers français, latins, italiens, tout cela mêlé ensemble... Ce n'est pas qu'il n'eût de l'instruction, et surtout beaucoup d'esprit, mais il avait aussi une tête fort exaltée...

Arrivé chez le gouverneur, au lieu de dormir, ce dont il avait pourtant passablement besoin, il se mit à déclamer et à montrer au pauvre général Thiébault, qui tombait de sommeil, comment Talma lui enseignait la déclamation [1], et puis il lui fallut entendre le récit détaillé de sa disgrâce, de ses amours, et des perfections de la princesse... Enfin, à trois heures du matin, la politesse exquise du général Thiébault n'eut plus la force de faire bonne contenance; il donna le bonsoir ou plutôt le bonjour au conteur, et le força à dormir.

Le lendemain, à huit heures du matin, il était à ma porte pour prendre une lettre pour Junot,

---

[1] Je ne répondrais pas que *Lafont* ne lui eût également montré *quelque rôle*.

tant il avait hâte de partir afin de revenir plus vite pour retourner à Paris.

Deux jours après il était de nouveau dans mon salon, me demandant mes commissions pour Paris.

— Pourquoi faire?

— Parce que j'y retourne.

— Mais vous n'avez pas vu le prince d'Essling?

— Ce n'est pas ma faute, on ne peut pas le trouver.

— Vous ne l'avez pas cherché?

— On ne peut pas passer.

— Mais ce ne sont pas là des raisons dont se contentera l'empereur. Je crois que vous avez grand tort de repartir...

— Oh! ne me dites pas cela... je mourrais si je restais ici deux jours de plus... On m'enterrerait comme ce pauvre Eugène! Deux jolis garçons comme nous en trois mois!... Hum!...

Et il se regardait avec complaisance dans un immense miroir de Venise, à bordure en filigranes d'argent, que je trouvais horrible à cette époque, et que je trouverais charmant à avoir à présent dans ma chambre, tant le bien au mal des modes est relatif.

C'était un bien agréable jeune homme que Jules de Canouville, spirituel et original autant qu'homme de France... Je le regardais en ce moment, et il paraissait tout différent de ce que je l'avais vu la veille au soir. Sa physionomie animée avait une expression touchante qui trouvait une sympathie, parce qu'on voyait qu'elle était vraie... Je lui donnai le conseil de retourner sans perdre une heure auprès du comte d'Erlon, et d'y attendre que les communications fussent rouvertes. C'était déjà beaucoup qu'il fût revenu à Salamanque... Mais au premier mot que je prononçai il bondit de colère.

— Moi retourner dans cette Thébaïde, attendre là qu'il plaise à ce vieux fou de donner de ses nouvelles! s'écria-t-il... Non, non... Je me ferais plutôt sauter la cervelle...

Et il partit en effet pour Paris; mais ma prédiction se réalisa... Quelques semaines n'étaient pas écoulées, que M. de Canouville était revenu au quartier-général du duc d'Istrie, à Valladolid. Cette fois il n'était pas seul. M. Achille de S......l l'accompagnait, ou bien il accompagnait M. de S......l : c'est comme on voudra... Hélas! les pauvres jeunes gens pouvaient dire que l'amour d'une princesse était plus amer que doux! Pour avoir été remarqués, pour avoir été aimés d'elle, l'un y perdit sa jambe, l'autre y perdit sa tête.

À cette époque, M. de S......l était déjà fort attaché à madame de S......l, et cela je le conçois, car elle était gracieuse en même temps que belle et jolie. C'était une charmante personne... et puis le regard et le sourire si fins... Aussi M. de S......l l'aimait-il, et faisait-il bien. Ce fut au beau milieu de cet amour, quand lui-même était un de nos plus agréables jeunes gens, que la princesse Borghèse le distingua. Elle lui croyait le cœur libre : il ne l'avait plus... Il n'y a rien de plus désagréable qu'un homme poursuivi par une femme quand il en aime une autre. La princesse s'en aperçut... elle n'avait aucune patience, et l'humeur la prit. Je ne puis raconter beaucoup de détails relatifs à cette affaire, mais le résultat fut triste. L'empereur, impatienté des rapports continuels qui lui arrivaient par les soins d'un homme qui passait sa vie à s'occuper de l'intérieur de chacun, ignorant ce qui se passait dans le sien, et qui se laissait enlever et mettre à la Force, donna l'ordre au prince de Neufchâtel de faire prompte justice ; et pour qu'il n'y manquât rien, la belle et bonne madame de B..... fut exilée dans sa terre d'A.... J'eus, à cette occasion, en 1812, une conversation fort curieuse avec la princesse Borghèse, me trouvant avec elle aux eaux d'Aix en Savoie.

CHAPITRE XI.

Maréchal Jourdan. — Soult. — Ses succès sur les bords de la Guadiana. — Anecdote. — Oporto. — Ney évacue. — La Galice. — Ordre d'obéir. — Colère. — Lettre du maréchal Soult au maréchal Ney. — J'obéis. — Bataille de Talaveyra. — Campagne de Wagram. — *Mangeurs de cœur.* — Le colonel Bory de Saint-Vincent. — Coup d'œil sur son ouvrage intitulé : *Résumé géographique*, etc. — Combats de taureaux. — *Tu n'iras pas plus loin.* — Réflexions de Junot sur les opérations militaires. — Olivenza. — Force de caractère du maréchal Soult. — Siége de Badajoz. — Journée de Gebora. — Général Gérard. — Noms des braves. — Menatcho. — Extrait d'une lettre de lord Wellington. — Lettre du major Hill.

Tandis que ces mille intérêts privés agitaient les salons de Paris, nous avions en Espagne bien d'autres affaires à débrouiller. Ces affaires ont eu assez de célébrité pour mériter d'être présentées sous leur vrai jour.

C'était le maréchal Jourdan qui, ainsi que je l'ai dit, était major-général du roi Joseph; c'était lui qui commandait à l'affaire de Talaveyra. Peu de temps après, Soult fut nommé major-général et Jourdan rappelé; toutes ces menées passaient comme inaperçues pour ceux qui ne savaient ces changemens que par le *Moniteur.* Mais pour ceux qui habitaient l'Espagne, tous les rouages étaient à découvert, et c'est une curieuse étude que celle de l'histoire de ce temps pour qui peut lire dans les pages de son livre... C'est l'époque des premières colères du maréchal Ney... depuis, elles ne firent que s'accroître, ainsi que le mécontentement qu'il donna à l'empereur. Mais son rare mérite rachetait tant de défauts, qu'il n'en fut pas moins brillamment, mais justement récompensé dans sa retraite de Russie; car ce fut son admirable sang-froid et son courage qui sauvèrent l'armée.

J'étais depuis quelques jours seulement à Salamanque, lorsque nous apprîmes les succès du maréchal Soult sur les bords de la *Guadiana*[1]. C'était

---

[1] C'est la belle affaire de la Gébora... Je répète ici ce que j'ai déjà dit souvent, c'est que tout ce qui a rapport à la guerre m'a été communiqué par des hommes habiles de l'armée d'Espagne : je n'ai pas le ridicule de juger de pareils faits.

un grand évènement dans la position respective de chacun. Mais pour qu'il soit jugé comme il doit l'être, il faut reprendre les affaires à une époque plus éloignée, et antérieure à celle où le malheureux Masséna se trouvait enfermé entre les formidables lignes de Torrès-Vedras, qu'il ne pouvait franchir, et soixante lieues d'un pays dévasté, désert, et peuplé seulement de milliers d'assassins qui ne nous apparaissaient que pour donner la mort...

Il avait tenu à bien peu que le maréchal Soult ne prît Wellington et son armée, non seulement anglaise, mais espagnole; les dispositions précipitées que prit le maréchal Jourdan perdirent tout en sauvant l'armée anglaise. Tout en parlant de la *prévision*, de la *sagesse des mouvemens* de lord Wellington, les relations anglaises ne parlent jamais du piége dans lequel il était complètement, lorsque, s'avançant sur Madrid dans une entière sécurité, il avait ses derrières coupés par le maréchal Soult qui arrivait par le col de Baños. A la vérité, Wellington savait bien, disait-il, qu'il y avait *quelques milliers d'hommes* dans le col de *Baños*; mais que ce n'était *qu'un parti français*... Il est constant, et les Anglais ne le peuvent nier, que si la précipitation du maréchal Jourdan n'eût pas tout perdu, Soult arrivait en ligne et prenait les Anglais et les Espagnols au même piége; car ils se trouvaient entre lui et le maréchal duc de Bellune. Le combat de l'Arzobispo fut le seul résultat des savantes combinaisons du maréchal duc de Dalmatie; encore l'avantage en fut-il annulé par les mauvaises dispositions prises antérieurement.

A cette époque, le maréchal Jourdan était major-général de l'armée d'Espagne. Le duc de Dalmatie commandait le 2ᵉ, le 5ᵉ et le 6ᵉ corps, ayant sous ses ordres les maréchaux Ney et Mortier.

Et à propos de ce commandement il me faut conter ici une anecdote assez plaisante.

On sait que le maréchal Ney [1] n'aimait pas en général tous ceux qui venaient prendre autorité sur lui ; les soldats eux-mêmes le savaient, et disaient dans leur jargon : *qu'il n'était pas bon coucheur, et voulait toujours tirer toute la couverture à lui.* Mais cette sorte d'éloignement fut plus sérieuse pour le duc de Dalmatie et pour le prince d'Essling... celui-ci ne vint qu'après l'autre.

Au moment de la fameuse retraite d'Oporto, lors de tous les bruits qui coururent sur la royauté de Portugal, le maréchal Ney le prit sur un ton

---

[1] Lui, ainsi que tous les autres, car Junot ne pouvait pas supporter non plus un autre chef que l'empereur...

plus haut que la rumeur publique, et accusa le maréchal Soult avec une prévention qui ne pouvait que lui avoir été inculquée... Non seulement il écrivit en Allemagne, où l'empereur était alors, mais il envoya son chef d'état-major, le général Jermini, qui disait et racontait comme quoi : le maréchal Soult était rentré en Espagne *plus en chef de partisans qu'en chef de corps*... et qu'après avoir pillé le pays et l'avoir fait ravager par ses troupes, attirant ainsi l'ennemi sur ses traces, il l'avait évité pour se porter par *Orensé* et la *Puebla de Sonobria*, dans la province de Salamanque, sans l'avertir de ce mouvement, lui, commandant le 3e corps, et le laissant ainsi exposé (le 3e corps était très faible) à la Romana, aux Anglais et aux Portugais qui pouvaient tous l'attaquer à l'improviste et l'écraser, disait-il...

Dans le même moment, et sans s'être concertés ensemble, par une coïncidence bizarre en raison de ce qui suivit, le duc de Trévise, dont la bonté égale cependant le talent et l'estime qu'il est fait pour inspirer, alarmé en quelque sorte par les bruits qui couraient alors, fit également partir son chef d'état-major pour rendre compte à l'empereur de ce qui ce passait. Il ne lui parlait pas, il s'en fallait, sur le ton du maréchal Ney, qui ne concluait à rien moins qu'à une très grande rigueur. Il disait seulement tous les bruits qui circulaient et qui racontaient que le duc de Dalmatie s'était fait *couronner* à Oporto [1]; qu'alors ses soldats s'étaient révoltés et l'avaient quitté ; *que le maréchal Soult, effrayé de l'abandon de son armée, avait couru après elle, et l'avait rattrapée comme elle passait les frontières de l'Entre-Douero et Minho; qu'il avait supplié ses soldats, et qu'ils étaient retournés à lui* [2].

« Je ne crois pas à de tels bruits, ajoutait la correspondance ; mais après la déroute d'Oporto, les causes qui ont déterminé cette prétention à la couronne, il me paraît positif que le duc de Dalmatie a perdu la confiance de ses soldats. Il ne saurait non plus être employé autre part en Espagne... tandis que ses services seraient si utiles ailleurs... Quant à ses troupes, elles ne seraient pas de trop pour renforcer le corps d'armée que j'ai l'honneur de commander et qui est très faible. » etc., etc.

Dans ce moment le maréchal Ney, après avoir

---

[1] J'ai entendu le général Loison en parler comme s'il l'*avait vu*, et quant à cela ce n'est pas vrai.

[2] La dépêche fut en effet remise à l'empereur telle que je la rapporte ici.

fait partir son chef d'état-major pour joindre l'empereur là où il le trouverait, évacuait à son tour la Galice pour se replier sur *Benavente*. Je tiens de plusieurs officiers alors attachés à son état-major, qu'on y croyait fermement au rappel de Soult et surtout à sa disgrâce, et à sa disgrâce éternelle. Lorsque la réponse de l'empereur parvint à Ney... cette réponse ne contenait qu'une phrase assez courte, mais de nature à fournir de longs commentaires à un homme tel que Ney... C'était *l'ordre d'obéir* au maréchal duc de Dalmatie... Le maréchal duc de Trévise reçut également la réponse de l'empereur... c'était *l'ordre d'obéir* au maréchal duc de Dalmatie[1]!...

Soult était appelé en effet au commandement en chef des trois corps d'armée.

Ce n'est pas Napoléon qui aurait voulu laisser croire à l'Europe que son plus habile lieutenant pouvait avoir la pensée de le trahir!...

Mais ce qui est hors de la portée de toute possibilité, c'est de rendre la colère du maréchal Ney!... Il s'écria que l'empereur était *devenu fou!*... qu'il le fallait *interdire*[2]!.. Et sans écouter

---

[1] Le 6ᵉ, le 5ᵉ et le 2ᵉ corps... Cette conduite de l'empereur ne peut se traduire que d'une seule manière : c'est son intime conviction du talent du maréchal Soult.

[2] Il répéta le même mot un jour en soupant avec le duc de

aucune représentation, il laissa là son corps d'armée et partit aussitôt pour Madrid, afin, disait-il, d'obtenir justice du roi Joseph.... Il poursuivait tranquillement sa route, lorsqu'à Valladolid il reçut une lettre du maréchal Soult, qui, faisant courir après Ney, lui écrivait :

« Comment! mon cousin, vous vous en allez!.. vous ne savez donc pas que j'appelle tout votre corps d'armée sur le Tage... et qu'avant huit jours nous nous battrons contre les Anglais qui marchent en force sur Madrid. »

A la pensée d'une bataille donnée sans lui, Ney se mit à rugir comme un lion.... Madrid, le roi Joseph, la justice qu'il voulait demander, tout fut oublié[1].

— J'obéis, dit-il....

Et deux jours après il était à la tête de son corps.

Voilà du sublime!... Je ne connais rien de plus beau dans les Hommes illustres de Plutar-

---

Valmy dans une petite ville de la Saxe... au retour de la campagne de Russie; mais avec d'autres circonstances bien remarquables.

[1] Il était arrivé à Valladolid à midi... il avait dîné à cinq heures, et à sept il était à cheval, n'ayant pris ni sommeil ni repos.

que ! C'est le plus noble, le plus admirable courage !.:. C'est du sublime enfin.

— C'est à la suite de ces allées et de ces venues qu'eut lieu la bataille de Talaveyra, où les Anglais perdirent tant de monde, tout en nous en tuant.... puis Arzobispo, dont j'ai parlé plus haut. Ce fut à la suite de cette dernière affaire que le duc de Wellington fut en pleine retraite sur le Portugal, où il se sauvait comme une souris dans son trou quand nous étions par trop méchans.... Là, le maréchal Ney en revint à ses anciennes coutumes, et pour avoir refusé de passer le gué à San-Toril sous Alcantara, il ne prit pas tous les fuyards qui devaient lui tomber dans les mains... Après ces différentes affaires les trois corps reprirent leurs cantonnemens.

Pendant ce temps, l'empereur était en Allemagne, livrant, comme on l'a vu dans les chapitres précédens, toutes les batailles de la campagne de Wagram. Mais son œil d'aigle n'en parcourait pas moins les plaines de l'Estramadure et de la Castille. Il jugea de ce qui avait été fait, avec son génie, et non d'après ce qu'on voulait lui faire croire. Il discerna de grandes fautes au travers du voile *brillant* qu'on avait jeté sur les mêmes fautes. Ainsi la bataille de Talaveyra lui parut *ce qu'elle était en réalité*, ainsi que le combat d'*Almonacid*, où le général Sébastiani[1] fit bien mousser une grosse bêtise (à ce que prétendent tous les officiers-généraux que j'en ai entendu parler; du moins; car moi je ne me mêle en rien de pareilles matières, si ce n'est pour rapporter ce que disent ceux dont la renommée autorise le jugement).

Alors l'empereur se fâcha; il fronça le sourcil, et le plissement de son front présagea la tempête. Il annonça publiquement son mécontentement... rappela Jourdan, et nomma le duc de Dalmatie à sa place comme major-général de l'armée d'Espagne.

Celui-ci était alors au milieu de l'Estramadure[2] dans un méchant village nommé *Oropesa*, ou *las Calçadas de Oropesa*, où il avait établi le centre de ses cantonnemens. Pendant ce temps, le roi Joseph en recevait la nouvelle à Madrid, et il se passait à ce propos une scène curieuse.

---

[1] Ceci est écrit depuis long-temps et imprimé depuis un mois... En lisant hier le journal, où la bonne lettre de Berthier à Sébastiani, pour retenir sur ses appointemens les canons qu'il *s'était laissé* prendre, a été insérée, j'ai vu qu'on n'avait pas eu si tort de me raconter l'affaire sous un jour aussi burlesque.

[2] Las Calçadas de Oropesa. C'est un mauvais village pas bien loin de la venta d'Almaraz.

Après l'Arzobispo, le maréchal Ney était allé à Madrid; je ne sais s'il y était seulement de sa personne ou avec ses troupes, mais toujours est-il qu'il y était, et qu'il dînait même chez le roi lorsque S. M. reçut de l'empereur la nouvelle de la nomination de Soult à la place de Jourdan. Les nouvelles de cette nature étaient destinées à produire un singulier effet sur le maréchal Ney : quant à cette fois, ce fut si fort, qu'en sortant de table il partit pour Paris sans demander une permission, sans donner un seul acte de soumission. L'empereur le reçut fort mal. Il avait de l'humeur contre lui doublement, parce que le général Marchand, à qui il avait laissé la garde de son corps d'armée, venait de se faire battre à *Tamamès.* L'empereur ordonna au maréchal Ney de repartir sous *vingt-quatre heures*, et ne voulut entendre à aucune représentation.

Ce fut après cette affaire de Tamamès, que le duc de Valmy rendit encore témoignage de son talent, à la fois militaire et politique. Le duc del Parque, après cette expédition contre le corps de Ney, se promenait autour de Valladolid et de Salamanque ; le duc de Valmy rassembla toutes les troupes dont il put disposer dans son gouvernement, et fut à la poursuite ou bien à la rencontre, si l'on veut, du duc del Parque, le joignit à Alba-de-Tormès, le battit complètement, et détruisit même son corps d'armée. Il n'avait pas hésité un moment, parce que après la défaite du général Marchand, il était de la plus haute importance pour nous d'être vainqueurs d'un corps victorieux.

Le maréchal Ney revint donc en Espagne, quoiqu'il eût dit en quittant Madrid à l'un des officiers de son état-major :

—Je quitte cet odieux pays pour n'y plus revenir ; il faudra bien que l'empereur me donne une autre destination... ou bien... Mais je ne reviens pas ici.... c'est la cour du roi Pétaud.

Cependant il se calma et obéit encore. Il fit bien ; car la barre de fer dont l'empereur se servait pour sceptre de discipline était pour le moins aussi bien trempée que celle que Ney pouvait lui opposer... Ce fut après cette dernière scène qu'il eut le commandement du sixième corps, et qu'il passa sous Masséna.

J'ai dit comment le maréchal Soult avait eu le grade de major-général de l'armée ; voici maintenant quelles en furent les conséquences.

Il y eut à l'heure même plus d'activité dans les dispositions. On fit des plans pour aller danser l'hiver suivant à Lisbonne et à Cadix. Les dangers étaient les mêmes ; mais comme il y avait plus de confiance dans la réussite, ils devenaient moins redoutables. La bataille d'Ocaña, gagnée par le maréchal Mortier, commença la série de conquêtes qui ne cessèrent de suivre nos armes. Nous occupâmes toute l'Andalousie vers la fin de l'automne. Le général Dessoles était à Cordoue avec une superbe division. Le général Sébastiani occupait Grenade, faisant l'Abencerrage à tout son bien-aise, à condition qu'il ferait aussi le général et observerait Murcie. Pendant ce temps-là le duc de Bellune faisait le siége de Cadix, étant de sa personne au port Sainte-Marie, et contenant *Tariffa* et Gibraltar; tandis que le maréchal Mortier, après sa victoire d'Ocaña, s'était sur-le-champ avancé en Estramadure et menaçait Badajoz. D'une autre part, des colonnes mobiles parcouraient fréquemment les campagnes intérieures. Le commandement en était donné à de jeunes officiers qui se riaient des dangers comme des alcades, dont ils prenaient les maîtresses et les femmes quand elles étaient jolies, se battaient avec les guérillas *et les battaient;* puis s'en retournaient à Séville, pour danser chez le maréchal qui tenait là cour plénière, et faire l'amour sous la jalousie comme de vrais courtisans du temps de dona Padilla.

Le maréchal avait fort peu pensé néanmoins

à ce que les officiers de son état-major fussent ou non des *mangeurs de cœurs*... Ce qu'il avait exigé en les choisissant étaient d'autres qualités plus positives. Ainsi, par exemple, lorsque le maréchal Ney quitta aussi brusquement Madrid, il recueillit promptement plusieurs officiers de mérite que le départ du maréchal laissait dans un isolement momentané. De ce nombre était un homme que je suis heureuse et fière de nommer mon ami : c'est le colonel Bory de Saint-Vincent, qui, alors âgé seulement de vingt-cinq ans, était capitaine d'état-major, avait fait le tour du monde, était correspondant de toutes les sociétés savantes de l'Europe, et donnait assez de jalousie, par son savoir, pour exciter les intrigues de ceux qui devaient le redouter.

Le genre des connaissances du capitaine Bory de Saint-Vincent était précisément celui que devait rechercher le maréchal dans un pays dont tant de gens ont parlé, et sur lequel si peu ont dit la vérité. M. Bory s'occupait déjà de remplir les profils si admirablement tracés *de Tofino*, et à dresser une carte de toute la Péninsule qu'il avait déjà parcourue en tous sens. Le duc de Dalmatie reconnut qu'il était fait de toutes manières pour commander les colonnes mobiles qu'il envoyait dans le pays, et ce fut lui qui fut en grande partie chargé de ce travail à la fois périlleux, parce qu'à chaque pas il fallait payer de sa personne, et important parce qu'il fallait de plus rendre compte de l'état politique et administratif du pays. Le capitaine Bory a fait sur l'Espagne un ouvrage que je regarde comme une des plus excellentes choses qui aient été faites sur la Péninsule, sans parler de cet ouvrage sous le rapport scientifique [1], ce qui est pourtant d'une première importance, je puis affirmer que cet itinéraire est le plus sûr, le plus détaillé, le plus pittoresquement fait que nous possédions... On voit que l'auteur dessine, lève des plans, fixe le cours des rivières, trace le versant des montagnes, et tout cela se juge dans la voiture, en lisant même le petit format de l'ouvrage et sans voir l'atlas, parce que c'est si bien écrit qu'on est obligé de voir se classer devant soi, villes, rivières et montagnes. Il ne s'est pas borné à *l'histoire physique*

[1] M. Bory de Saint-Vincent a été loin dans la science, en faisant cet ouvrage intitulé : *Résumé géographique de la Péninsule ibérique*. Ceux qui, comme moi, ont été en Espagne et en Portugal, peuvent, surtout s'ils s'occupent d'histoire naturelle, apprécier cette œuvre de talent à toute sa haute valeur. Je ne lui connais, moi, qu'un défaut, c'est de dire trop de bien de plusieurs auteurs qui ont écrit avant lui sur l'Espagne, et sur lesquels il pourrait tomber de tout le poids de sa science et de la force de son esprit fin et railleur.

de la Péninsule, il a fait aussi son *histoire morale*, et il est merveilleux de trouver dans ce volume une peinture parfaite des mœurs, du gouvernement, de l'administration, de la religion; et puis cette peinture d'abord sérieuse s'anime en parlant des combats de taureaux, que du reste l'auteur peut bien décrire puisqu'il a lui-même combattu avec le costume de *majo*, et qu'il est descendu dans l'arène *por torrear* [1], et cela *de franc jeu*, ce qui est une résolution remarquable comme le savent ceux qui ont vu les combats véritables livrés dans un des cirques de l'Espagne. Il peint admirablement ces scènes si colorées par elles-mêmes, et leur donne cependant une nouvelle chaleur... et puis, changeant de ton, il trempe ses pinceaux dans des couleurs plus sombres et plus énergiques encore en parlant de l'inquisition et des *auto-da-fé* [2]... et tout cela après avoir

---

[1] Il faut avoir vu un combat de taureaux dans les règles, non pas un *toro* simplement tourmenté, mais un combat véritable, pour connaître le péril positif, et de tous les instans, que court l'homme qui combat le taureau. Je conçois mieux qu'une autre aussi pourquoi le colonel tient si fort à mépris les coups de corne impuissans de quelques animaux métis qui se croient redoutables parce qu'ils courent sur vous.

[2] Voir la description d'un auto-da-fé, à la page 259 de l'ouvrage.

tracé un tableau rapidement composé, des Aborigènes, des Phéniciens et des Carthaginois, des Romains et des peuples du Nord, et enfin de la domination musulmane dans la Péninsule... Oui, c'est un excellent livre que celui de M. Bory de Saint-Vincent. Je le dis sans prévention d'amitié : je le dis parce que c'est vrai.

C'est ainsi que je l'ai décrit plus haut que Soult passa presque au-delà d'une année en Andalousie. Pendant ce temps Masséna prenait des villes, s'avançait en Portugal, et chassait lord Wellington devant lui. Cela avait bien un peu l'air d'un piége, mais néanmoins il avait pourtant la couleur d'un homme qui en poursuit un autre. Si l'on considère qu'alors Cadix était bloqué, que le maréchal Suchet prenait des villes avec tant de facilité qu'on finissait par ne plus y songer ; qu'il gagnait une bataille rangée par semaine... que le maréchal Bessières était à Valladolid avec un corps d'armée respectable ; si l'on considère toutes ces choses, dis-je, on ne peut comprendre comment, dans ce même temps, nous n'étions maîtres que de l'espace que nous occupions, et comment il se pouvait que des courriers ne pussent porter des nouvelles d'une distance à une autre à peine de quelques milles sans être égorgés ou tout au moins arrêtés.

C'est un texte bien susceptible de vastes et de profondes remarques que celui que je viens de tracer en peu de lignes, et dans ce moment surtout où l'Espagne est minée de toutes parts, et où la mèche s'allume à un feu qui n'est peut-être que celui des auto-da-fé que l'inquisition avait seulement couvert...

Masséna s'était donc, comme je l'ai dit, bien avancé en Portugal, et, arrivé devant les lignes de Torres-Vedras, il s'était arrêté, parce que celui qui paraissait l'avoir défié à la course s'était subitement retourné, et avec un rire moqueur lui avait dit : « *Tu n'iras pas plus loin.* »

Et pour compléter la raillerie, savez-vous bien devant quelle sorte *de redoute* il semblait ainsi se rire de nous?...

Devant le col d'un isthme, à l'extrémité duquel est situé Lisbonne [1]. Son diamètre, depuis le Jézandra jusqu'à la mer [2], est de six à sept lieues de France... C'était le long de cette ligne que les Anglais avaient établi cent huit redoutes, lesquelles étaient garnies de quatre cents pièces de canon du calibre le plus fort. Ensuite, pour donner une *contre-protection* à ces mêmes

[1] Torres-Vedras est à sept lieues de Portugal de Lisbonne.
[2] A Alhandra sur le Tage.

redoutes chargées de foudroyer l'ennemi, on avait pratiqué au-devant et autour d'elles des moyens d'inondation, des escarpemens sur le flanc des montagnes, réunissant ainsi les deux forces de la nature et de l'art.

J'ai entendu, après cela, dire néanmoins à Junot, et cela plusieurs fois, que la position de *Torres-Vedras*, qui paraissait inexpugnable, pouvait être forcée quand on connaissait le pays, et que *lui* se ferait fort de passer entre Maffra et la mer si on avait voulu lui donner de bonnes troupes. Mais le vétéran d'Italie était fini¹, ajoutait-il, il n'y avait plus de résolution dans cet homme-là.

En puis, à la vérité, il ajoutait :

— Mais qu'aurions-nous été faire par-delà les lignes de Torres-Vedras ?... il n'y avait que des ennemis... La position n'était plus la même qu'en 1808... Si le maréchal Soult avait pu venir nous donner la main, à la bonne heure.

Cela avait été d'abord l'intention de l'empereur, et au même moment où Masséna entrait et s'avançait en Portugal, le duc de Dalmatie recevait une dépêche impériale dans laquelle étaient ces propres termes :

¹ J'ai entendu dire au maréchal Ney, lors de son retour, la même chose sur Masséna.

« Je vous *engage* à *favoriser* le prince d'Essling... Soyez le même qu'à Austerlitz... et songez qu'en le secondant, c'est ce même Masséna, c'est votre ancien compagnon de gloire au siège de Gênes dont vous faciliterez l'entrée à Lisbonne. »

Napoléon connaissait les hommes, et savait surtout les manier. Huit jours après avoir reçu cette lettre, Soult avait réuni tout ce qu'il pouvait rassembler d'hommes, et il quittait *Sevilla la Hermosa* en y laissant le général d'Aricaud pour la garder avec deux bataillons d'infanterie, et, chose étrange, une garde nationale!... parce que la garde nationale, qui partout, par sa nature de *possédante*, craint le meurtre et le pillage, partageait de grand cœur avec les Français les soins qui tendaient à l'en préserver. Puis Soult s'en fut avec huit à neuf mille hommes droit sur Badajoz pour le cerner, le prendre, et courir délivrer Masséna, qui alors, comme je l'ai dit, était bien empêché devant les terribles lignes de Torres-Vedras... Il s'agissait donc pour Soult d'opérer d'abord une puissante diversion... La Romana venait de mourir subitement; c'était sans contredit l'homme le plus habile qu'eût l'Espagne à cette époque, et pour sa cause. Mais enfin Ballesteros et Mendizabal, qui le remplacèrent en Estramadoure, étaient tout aussi inquiétans, parce que c'était l'esprit qu'ils dirigeaient qui faisait lever des bataillons. Ballesteros s'en alla dans les plaines de la Guadiana, et, je pense, du côté de Salvatierra, et Mendizabal laissa une forte garnison à Olivenza, en se portant de l'autre côté du fleuve. Olivenza était un point très important pour les opérations militaires en Portugal : cernée le 11 janvier, elle se rendit le 22. On y trouva un matériel considérable, et la garnison était forte de quatre mille douze hommes, composée des régimens de *Truxillo, Monforte, Navarres, chasseurs de Barbastro, volontaires de Mérida*, et détachemens d'artillerie et de sapeurs; moitié de ces troupes faisait partie de l'armée de Ballesteros, et la garnison était commandée par le général *don Manuel Herch*, qui était aussi gouverneur de la place. Aussitôt après la reddition d'Olivenza, Soult marcha sur Badajoz, et le siége en fut poussé avec vigueur. Le maréchal avait avec lui le général Gazan comme chef d'état-major ; le général Lery, beau-frère du brave général Kellermann, commandait le génie, et le général Bourgeat, brave, digne et vieux militaire d'artillerie... Le premier régiment d'infanterie, qui commença les travaux de la tranchée vis-à-vis Olivenza (il est bon de rappeler tous les genres de souvenirs) était commandé par le colonel *Chassé*, devenu depuis si fameux en faisant tirer à son tour sur les Français au siége d'Anvers.

Lorsque la garnison d'Olivenza défila sur les glacis et déposa ses armes devant le maréchal, elle fut terrassée par la conviction qu'elle acquit à l'heure même qu'elle était d'égale force avec l'armée qui l'avait attaquée... Plusieurs officiers, poussés par un mouvement de désespoir qui ne peut être blâmé, mais qu'on ne pouvait souffrir, laissèrent échapper quelques paroles qui révélaient tout ce qu'ils souffraient, et firent un mouvement qui annonçait l'intention de se défendre quoique vaincus... Le maréchal s'avança vers leur général.

— Si l'un de vos soldats, lui dit-il, fait un mouvement... s'il fait entendre une nouvelle imprécation... je vous fais TOUS fusiller dans l'instant.

Et il l'aurait fait.

Le reste de la remise des armes se fit sans murmures au moins apparens...

Des hôpitaux furent établis... Le maréchal Soult laissa ses malades, son administration, tout ce qui pouvait le gêner dans sa marche, et continua sa route sur Badajoz, qui n'est qu'à sept lieues d'Olivenza, pour dégager Masséna en allant à lui par l'Estramadoure et l'Alentejo... On n'avait aucune nouvelle de Masséna.

Maintenant nous sommes arrivés au moment que j'ai dû quitter au commencement du chapitre pour parler des évènemens antérieurs si importans à connaître pour expliquer une grande partie de ce qui va suivre. Les affaires de l'Europe se jouaient alors sur le terrain de l'Espagne et du Portugal, et le malheur de Napoléon a voulu qu'il ne l'ait pas bien compris peut-être.

Tortose venait de tomber aux mains victorieuses du général Suchet; la garnison était nombreuse, on la dirigea sur France; le matériel fut abandonné, et il était considérable... Quelques jours après nous apprîmes la prise d'Olivenza, comme je viens de le dire, par le maréchal Soult, et peu de temps s'écoula sans que cette prise importante pour les opérations militaires en Portugal fût suivie d'une victoire remportée par les Français sur les bords de la Gébora, petite rivière affluente de la Guadiana près de Badajoz[1]. Nous avions tous des amis, des intérêts dans l'armée, et ce qui arrivait d'heureux au maréchal Soult était heureux pour nous. Nous étions

---

[1] Badajoz n'était pas une ville de premier ordre, et pourtant comme elle pouvait contenir une nombreuse garnison,

donc intéressés à avoir des nouvelles promptes et sûres, et la chose était moins difficile du côté de l'Estramadoure.

Immédiatement après l'arrivée des Français devant Badajoz, le siége commença et la tranchée fut ouverte [1]. Le siége fut poussé avec vigueur, et Wellington, prévenu de cette nouvelle circonstance, en fut épouvanté. En effet, sa position changeait entièrement si Soult entrait en Portugal avant que Masséna, fatigué, épuisé, eût abandonné *Torres-Vedras*. Wellington montra dans cette circonstance qu'il n'était pas seulement *un héros par hasard*, comme quelqu'un le dit si spirituellement en 1814, et encore mieux en 1815 : il comprit qu'il fallait absolument empêcher Soult de joindre son camarade de Gênes, et il s'en occupa immédiatement.

Badajoz allait tomber ; la batterie de brèche allait jouer, lorsque tout-à-coup les bords de la Guadiana se couvrirent de nombreuses phalan-

---

elle arrêtait nécessairement devant ses murs... Elle était alors hérissée de plus de cent pièces de canon, avait une garnison de sept mille hommes, et était protégée par l'armée de Mendizabal, forte de plus de quinze mille hommes.

[1] Elle le fut le 22 janvier... la première attaque fut dirigée sur la fortification de Pardaleras, qui fut canonnée de la *Sierra del Viento*. La brèche fut ouverte le 11 février... et la fortification emportée aux cris de *Vive l'empereur !*

ges accourant du Portugal pour secourir la place. C'était l'armée de La Romana[1], dont une partie était alors aux ordres de Mendizabal. Cette armée se mit aussitôt en rapport avec le général *Menacho*, brave commandant de Badajoz, dont on ne devait pas avoir si bon marché que de celui d'Olivenza.

Je ne parle que de la marche des évènemens, et je ne me mêle pas de les décrire dans tous leurs détails ; je le pourrais cependant, car je possède de bonnes notes à cet égard. Je dirai seulement comment le maréchal duc de Dalmatie remporta la victoire à la bataille *de la Gébora*, comment aussi il fut aidé par des hommes pour lesquels je professe une sincère et tendre amitié ; ce que j'ajouterai, c'est que lord Wellington fut vivement alarmé pour sa sûreté ; car, bien que Masséna fût en retraite depuis le 14 novembre, à la nouvelle d'un aussi puissant secours que celui de Soult et de Mortier, il se pouvait faire qu'il se retournât, et la colère de trois hommes comme Masséna, Ney et Junot,

[1] C'était le reste de l'armée de La Romana ; il venait de mourir le 27 janvier (1811), non pas subitement comme quelques personnes l'ont écrit ; il était attaqué d'une maladie sérieuse... Nous l'apprîmes en même temps que sa mort. Voilà ce qui fit dire parmi nous qu'il était mort *subitement*.

pouvait être assez redoutable pour tout faire pour l'éviter. En conséquence il fit partir aussitôt ce qui lui restait de troupes espagnoles pour aller joindre *Mendizabal*, défendre Badajoz, et empêcher Soult d'avancer pour joindre Masséna.

La journée de la Gébora fut belle pour nous. Les Anglais ont l'air de traiter cette affaire légèrement : libre à eux de le faire; ce que je sais, c'est que la relation de cette bataille m'a vivement frappée. Je l'entendis faire à un officier de mérite [1] qui s'y trouvait, et qui rendait admirablement compte de ce beau dévouement de nos troupes, qui, bien certaines de trouver devant elles trois contre un, n'en marchent pas moins avec une courageuse assurance. Quel tableau énergique et pittoresque il faisait en nous représentant les Français manœuvrant la nuit en silence, par un temps des plus obscurs, sur les rives de cette Guadiana, aux souvenirs antiques de féerie! puis apparaissant à l'ennemi lorsque l'aube blanchissait à peine la pointe des rochers sur lesquels il s'était réfugié, et qui furent escaladés par nous comme si nos soldats avaient dû y trouver une fête..... Oh! c'était bien

---

[1] Le général Girard, brave et loyal homme. Il commandait la colonne d'attaque. C'est lui qui fut tué à Fleurus devant Waterloo... Encore un brave ami de moins...

cela, en effet, et notre poète national l'a bien dit :

> Heureux qui mourait à ces fêtes !
> Dieu, mes enfans, nous donne un beau trépas !...

La victoire fut bientôt décidée, mais le combat fut terrible. Le général Girard eut un cheval tué sous lui au moment où le capitaine Bory de Saint-Vincent, qui lui portait l'ordre d'avancer, avait aussi le sien abattu par un boulet, et trois balles dans son chapeau. M. Auguste Petiet, brave fils d'un digne père, reçut plusieurs coups de sabre et fut cruellement blessé. Le duc de Dalmatie eut sa redingote percée de plusieurs coups de BAÏONNETTE; et le maréchal Mortier, avec son immense taille, était calme et paisible au milieu du feu le plus vif et semblait défier le danger, tandis que l'expression si parfaite de sa physionomie qui révèle le bon père, le bon ami, le bon Français, disait en même temps à ce danger de ne pas l'approcher. A midi la victoire était entière [1], et *Copons*, qui commandait la cavalerie anglo-portugaise, fuyait à tire d'aile vers Elvas [2]

---

[1] Nous avions 15,000 prisonniers... 20,000 fusils..., tous les drapeaux, et 2,000 morts ou blessés étaient gisans par terre.

[2] Les débris de cette armée se réfugièrent en partie dans Badajoz, et le reste fut joindre à Elvas don Carlos de Espana. Elvas n'est qu'à un demi quart de lieue de Badajoz. On

poursuivi par le prince Prosper d'Aremberg. J'ai déjà dit que plusieurs de mes amis s'étaient distingués à cette bataille; l'un d'eux surtout, non seulement mon ami, mais mon allié, le colonel Bory de Saint-Vincent, s'y comporta de manière à ce que son nom fût cité de la façon la plus honorable. Il eut un cheval tué sous lui, fut blessé, eut ses habits criblés de balles, prit un drapeau, enfin se conduisit comme un homme vaillant. Il eut la croix pour cette affaire. Le général Latour-Maubourg, le général Philippon, eurent une bien belle conduite également dans cette journée.

Pour terminer cette campagne qui a tant de rapport avec notre situation, et je puis dire la mienne, pendant mon séjour en Espagne, j'ajouterai que le brave commandant de Badajoz, le général *Menatcho*, ayant eu la tête emportée par un boulet quatre jours après l'affaire de la Gébora, il fut remplacé par le général *Imaz*. Il n'avait pas envie de faire le Palafox, à ce qu'il paraît, car le 11 mars la brèche étant praticable, il capitula. Les Anglais, qui rejettent un peu tous les malheurs de la guerre de la Péninsule sur ses propres habitans, disent que le général *Imaz* a ca-

---

voit tirer le canon d'une place à l'autre. Badajoz est beaucoup plus considérable qu'Elvas...

pitulé en même temps qu'il apprenait que Masséna était en pleine retraite, et qu'il l'apprenait par une dépêche télégraphique. Je n'en sais rien, mais ce que je sais, c'est que le général Imaz avait neuf mille hommes de garnison qui déposèrent leurs armes sur le glacis de la citadelle. Le lendemain le maréchal Mortier marcha sur Campo-Mayor, qui fut pris à l'instant. Le siége de Badajoz avait duré cinquante-quatre jours... et Masséna qui n'attendait pas un résultat !...

Voici l'extrait d'une lettre de lord Wellington à la régence de Portugal, dont au reste il n'était pas plus content qu'il ne l'avait été du gouvernement de la junte espagnole :

« La nation espagnole a perdu en deux mois
» les forteresses de Tortose, d'Olivenza, de Ba-
» dajoz, sans cause suffisante. Pendant ce temps,
» le maréchal Soult, avec un corps de troupes
» qu'on n'a jamais supposé au-dessus de vingt mille
» hommes[1], outre la prise de ces deux dernières
» villes, a pris ou tué plus de vingt-deux mille
» hommes de troupes espagnoles[2]. »

Et si l'on avait pris la peine de revenir encore quelques mois en-deçà, si l'on avait fait l'énumération de l'occupation de l'Andalousie, du gain

[1] Il n'en eût même jamais au-delà de 16 ou 17,000.
[2] Il n'y a qu'*erreur* dans le chiffre ; mais on voit qu'il n'y a pas mauvaise foi...

de la bataille de Talaveyra, de l'Arzobispo... du passage du col de Baños, etc., le total eût été effrayant.

Cette lettre de lord Wellington a le ton du reproche, et le ton même fort amer; cela n'est nullement étonnant. Il ne fallait pas se formaliser d'être maltraité par les Espagnols et les Portugais dans un moment où les partis étaient en feu. Voici un échantillon de la façon dont la junte espagnole en agissait avec son alliée l'Angleterre; et remarquez en passant que c'était aux mois de juillet et d'août 1809, c'est-à-dire, lorsque les Anglais donnaient tout leur sang pour la cause de Ferdinand, lorsque sir *Arthur Wellesley* venait de perdre, par la lâcheté de *Cuesta*[1], la bataille de Talaveyra-da-Reyna et celle de l'Arzobispo. Il demandait du secours à la junte de Cadix et à celle de Séville.

« Les Anglais, répondit la junte, *ont bien au-delà du nécessaire;* ils volent les paysans, pillent les villages, interceptent les convois espa-

---

[1] Et ce que je transcris dans ce livre, ce n'est pas sur de vaines paroles... c'est, comme on peut le voir, d'après le rapport des Anglais eux-mêmes et leur correspondance. Le général Hill, le général Beresford, ont tous certifié la vérité de ce que j'avance : le colonel Napier tout le premier. Du reste je dois dire que je fais une grande différence entre la *junte* et la nation espagnole, nation que j'aime et que j'honore.

» gnols, et vendent ouvertement les objets *qu'ils*
» *ont si honteusement acquis*.... La retraite de l'au-
» tre côté du Tage était inutile, Soult *devait être*
» *battu*... Le général anglais a pour se conduire
» ainsi des motifs que probablement il n'ose pas
» avouer. »

Maintenant voici une lettre du général Hill, commandant une division de l'armée anglaise; la voilà telle qu'elle fut écrite par lui à lord Wellington, encore sir Arthur Wellesley :

« Du camp, 17 août 1809.

» Monsieur,

» Je vous préviens qu'hier les Espagnols se
» sont opposés à ce que les détachemens envoyés
» au fourrage par les officiers de ma division pus-
» sent rien emporter avec eux. Les circonstances
» suivantes sont venues à ma connaissance, et je
» prends la liberté de vous les répéter.

» Mes domestiques furent envoyés à trois lieues
» d'ici, sur le chemin de Truxillo, afin de me
» trouver du fourrage; ils en auraient chargé
» trois mulets, lorsque cinq ou six soldats espa-
» gnols vinrent sur eux le sabre tiré, et les obli-
» gèrent de laisser là ce qu'ils avaient cueilli. Ces
» mêmes soldats tirèrent sur d'autres Anglais oc-
» cupés à aller au fourrage; et les hommes en-

» voyés par le commissaire-adjoint de ma divi-
» sion, ont également reçu des coups de fusil
» des Espagnols[1].

» J'ai l'honneur d'être, etc., etc.

« Hill,
«Major-général de l'armée anglaise en Espagne.»

[1] Voyez l'Appendice de la guerre de la Péninsule, par Napier.

CHAPITRE XII.

Retraite de Masséna sur le nord du Portugal. — Combat de la Barossa. — Général Ruffin. — Chaudron-Rousseau. — Je reçois enfin une lettre de mon mari. — Général F.....r. — Caractère. — L'empereur ne l'aime pas. — Conspiration. — Aventure. — Déguisement en Maritorne. — C'est Toussaint-L'ouverture. — La ruelle du lit. — Quolibets. — Costume pittoresque. — *Je ne puis tuer cet homme après lui avoir pris sa maîtresse.* — Mon opinion. — M. C...t. — Égoïsme et dureté de cœur. — Le comte Sabugal. — Le calice d'or. — *Jésus ! Santa Maria !* — Les vêpres.

J'étais alors à Salamanque, ainsi que je l'ai dit, lorsque les nouvelles de Badajoz nous parvinrent. J'en fus d'abord dans la joie, parce que je pensai que le maréchal Soult allait enfin passer. Il se disposait à le faire en effet, lorsque, montant à cheval, il reçut la nouvelle du côté de l'orient que Masséna avait commencé sa retraite sur le nord du Portugal, et en même temps du côté de l'occident ; que le duc de Bellune s'était laissé trompé comme un enfant sous Cadix, et que les Anglais avaient opéré un débarquement à la Barossa, au sud de Chiclana, sur les côtes d'Andalousie.

Le duc de Dalmatie prouva en cette circonstance que ses frères d'armes avaient raison de le placer au premier rang. Il laisse trois mille hommes dans Badajoz, revient à marches forcées sur Séville, puis force les Anglais à se rembarquer, et tire le maréchal Victor d'une position plus que douteuse... Tout cet ouvrage fut l'affaire de deux semaines tout au plus.

Mais ce combat de la Barossa nous coûta cher : nous y perdîmes des officiers distingués. Le général Ruffin y fut blessé à mort et fait prisonnier... le général Chaudron-Rousseau y fut tué... Et cette lutte sanglante n'offrait pourtant d'autre résultat que celui de recommencer ; et le sang devait bientôt couler sur cette terre encore humide et fraîche de carnage... Une fois que lord Wellington n'aurait plus Masséna sur les bras, il était positif qu'il reprendrait une attitude offensive. En attendant ce moment, Soult, qui ne pouvait rien faire à cette époque, passa quelques mois assez gaiement à Séville. Pendant ce temps nous étions à Salamanque, où nous avions des inquiétudes pour toutes distractions. Les lettres de mes amis étaient les seuls motifs que j'eusse pour me consoler d'être ainsi éloignée de tout ce que j'aimais. — Mon Dieu, que j'ai souffert à cette époque douloureuse de ma vie!...

Ce fut seulement dans les premiers jours de février que je reçus une lettre de Junot en réponse à celle que je lui avais écrite par le comte d'Erlon ; on voit que notre correspondance n'était pas fort active. Ma lettre était du 15 novembre, et il l'avait reçue le 28 décembre. La sienne était du 29 décembre, et je la recevais le 10 de février... Voici cette lettre, je la transcris en entier pour faire juger de la cruelle position de l'armée française en Portugal.

N° XIII de la correspondance d'Espagne.

Torrès-Novas, le 29 décembre.

« Enfin, ma chère Laure, je reçois de tes nou-
» velles!... Casimir et le général Drouet m'ont
» remis hier tes deux lettres... Avec quelle joie je
» les ai ouvertes!... avec quelle joie j'y ai lu que
» tu te portes bien, et que tu es mère d'un second
» fils!... Quand vous verrai-je l'un et l'autre?
» Tu l'as nommé Alfred, me dis-tu... J'aurais voulu
» qu'il s'appelât Rodrigue; en me rappelant on
» amour pour sa mère, ce nom y aurait ajouté le

» souvenir de ce que tu as souffert cette année...
» Que ton fils s'appelle Rodrigue, et que sa mère
» compte sur moi, car, ma chère Laure, aucune
» autre ne te balancera dans mon cœur, et ton
» bonheur m'est plus cher maintenant que la vie.

» Comment Magnien ne m'a-t-il envoyé aucune
» provision par Casimir [1]? Nous sommes si mal!
» si mal!... Mais peu m'importe, tu es bien por-
» tante ainsi que tes quatre enfans, le reste du
» monde ne m'intéresse que faiblement. Quand
» serai-je réuni à vous?... quand serai-je tran-
» quille?... quand serai-je heureux?...

» Adieu, ma bien aimée : ne t'inquiète pas sur
» mon sort : il est de ma destinée de te revoir, de
» faire ton bonheur; je me conserverai pour
» cela... pour nos enfans... pour avoir aussi ma
» part de ce bonheur en vous pressant contre mon
» cœur qui a tant besoin de votre amour, de vos
» soins pour oublier l'injustice des hommes et la
» méchanceté des ingrats

» Je me porte bien.

» Mille amitiés à Magnien.
» Ton ami,
» L. D. »

---

[1] Je le crois bien : nous étions alors à Ciudad-Rodrigo, dans un état voisin de la famine. C'est alors que je vivais de *moineaux francs* qu'on tuait sur les remparts.

Cette lettre me donna une extrême tristesse, et plus que jamais je me confirmai dans la résolution de ne pas quitter l'Espagne, et surtout Salamanque, avant le retour de Junot. Il lui fallait au moins une voix amie qui lui dît de douces paroles à son arrivée après tant de souffrances!

J'ai parlé, mais assez sommairement, d'un homme dont le nom est bien fameux, et qui avait eu à cette époque une existence déjà bien aventureuse: c'était le général F......r.

Le général F......r est un de ces types d'hommes très rarement jetés en moule par la nature. C'est un être d'une si extraordinaire conformation morale, qu'en vérité on n'ose qu'à peine parler de lui, et pourtant je le connais aussi bien, je crois, qu'on le puisse connaître; car je l'ai étudié avec une extrême attention, comme on étudie un sujet d'histoire... C'est un mélange si complet avec une nature si imparfaite, de l'esprit dans une mesure prodigieuse, et tout une nullité de jugement... Parfois des éclairs d'un noble caractère, et puis des preuves de la corruption la plus profonde, connaissant ses avantages, et voulant toujours en abuser; dominateur exclusif dans quelque genre que ce fût, il cherchait, aussitôt que commençait une discussion, à vouloir la terminer à son avantage, et dès l'en-

trée en matière, il commençait par vous prévenir
que jamais il ne changeait d'opinion. Il avait été
originairement élevé pour être avocat, et ses
études, bien qu'imparfaites, étaient pourtant remarquables au milieu de gens qui, pour la plupart,
ne savaient ni lire ni écrire [1], et lui furent bien
utiles dans l'une des circonstances les plus importantes de sa vie.

L'empereur ne l'aimait pas, et ce sentiment
était même plus fort qu'un sentiment répulsif
ordinaire. En arrivant au pouvoir consulaire, il
trouva le général F......r, alors colonel du
10ᵉ hussard, en possession d'une renommée d'un
genre si singulier, qu'il lui fut facile de frapper
sur lui sans éprouver une forte opposition de la
part du public.

Le général F......r avait une grande habileté
pour tirer le pistolet. Long-temps avant de le
connaître, j'avais entendu parler de ce talent chez
lui, parce que Junot était lui-même d'une adresse
qui du reste n'avait aucun concurrent. J'entendais toujours nommer ceux qui pourtant pouvaient concourir avec lui, et le colonel F......r
était presque le seul [2]. Du reste il était peu aimé

---

[1] Sans aucun doute à l'époque où il entra dans l'armée.
[2] Mais Junot avait sur lui l'immense avantage de ne ja-

dans l'armée où son ton tranchant lui faisait autant d'ennemis qu'il avait de gens sous ses ordres.

En 1804, il y eut à Paris une conspiration dans laquelle se mit, ou bien où l'on mit le colonel F......r : je crois bien que c'est celle de Moreau et de Georges. Toujours est-il que l'affaire fut grave au point de le faire arrêter, juger et casser. On lui ôta son régiment, et il rentra dans la vie privée. Il ne fut pas embarrassé, il s'en fut à Bordeaux, et là il se fit avocat ; il avait déjà, comme je l'ai dit, des études préliminaires, et il les utilisa ainsi... Il y avait en lui des parties qui en eussent fait un des hommes les plus supérieurs de son temps s'il n'avait pas été si étrangement influencé.

A l'époque de cette catastrophe dans sa vie alors si forte de jeunesse et de pouvoir d'avancer, il avait été au moment de devenir fou, me disait-il... On l'avait mis au temple... en prison !...

Moi dans un cachot !... s'écriait-il...

Et en racontant cette aventure il donnait une esquisse parfaite de son caractère et de son individu : il aimait fort à la raconter. Je la lui ai entendu dire plus de vingt fois, *et jamais que d'une seule façon.*

mais tirer plus près que vingt ou vingt-cinq pas ; le général F......r ne tirait pas plus loin que quinze.

Lorsqu'il sut qu'on en voulait à sa tête, il se cacha; mais, toujours découvert, il fut bientôt *traqué* comme une bête sauvage...

Et en parlant ainsi, ses grands yeux bleus foncés, bordés de longs cils noirs, étincelaient, tandis que ses mains, qu'il avait d'une rare beauté, devenaient rougesetenflées, et ses veines semblaient être de petites cordes.

« — Je cherchais partout un asile, poursuivait-il... et partout ils me *sentaient*, ces misérables limiers dressés à connaître les traces sur lesquelles la chair humaine qu'ils poursuivent laisse ses vestiges... Enfin, désespéré et ne voyant plus d'espoir de salut, je me décidai à aller chez une femme de mes amies qui ne pouvait me refuser de me cacher. Je vécus ainsi quelques momens tranquille... Mais un jour... (je venais de me lever), cette amie entre dans ma chambre tout alarmée [1] :

» — Vous êtes perdu, s'écria-t-elle... La maison est entourée de gendarmes!... On vient vous prendre, Franck!... Comment vous cacher?...

» Ses cris me troublaient... Je n'écoutais

---

[1] La manière dont il parlait en cette occasion de l'amie généreuse qui exposait son existence pour le sauver, m'a toujours déplu... Cette amie était aussi la mienne, et je connaissais sa belle âme en amitié.

même pas ce qu'elle me disait ; je songeais au moyen de me dérober à la mort ; car j'étais assuré alors que pour moi la partie n'avait pas autre chose que ma tête pour enjeu. Il y avait là dans le moment une femme, une maritorne ; je pris ses vêtemens : les deux femmes m'aidèrent, et en deux minutes elles firent de moi la plus indigne *mie souillon* que vous puissiez vous imaginer. Je pris un seau plein d'eau, et descendis l'escalier pour traverser la cour et gagner la rue.. lorsque tout-à-coup je fus arrêté par ces paroles auxquelles je devais m'attendre : *on ne passe pas!*... Et la vieille tête qui me cria cela aux oreilles me regarda avec un étonnement motivé, comme je le vis après, car je n'avais pas eu le temps ou la possibilité de raser mes moustaches de hussard, je les avais coupées... Je laisse à penser quelle physionomie je devais avoir : cette pensée me frappa. Je gagnai la maison dans un trouble d'autant plus grand, qu'au travers des portes vitrées j'avais avisé deux ou trois visages dont les yeux perçans se dirigeaient sur moi.. Je remontai dans ma chambre... elle était encore libre... Je jetai un coup-d'œil rapide autour de l'appartement... aucun moyen de salut... Ah! la cheminée!... J'y grimpai avec une souplesse et une agilité dont jamais je ne me fusse jugé capable... Comment l'amour de la vie nous rend-il si différens de nous-mêmes?... Mais quelle que fût cependant ma volonté *de conservation*, je ne pus demeurer plus long-temps dans ce tuyau garni d'une épaisse couche de suie : j'étouffais!... Je me dis qu'il valait encore mieux mourir comme un soldat, avec des balles dans la tête, que comme un de ces chiens d'Auvergne qui viennent à Paris et font fortune avec une truelle, soit dit en passant. Je tombai dans le foyer presque suffoqué... Il me fallait de l'air... Je fus à la fenêtre... je l'ouvris... Dans ce moment la nature obéissait grossièrement à la conservation de l'individu, et nul raisonnement ne me guidait... Tout-à-coup je revins à moi en entendant crier une femme qui m'avait aperçu.

» — C'est Toussaint-Louverture[1] qui s'est échappé! criait-elle...

» A ce cri, à ces paroles, les gendarmes levèrent la tête et me virent : aussitôt le cri d'*halâli* fut poussé, et la chasse humaine recommença...

---

[1] Toussaint-Louverture venait à cette époque d'être amené en Europe. Le malheureux vieillard occupait surtout prodigieusement les classes inférieures, et l'exclamation de cette femme en voyant le général F......r noirci par la suie est toute naturelle.

Alors l'animal poursuivi voulut donner un coup de boutoir au moins avant de tomber... je cherchai mes pistolets... ils étaient chargés... et... je manquais raremant mon coup !... mais je ne les vis pas... J'ai su depuis qu'à tort ou à raison l'amie chez qui j'étais s'en était emparée... Elle a peut-être bien fait.

» Cependant j'entendais les pas des gendarmes et des limiers de police retentir dans l'escalier... Une dernière ressource m'était offerte... l'une était la fenêtre, l'autre le lit... Je courus à l'une... deux factionnaires, vingt pieds de hauteur !... On entendait déjà marcher dans le corridor... Je me jette dans la ruelle du lit... Je soulève les couvertures, et je me place entre le lit de plume et le sommier; mais haletant et suffoquant, et mon cœur battant au point de me faire croire que j'allais mourir... La porte s'ouvrit... A peine les misérables furent-ils dans la chambre, qu'ils virent que je n'étais pas loin... En effet, le désordre qui y régnait, le disait aussi clairement que quelqu'un aurait pu le faire... Le parquet était couvert de suie et de cendres, un seau à moitié rempli d'eau, tandis que l'autre délayait et cette cendre et cette suie dont tous les meubles étaient souillés; et, pour comble de sottise, tout cela devenait inutile, car les traces de mes pas conduisaient droit à la ruelle où j'étais blotti.

» — *Il n'est pas ici*, dit l'un des limiers.

» J'ai su depuis que cela voulait dire :

» — *Il est ici!...*

» Mais la troupe, à elle tout entière, avait peur de moi, ou plutôt de mes pistolets qu'elle croyait en ma possession... Ils avançaient à pas de loup, cinq qu'ils étaient les lâches pour prendre un *homme*!... Je ne savais ce qu'ils étaient devenus... un moment je les crus partis... mais c'est bien eux qui abandonnent une victime!... Ils sont de la race des boules-dogues, qui ne lâchent plus la bête une fois qu'elle est mordue... Ils cernaient doucement le lit, tout en disant des choses étrangères à mon affaire... puis tout-à-coup le matelas fut enlevé, et je vis au-dessus de ma tête cinq vilaines figures et cinq bouches de pistolets qui me menaçaient si je faisais un mouvement... Hélas! c'était trop de tous les cinq... j'étais comme le loup pris au piége... je n'avais plus aucune force...

» Quand ils virent que je n'avais pas d'armes... oh! alors il faut leur rendre justice, ils furent vraiment braves... Ils me tirèrent de ma retraite avec une brutalité insultante... je crois même qu'ils me battirent... oui, cela est possible... et puis les quolibets... les traits d'esprit.

» — C'est une fort jolie personne, vraiment! disait l'un...

» — Comment donc! répondait le camarade, mademoiselle est ravissante, quelles grâces! quelle fraîcheur surtout.

» Et moi, imbécile que j'étais!... moi, qui voulais me fâcher!... Un moment j'allai vers cette cheminée de malheur qui n'avait pas pu me cacher pendant dix minutes. Je voulais prendre un chenet et leur casser une ou deux têtes... Mais comme je faisais un mouvement, pour la première fois je jetai les yeux sur une glace qui me répéta mon étrange figure, et alors... oh! alors, adieu toute idée de colère et de vengeance... je me laissai tomber dans un fauteuil, et là je ris avec un tel abandon, que ma joie gagna mes *captureurs*, et nous fîmes un chœur ordinairement hors d'œuvre dans de semblables expéditions...

» Jugez en effet de ce que je devais être... J'avais un jupon d'abord blanc; mais mon ascension dans le tuyau de la cheminée l'avait jaspé, rayé, de cette couleur qu'on appelle *suie*, et qui s'était attachée également à mes bras qui étaient nus, à mon visage, et qui me donnait vraiment l'aspect d'un étrange bête. Joignez à cela mes moustaches grossièrement coupées, et une barbe faite depuis cinq à six jours, et vous aurez une idée de ce que je pouvais être au moment où les coquins de la police me trouvèrent blottis dans mon lit de plume... »

Et seulement au souvenir de cette scène, il riait encore à en perdre le souffle. Cette gaieté excessive, au moment où sa vie pouvait demeurer dans la lutte qu'il allait avoir avec la justice, m'a toujours paru donner un démenti à ceux qui ont prétendu qu'il n'avait qu'une extrême forfanterie.

J'ai entendu un homme fort connu dire devant moi qu'il l'avait insulté, et que le colonel F......r n'avait pas demandé raison de cet outrage. Le fait est que M. Co...t aimait une femme avec passion ; il voulait même l'épouser. Cette femme le trahissait, et le trahissait pour le colonel F......r. M. Co...t découvrit la perfidie, et une rencontre ayant eu lieu entre lui et le colonel F......r, on dit que l'insulte la plus profonde en fut la suite, et que le colonel F.....r, appelé sur le terrain, refusa de s'y rendre, parce que, dit-il pour raison de son refus : — *Je ne puis tuer cet homme après lui avoir pris sa maîtresse.*

J'ai toujours pensé qu'il y avait à cette aventure un côté qui est demeuré inconnu. J'ai vu le général F......r dans ses paroxismes de colère, et tous ceux qui l'ont connu comme moi peuvent dire la même chose: alors il ne se connaissait plus lui-même, et la violence de sa fureur voilait son regard. En recevant un outrage tel que celui dont on a parlé, il n'aurait pas été maître de lui, et s'il ne s'était pas battu au pistolet ou bien au sabre, il se serait battu à coups de poing. Il est des hommes dont la nature n'est pas de reculer devant une scène de mort! Je répète que sans mettre en doute la véracité de M. Co...t, que j'aime et que j'estime d'ailleurs infiniment, il faut que j'admette une circonstance ignorée, qui probablement donne un tout autre jour à l'affaire.

Du reste, cette femme était bien peu digne que deux hommes missent leur destinée sur une balle, en son honneur : voici un fait qui la caractérise.

Une heure avant d'envoyer le cartel au colonel F......r, M. Co...t, persuadé qu'il se rendrait à son appel, fit ses dernières dispositions, et ne voulant pas que celle qu'il avait tant aimée fût un jour dans la misère, il écrivit à la hâte un bon sur son caissier, pour qu'il remît à cette femme, mais en cas de mort seulement, une somme très forte ; je crois, soixante ou quatre-vingt mille francs.

— Tenez! lui dit-il en lui remettant ce bon, avec ceci vous pourrez au moins braver le malheur... Pensez à moi quelquefois... et surtout ne trahissez plus personne, car cela fait bien mal...

Il allait partir...Sa main était posée sur le pêne de la serrure... lorsque cette femme, après avoir jeté les yeux sur le papier qu'il lui avait remis, lui dit à voix basse, car il semblait qu'elle eût honte de ses propres paroles :

—... Et si le caissier ne voulait pas me payer [1]?...

Il y a dans ces seules paroles toute l'âme d'un monstre.

Le général F......r avait été long-temps à Zamora avant de venir à Salamanque... Il s'ennuyait à Zamora quoiqu'elle fût une jolie ville, et susceptible de procurer des distractions ; mais pour cela il fallait *se gêner*, et c'était ce qu'il détestait par-dessus toutes choses... Il était là avec un de mes amis, le comte Sabugal [2]...

[1] Il y a d'abord ce raisonnement : *si vous êtes tué,* qui dira au caissier que ce bon n'est pas mauvais... mais surtout *si vous êtes tué !*

[2] C'était à ma recommandation qu'il avait pris avec lui le comte Sabugal; ensuite il m'en remercia, et fut charmé d'avoir auprès de lui un homme brave, bon enfant et très spirituel. Il n'avait aucune bonté, à ce que je crois, dans l'exer-

— Je ne me suis trouvé en volonté de faire celle d'un autre qu'une fois depuis que j'existe, me disait-il un jour, et c'est parce que j'aime comme un fou, car dans mon état de santé habituelle je ne puis m'astreindre à rien (il était alors éperdument amoureux de quelqu'un que je connaissais), et il prétendait que de la passion portée à ce degré était certainement un état de fièvre qui dénotait une aberration d'esprit... Toujours est-il qu'il était donc en 1811 à Zamora, s'ennuyant et bâillant. Comme il n'était amoureux de personne à *Zamora*, il n'y était pas bon, et on le craignait beaucoup. Commandant toutes les forces militaires qui s'y trouvaient, il recevait nécessairement les rapports, et voyait à quel point on le redoutait, surtout dans les couvens... Or il y en avait un en face de la maison qu'il habitait; c'était un couvent de visitandines.

— Parbleu, dit-il un soir au comte Sabugal, il faut aller dans ce couvent-là ! voulez-vous y venir avec moi ?...

Le comte Sabugal est Portugais, et chacun sait qu'on entre dans un couvent de femmes à Lisbonne comme ailleurs, mais c'est quand les re-

cice ordinaire de la vie, mais il savait l'apprécier et la deviner. Le général F......r, quoique portant un nom qui est très marquant, est peut-être mal jugé.

ligieuses le veulent bien, et ses vieux préjugés d'enfance et même de jeune homme lui firent adresser des remontrances au général F......r; mais des *remontrances*, c'était un langage qu'il ne comprenait pas; on lui parlait là dans une langue étrangère... Il prit son sabre, agrafa son ceinturon, et se tournant une dernière fois vers le comte :

— Voulez-vous venir avec moi ?

Le comte Sabugal pensa qu'il aurait sans doute le pouvoir de l'arrêter s'il voulait aller trop loin, et partit avec lui. Le général F......r trouva, en traversant la place, plusieurs officiers de sa brigade qu'il s'adjoignit dans son expédition; puis il s'en fut sonner ou plutôt carillonner à la porte du couvent des pauvres visitandines.

Quoique le jour fût à son déclin, la tourière fut avertir la prieure de l'étrange visite qui lui arrivait. La prieure, réellement alarmée, mais croyant néanmoins pouvoir refuser l'entrée de sa retraite, fit répondre au général F......r qu'elle ne voulait pas ouvrir, attendu que les règles de son ordre le lui défendaient.

— Et les miens le lui commandent, dit le général. Allez dire à votre général en guimpe, ajouta-t-il, que j'entends voir s'ouvrir cette porte, et que si elle ne s'ouvre pas d'ici à dix minutes, je fais venir quatre sapeurs qui avec leur hache la jetteront en bas.

Les pauvres nonnes vivement effrayées tinrent encore conseil, et cette fois elles y appelèrent leur aumônier... C'était un homme sensé et d'esprit. Il vit que la résistance ne pouvait produire qu'un mauvais effet, et il donna à son troupeau le judicieux conseil d'ouvrir les portes du couvent, ce qui fut fait à l'instant, et la prieure, à la tête de toutes ses discrètes, reçut le général F......r à l'entrée du monastère, comme elle aurait pu recevoir le roi Joseph. Quant à lui, il fut grave comme si à partir de cet instant il eût été fait père d'un concile... Il salua toutes les révérendes mères, ne lorgna pas trop les jeunes professes, et demanda d'abord à être conduit à l'église.

— Jésus!... Jésus!... *sancta Maria*!... disait la pauvre prieure à voix basse à son aumônier qu'elle ne quittait pas d'une semelle... Jésus!... il va demander le trésor!...

— Eh bien! il faudra le lui donner.

— Jésus!... notre calice en or!... notre belle chape brodée en perles!... notre belle relique de Jérusalem!...

— Taisez-vous donc, ma mère!... vous finirez par si bien faire qu'il vous emportera peut-être tout ce que vous avez de plus précieux, et ce n'est pas la chape de perles.

Il y avait en effet trois ou quatre jeunes sœurs ravissantes de beauté...

Mais le général F......r paraissait n'y faire aucune attention. Il marchait toujours gravement vers l'église, à la porte de laquelle il fut reçu sous le dais... Aussitôt qu'il fut entré, il s'inclina très respectueusement devant le maître-autel, et s'adressant à la prieure :

— Ma révérende mère, lui dit-il, vous alliez bientôt dire votre office du soir... voulez-vous me permettre de le chanter avec vous ?

Et sans attendre la réponse de la prieure stupéfaite, il se met au pupitre et entonne l'office du soir, disant les paroles du texte sans faillir une seule fois, et avec toute la mesure exigée. Mais ce qui enchanta surtout les religieuses, fut la voix vraiment ravissante avec laquelle le général avait chanté leurs versets bénis.

— Eh bien ! leur dit-il lorsque la *séance* fut terminée, vous voyez bien que nous ne sommes pas si méchans qu'on veut bien nous faire croire. Une autre fois vous n'aurez plus peur de moi, n'est-ce pas ?... Cela doit vous engager à toujours ouvrir vos portes, et à ne jamais les laisser enfoncer...

Et il s'en fut tout aussi paisiblement qu'il était venu : c'était un homme étrange...

FIN DU TOME TREIZIÈME.

TABLE

DU TREIZIÈME VOLUME,

Chapitre premier. — Réflexions sur la destinée de Napoléon. — L'union *morganatique*. — L'Autriche. — Le père et la fille. — Lettre du marquis d'Alorna. — Le Portugal-Volcan. — Le beurre frais. — La laine des moutons. — *Le sébastianiste :* ce n'est pas le général Sébastiani. — La prophétie. — Napoléon et le Maure de Ceuta. — Le noir du Japon. — Léonidas et les trois cents hommes faisant l'armée de défense. — Le gouverneur *patriarche*. — Murat et le jeune Polonais. — Admirable dévouement. — Le baron de Strogonoff. — Le jeune Russe prisonnier. — Castanos. — Les épreuves. — Admirable caractère. — Les guérillas et leur tribunal. — Epreuves du sommeil et de la potence. — Le général Franceschi. — Le *Capucino*. — Le prisonnier. — Le mari mort d'amour. — La veuve morte d'amour. — L'excommunication. — L'enfant et le couteau. — *C'est pour tuer un Français !...* — Victoire d'Espagne. — Le maréchal Suchet et le maréchal Ney. — Le chevalier Suchet, frère du général. — Le bulletin de Tarragone. — Le café brûlant. — Burgos. — Bal chez le général Solignac. — La Chartreuse. — Junot, Soult et Ney. — Départ pour Astorga. — L'assassin de Valladolid. — L'assassin de Lisbonne. — Junot est sauvé du poignard de l'un et de la balle de l'autre........................... 1

CHAPITRE II. — Evasion miraculeuse de six cents Français prisonniers. — Conduite admirable de M. *le chevalier de Faurax*. — Ils échappent aux tortures des pontons espagnols. — Réunion à la France de la Hollande et de l'Italie. — Nous sommes le premier peuple de l'univers. — Bernadotte, roi de Suède. — Prise d'Astorga par Junot. — Fêtes à Paris. — Chagrins qu'éprouve Marie-Louise de quitter Vienne. — Berthier la trouve en larmes. — Elle regrette ses parens, ses dessins, ses tapis, ses oiseaux et son chien. — Résolution subite de Berthier. — Arrivée de Marie-Louise. — Rencontre à Compiègne. — Saint-Cloud. — Enthousiasme du peuple aux Tuileries. — Journées de délices. — Le cabinet. — Les tapis, les dessins, les oiseaux et le chien sont ici. — Es-tu contente, Louise ? — C'est Berthier qui en a le mérite. — Embrasse-la, mon vieil ami. — Et voilà cet homme qu'on a abandonné ! — Fêtes à Valladolid. — La marquise d'Arabecca. — Elle aime à rire, elle aime à boire. — Elle me prête son piano. — Je trouve des cigaritas sur les cordes de basse. — Elle aime à rire, elle aime à boire.. 47

CHAPITRE III. — Nomination du prince d'Essling. — Mécontentement de Junot et de Ney. — Arrivée du prince à Valladolid. — Réception. — Le jeune officier de dragons. — La croix de la légion-d'honneur sur un cœur de femme. — Le palais de Charles-Quint. — Le général Fririon. — Le général Héblé. — Scandale de Masséna. — *Diviser pour régner*. — L'ancien serviteur. — Le maréchal Ney. — Sa colère. — Il a raison. — Le sabre du vieux soldat de Gênes. — *Mes béguins*. — Portrait de Masséna. — *Fra Diavolo*. — Siége de Gaëte. — M. d'Almeyda. — Son histoire. — Celle de Fra Diavolo. — Attaque d'Itri. — Le portrait en bracelet de la reine de Naples donné à Fra Diavolo. — M. de Haupt. — Il est fusillé. — L'Ordre du Christ. — Les douze Corses. — Le sergent. — Fra Diavolo et sir *Hudson-Lowe*. — Capri. — Mort de Fra Diavolo. — Il est pendu.................................. 63

Chapitre IV. — Le colonel Valazé. — Ses voyages. — Le maréchal Ney. — Sa lettre à Masséna. — *Michel Ney rebelle*. — Le petit homme. — *La vieille moustache*. — *On ne peut rien faire de cet homme-là !* — Le général en peinture. — Le général M....... — *Holopherne*. — Copie du roi de Naples. — Les plumes et les *shapskas*. — M. de Metternich. — Le général Sainte-Croix. — Son caractère. — M. de Marioles. — Madame de Sainte-Croix. — Duel du général Sainte-Croix. — La *mère*. — La veille de la douleur. — Mort de M. de Marioles............................ 86

Chapitre V. — Correspondance de France avec Lavalette. — Fêtes de l'Hôtel-de-Ville et de l'École Militaire. — L'empereur et l'impératrice en Belgique. — Abdication de Louis, roi de Hollande. — Projet de traité avec l'Angleterre. — Dispute de l'empereur et de Louis. — M. de Labouchère à Londres. — Louis accuse l'empereur. — Colère de Napoléon. — Dubois découvre le nœud de l'intrigue. — Fouché. — Le chevalier Fagan. — Il est au temple. — Trahison. — *L'impératrice répudiant l'empereur*. — Bernadotte en Suède. — Rêve de l'empereur. — Les deux vaisseaux. — Le brouillard. — Salamanque. — La petite orpheline. — Le jour de la Saint-Jean. — Le corrégidor. — Lettre du duc........................... 109

CHAPITRE VI. — Prise de Ciudad-Rodrigo. — Sévérité du maréchal Ney. — Indulgence de Masséna. — Almeida et les Portugais.—Silveira et les Suisses. — *Promenade militaire* de l'époque de l'empire. — De la Saxe à Astorga! — Prise d'Astorga. — Départ pour le Portugal. — Désastre de Busaco. — Horrible carnage. — Les martyrs. — Les rochers et la mitraille. —Masséna sur le Mondego. — Wellington plus habile que l'empereur. — Le maréchal Ney. — Le général Mermet. — Les âmes françaises sont des âmes de braves. — Perte du 8e corps, sans combattre. — Mort du général Sainte-Croix......................... 196

CHAPITRE VII.— Je reçois une lettre de Junot. — Ma joie. — Elle est courte. — Don Julian *geôlier* de la route. — Larmes et chagrins. — Madame Thomières. — Sa bonté. — Sa douleur. — M. Lhuyyt. —Ce qu'il était. — Impression de l'Espagne. — M. Lalance. — Ce qu'il était. — Sa femme. — Elle est jolie et bonne. — Son portrait. — M. Desanges, ami de M. Lhuyyt. — Son énergie le sauve.—Joie inattendue. — Arrivée du 9e corps. — Le comte d'Erlon. — M. de Montesquiou. — Le général Fournier. — Dîner burlesque. — Le 14 novembre. — Désespoir d'un homme brave. — Nous pleurons et pourtant nous chantons! — Les premières douleurs................................ 219

CHAPITRE VIII. — Le général Thiébault remplace le général Lagrange dans le commandement de Salamanque. — Motifs de ce changement. — Les généraux

Coin et C.... — Convoi de malades. — Bois de Matilla. — Imprudence. — Halte! — Inquiétudes affreuses. — Souvenirs du général Thiébault sur notre
passage dans le bois de Matilla. — Lettre du maréchal
Bessières. — Nouvelles de France. — Ouverture du
canal de Saint-Quentin. — Les villes anséatiques et
la Hollande réunies à l'empire français. — Rapport de
M. de Sémonvillle. — Cent vingt mille conscrits. —
Prise de possession du duché d'Oldembourg. — Impression qu'elle produit sur l'empereur Alexandre. —
Maintenant le bâton de maréchal est dans Tarragone.
— Le duc de Galles est nommé régent par le parlement anglais. — Retraite du comte Dubois, préfet
de police. — Duc de Rovigo. — Aperçu du général
Thiébault sur les affaires de la Péninsule. — Don
Julian.. 256

Chapitre IX. — Marie-Louise. — Le cardinal Maury.
— Enthousiasme ridicule. — Amour de l'empereur.
— Lune de miel. — Soirées des Tuileries. — Avis différens. — L'oreille de Marie-Louise. — Ordre de
l'empereur. — Exil des hommes. — Colère de l'empereur. — Biennais. — Le serre-papier. — *C'est toujours un homme.* — Reproche de l'empereur. —
Masséna et le général Foy. — L'armée portugaise.
— Le comte Sabugal. — Le marquis de Valence. —
Le général Fournier. — Blessure de Junot. — Le nez
de M. *de Ville-sur-Arse.* — Le cousin de Marmont.
— Lettre du duc de Wellington.................... 280

Chapitre X. — Musique. — Autres passe-temps. —
Pauvre voyageur. — M. Jules de Canouville. — Bal
manqué. — *Armée perdue!* — Talma. — Gianni. — La
princesse. — Notre gaieté redouble. — Caractère de

M. Jules de Canouville. — Brevet de proscription. — Pourquoi. — Fourrure de zibeline. — La revue. — Berthier. — Départ. — Tendres adieux. — Position homérique. — Tête et jambe perdues. — M. de S....l. 302

Chapitre XI. — Maréchal Jourdan. — Soult. — Ses succès sur les bords de la Guadiana. — Anecdote. — Oporto. — Ney évacuela Galice. — Ordre d'obéir. — Colère. — Lettre du maréchal Soult au maréchal Ney. — J'obéis. — Bataille de Talaveyra. — Campagne de Wagram. — *Mangeurs de cœurs.* — Le colonel Bory de Saint-Vincent. — Coup d'œil sur son ouvrage intitulé: *Résumé géographique,* etc. — Combats de taureaux. — *Tu n'iras pas plus loin.* — Réflexions de Junot sur les opérations militaires. — Olivenza. — Force de caractère du maréchal Soult. — Siége de Badajoz. — Journée de Gebora. — Général Girard. — Noms des braves. — Menatcho. — Extrait d'une lettre de lord Wellington. — Lettre du major Hill.................................. 320

Chapitre XII. — Retraite de Masséna sur le nord du Portugal. — Combat de la Barossa. — Général Ruffin. — Chaudron-Rousseau. — Je reçois enfin une lettre de mon mari. — Général F.....r. — Caractère. — L'empereur ne l'aime pas. — Conspiration. — Aventure. — Déguisement en Maritorne. — C'est Toussaint-L'ouverture. — La ruelle du lit. — Quolibets. — Costume pittoresque. — *Je ne puis tuer cet homme après lui avoir pris sa maîtresse.* — Mon opinion. — N ..t. — Égoïsme et dureté de cœur. — Le comte Sabugal. — Le calice d'or. — *Jésus! Sancta Maria!* — Les vêpres................................... 352

FIN DE LA TABLE DU TOME TREIZIÈME.

www.ingramcontent.com/pod-product-compliance
Lightning Source LLC
Chambersburg PA
CBHW060610170426
43201CB00009B/961